# 共通語の世界史

## ヨーロッパ諸言語をめぐる地政学

Le souffle de la langue: Voies et destins des parlers d'Europe

著　クロード・アジェージュ
Claude Hagège

訳　糟谷啓介　佐野直子
Keisuke Kasuya　Naoko Sano

白水社

# 共通語の世界史——ヨーロッパ諸言語をめぐる地政学

目次

## 第三部　ヨーロッパの諸言語とナショナリズムの挑戦

装丁　刈谷悠三(neucitora)

# はじめに

この西洋世界なるもの。世界の探索への熱烈な欲求、おのれの慣習を遠くの地にまで移植しようとする渇望、そして、なにか新しいものを発見しようという好奇心に身をさいなまれた人間が生まれた場所であるこの西洋。いったい西洋は、いかなるこだまをこれほどのひろがりのなかに響かせているのか。いかなる言語の沈殿をのこしたのか。ヨーロッパの諸言語はいかなる過去にみずからの根を浸し、過去へのノスタルジーにいかなる未来を充塡しているのか。

本書はこれらの問いに対してなにがしかの答えを描こうとする。なぜいまなのか？　それは偶然ではない。ふたつの系列の出来事が、これらの問いを時宜にかなうものにしている。第一のものは、長期にわたって熟成したものであり、〔欧州単一市場構築に関する〕目途となる最終期限にあわせて西へ西へとひろがりつつある。第二のものは、あらゆる予想に反して、驚愕するわれわれの目前で、麻痺状態の東を乱暴に揺さぶったばかりだ。欧州共同体は、西洋の地において、形式は新しいが計画は古くからある建築物を仕上げる試みにとりかかっている。しかし、それと同時に、ヨーロッパ大陸の東側では、ひとつの帝国が荒れ狂う激動に押しつぶされて、音を立てて崩れてしまった。一方では欧州共同体の構築、他方ではソヴィエト連邦と共産主義体制の崩壊という、われわれの時代のこの二つの巨大な現象の経済的、政治的要因については、あり余るほど研究がなされている。しかし、それに比べると、人文的要因にはあまり関心がはらわれていない。とりわけ、その重要性が日々の自明性によって隠されているひとつの現象についてそういえる。そう、言語よりも人間に身近なものが、ほかにあるだろうか。けれども、言語よりも謎に満ちたものが、ほかにあるだろうか。どのようなことばの諸言語からなるヨーロッパはこれからどうなるのだろうか。どのようなことばの材料で、ある者は夢を、ある者は必要を満たすのだろうか。

本書では、まず連合言語のプロフィールを素描する（第一部）。つづいて、ことばの多様性が光り輝くさまを立ちあらわさせようと思う。ことばの多様性は、連合言語の使命にとって障害をなすように見えるかもしれないが、現実には、それは連合言語の必然的な限界を記しているのである。なぜなら、ヨーロッパは、人間どうしのおりなす混沌とした歴史を通じてからまりあった限りなく多様なことばの腐植土だからである（第二部）。最後に、アイデンティティの鏡としての言語の擁護という論拠にもとづくナショナリズムの圧力を説明し、理解しようと思う。もっとも、あらゆる場合にそれを正当化するわけではない。この三つの中継地によって区切られた行程の最後には、ぜひそうあってほしいのだが、ヨーロッパの諸言語の多様性そのものが統一性への希求を育てることが明らかになるだろう。多様性と統一性。この二つのものが折り合うことは、幻想なのだろうか、それとも耳に心地よいことばの戯れにすぎないのだろうか。わたしたちははっきりと「否」ということができる。なぜなら、多様性の維持こそが、統一性を生みだす酵母なのだから。それでもやはり、そのことをはっきりと感じるためには、薄い暗闇を通して光の沃野に向かう細い道をたどることに同意しなければならないだろう。

諸言語がつくるヨーロッパは、それ自身に固有の運命を宿しており、異邦のモデルに着想を求めることはできない。アメリカ合衆国においては、単一の言語を採用することが、あらゆる新参の移民にとって、アイデンティティを保証するしるしのように映っていた。しかし、その反対に、ヨーロッパの独自性をつくるのは、諸言語の多様性、そしてそれらの言語が反映する文化の多様性なのである。たとえば英語のような単一言語の支配は、このヨーロッパの運命にふさわしくない。ふさわしいのは、ただいつまでも多様性に対して開かれていることである。ヨーロッパ人は複数言語状態のなかに生きている。ヨーロッパ人はみずからの息子たち、娘たちを多種多様な複数の言語のなかで育てねばならないだろう。

けっして、単一の言語であってはならない。そのことは、ヨーロッパにとって、過去の呼びかけであると同時に、未来の呼びかけでもある。

そして、それこそ本書が最終的にいわんとするところでもある。

# 第一部　連合言語

ヨーロッパにおいては、公的地位をもたない言語の話し手たちのもとで、自分たちの言語の承認を粘り強く要求する態度がひろまっている。これから見ていくように、支配されたひとびとは自分たちの言語という旗の下に集うのだ。彼らは言語に自分たちの願望を注ぎこみ、言語のなかに、侵入者のくびきに抵抗する闘いの争点を見ようとする。しかし、それとは別の側面も存在する。まずはそのことから始めたい。みずからの母語に強力な象徴的価値を付与したからといって、諸民族を結びつける連合言語の有用性に目をふさぐことにはならない。そういうわけで、ヨーロッパにおける諸言語の輪郭をくわしく描くに先立って、この第一部では、もともとの出生地をはるかに越えたひろがりを獲得した言語をとりあげようと思う。厳密に言語学的な観点からすれば、ある言語にこれこれの内的な性質があるから、その言語が国際的なコミュニケーションの道具となったとか、そうならなかったとかいうことはできない。美しさとか、とりわけ〔フランス人におなじみの〕明晰さとかの性質は、よくひとびとがそう思うのとは異なり、言語の命運を定める前提条件ではない。したがって、それとは別の要因をさがさなければならない。

まず第一章では、ヨーロッパにおいてさまざまな時期に、諸国民を結びつけるイメージをあたえてきた言語について調べようと思う。今日でもなお、さまざまな面でこのイメージを保っている言語がいくつかある。それが第二章、第三章、第四章にあたり、それぞれの章で英語、ドイツ語、フランス語をとりあげることにする。

# 第一章　ヨーロッパの共通語

## 国民語と共通語

第一次世界大戦の幕が降りると、巨大な帝国は解体の道を歩み、その結果、ヨーロッパに数多くの国家が誕生することとなった。それは一八四八年の騒擾に対する遅ればせながらの回答であった。ところが、驚くべきことに、まるで歴史がひと回りしたかのように、そのときを上回る数の国々がいまヨーロッパに生まれつつある。現在の状況がソヴィエト連邦とユーゴスラヴィアの崩壊の結果であることはおわかりだろう。ところで、ヨーロッパでは、いまだに多くのひとびとが、ひとつの共通語でまとまっていた時代をなつかしんでいる。ひとつの共通語さえあれば、多様な言語が打ちたてる障害などものともせず、ひとびとと交流したいという人間本来の欲求が満たされるはず、というわけだ。つまり、ヨーロッパ人に共通の言語がありさえすれば、それを使って雑多な国民がつくる障壁を飛びこえられるはずだ、というのである。

ところが、規模を縮めて、共通語の樹立をただひとつの多言語国家のレベルでおこなおうとすると、たちまち困った事態が生じる。たしかにもっともうまくいった場合には、国家は異なる民族的出自をもつ成員どうしの広汎なコミュニケーション手段を保証し、すべての者のアイデンティティの支えとなる社会生活への統合をなしとげようとするかもしれない。しかしひるがえって、共通語が自分のことばでない者の立場にたってみると、自分たちの市民生活の状態を悪化させないために、いやでも共通語を学ばざるをえない状況に置かれることになる。ところが、そうした者のうちで、どんなに生活に困った者や遠隔の地に住んでいる者であっても、国民語への翻訳がなされるなら、ある程度の文化に手が届くことになる。共通語は、それ自体としてみればある種の民主的方策であるわけだが、国民語を通じた民主化がなされれば、逆説的なことながら、共通語の使用をそれほど必要としなくなるだろう。したがって、共通語の概念がなんらかの有効性を得るのは、大陸全体の規模で物事をとらえたときである。たしかに、単一言語国家の場合はもちろんのこと、ましてや複数言語国家であればなおさらのこと、独立国家の数が増えるのは喜ばしい出来事である。それこそがヨーロッパの文化的な豊かさの支えとなるのだから。しかし同時にそのことは、別々の言語で書かれた同じ内容の著作の数がますます増えていくことを意味している。それはとりわけ科学技術の分野であてはまる。このような状況から、経済性の配慮に応じるような共通語への欲求が生まれるのである。ところで、ふりかえってみれば、ヨーロッパの西側では、長いあいだこの種の共通語をもっていたことがわかる。しかもその言語は、多くの国の公用語であったことはたしかだとしても、どの国の国民語でもないという利点をもっていた。その言語とはラテン語である。

## ラテン語——西ヨーロッパの支柱

ローマ帝国が征服したさまざまな入植地にラテン語がひろまっていくさまは、諸言語の歴史のなかで他にほとんど類を見ないものである。何世紀ものうちに、ときには一世紀もたたないうちに、キリスト教暦の紀元前から紀元後へと移りかわろうとする大きな歴史の曲がり角にあって、暴風雨にみまわれたように被征服民はラテン語化された。ラテン語は公共生活で土地のことばと置きかわっただけではなく、まもなく家庭のなかでさえ使われるようになった。こうして、ウンブリア語、メサッピア語、オスク語、リグーリア語、エトルリア語、ガリア語、イベリア語、イリュリア語、ダキア語など、数々のことばが忘却の霧のなかにのみこまれた。しかしその一方、ラテン語は、ギリシア、小アジア、エジプトのギリシア語を追い払うことはできなかった。そこでラテン語はギリシア語とともに行政言語の地位を分かちもったわけだが、ラテン語は広域流通語にも文化言語にもなれなかった。なぜなら、それはひとえにギリシア語の領分であったからである。しかも、ローマ帝国の教養層は、好んでギリシア語を教育言語として採用した。そのことは首都ローマでさえ変わりなかった。

さらに時代がくだって五世紀の半ばになると、〈ロマニア〉のなかの各地方のことばがそれぞれの目鼻立ちをつけはじめ、しだいに似たところがなくなっていったが、それでもラテン語の書きことばが放棄されたわけではなかった。まったくその反対に、メロヴィング期のガリアの沈滞ののち、カロリング朝のもとで古典研究が活況を呈すると、ラテン語はその恩恵に浴した。そのおかげでラテン語は、中世を通じて教会の言語、知識人の言語としての地位を確保することができたのである。十二世紀になると、たいていラテン語が大学の教育手段となった。それはラテン語の末裔たるロマンス語地域においてだけでなく、イギリス、アイルランド、ドイツ、ポーランド、スウェーデンでもそうであった。これらすべての国々で、中世を通じて、教授や学者たちはたがいにラテン語で会話をかわした。ところが、十六世紀以降、宗教論争に火がつくと、ラテン語の代わりにそれぞれの土地のことばを使って、できるだけ多くのひとびとに語りかけようとするようになった。というのも、民衆のあいだにはラテン語がひろまっていなかったからである。それぞれの国民語が使用領域をひろげるにしたがって、ラテン語の使用範囲は縮まっていった。しかし、そのことを裏返していえば、知的な領域だけに使用が限定されたおかげで、ラテン語は一種の思想の共通語になった。どの国に生まれたかに関係なく、ラテン語の知識がなければ、哲学者の著作に近づき、会話や論争をおこなうことはできなかった。さらに、哲学の教義を保存するのも、ラテン語がなければ不可能であった。したがって、今日の共通語の場合とはちがい、ラテン語の長期にわたる支配をもたらしたのは経済的要因ではない。ひとえにそれは、精神の領域でラテン語が果たす役割のおかげだったのである。

けれども、ルネサンスのユマニストたちが固定したのは、古典時代のラテン語であった。この選択がラテン語の衰退をもたらしたということもできる。なぜなら、ラテン語が古代の純粋な状態のなかに凝固したために、新しい時代の考え方はもちろんのこと、具体的な事物と接触して絶え間なく変容する科学的思考の流動性にもついていけなくなってしまったからである。自然現象に対する絶え間のない問いかけは、物理学者、化学者などの自然科学者のもとに、新しい用語への欲求を生みだした。そして、あてがわれた決まり文句をひたすら覚えるのではなく、開かれた探究をおこなうのにふさわしい柔軟な表現方法が求められた。その一方、堅苦しいラテン語の重圧のもとで、間違いがあってはならないという気遣いだけが重んじられたおかげで、ラテン語から生気が抜きとられた。こうしてまもなくラテン語は、哲学を教授するときや宗教の啓示された真理を表現するとき、そして数学などの伝統的な学問で論文を書くときだけにしか使われなくなってしまった。事実、抽象的な概念で思考する数学のような分野では、十九世紀になるまでラテン語が使われていた（Meillet 1928, p.37 参照）。いまにして思えば、学問の表現手段として死語を使うのには不都合がつきものなのだから、その代わりに、ラテン語には気ままにやらせればよかったのかもしれない。そうこうするうちに、ヨーロッパの学問の世界では、近代語を用いることがしだいに立場表明の旗印になっていった。すなわち、近代語で書くことは、世界についての古臭い論題に否を突きつけることであり、そのことは、そうした論題の乗り物であったラテン語を否定することにつながった。たとえば、一六三七年は文学フランス語の歴史のなかで重要な日付である。それは、デカルトがラテン語ではなくフランス語で自身の著作『方法叙説』を発表した年だからである。

十八世紀の半ばから、ラテン語はしだいに知識人のあいだの通信言語であることをやめていった。フランスでは、ラテン語で文学博士論文を書く習慣が十九世紀まで保たれていたけれども、それはもはや、いやいややらされる形だけの儀式でしかなかった。二十世紀になると、ラテン語はヨーロッパの文化言語の地位を失っただけでなく、誰にも理解されない言語になった。一九三九年にエストニア共和国大統領パッツは、「いまや平和が危機にさらされている。なんとしてでも平和を死守せねばならない」と、ラジオ放送を通じて全世界に向けて厳かに訴えかけた。パッツはその演説をラテン語でおこなった。というのも、彼は英語もフランス語もドイツ語もロシア語も流暢に話せなかったからだ。しかし賽は投げられており、第二次世界大戦はその数日後に勃発した。パッツのこの行為は、時間かせぎの遅延効果さえもたなかった。あろうことか、彼のラテン語による訴えは誰にも理解されなかったのだ（Haarmann 1975, p.216 参照）。悲喜劇的なエピソードというべきか。

## カスティーリャ語の栄光の光と影

ラテン語から生まれたヨーロッパの大言語のなかには、かつてラテン語がそうだったように、広大な遠隔の土地を征服する仲介役を果たした言語がある。つい先ごろ五百年記念を祝ったばかりの一四九二年という年が忘れえぬものとなったのは、「レコンキスタ」の大団円にしてイベリア半島のイスラーム支配の終焉をしるすグラナダ陥落の年、ユダヤ人追放令が出された年、さらにはコロンブスの艦隊が出帆した年であるからだけではない。それはカスティーリャ語の栄光を記した年でもある。

## 国家語となったカスティーリャ語、そしてアメリカ大陸征服

一四九二年に、サラマンカ大学の修辞学教師であったアントニオ・デ・ネブリーハは『カスティーリャ語文法』を著わし、カトリック両王（カスティーリャ女王イサベルとアラゴン王フェルナンド）に献上した。これはヨーロッパにおいて俗語の文法を記述した初めての著作であるが、当時はラテン語がその威信をまだ失っていなかった。というのも、当のネブリーハ自身が一四八一年に『ラテン語文法』を著わし、スペインにおける人文主義の基礎を打ちたてるのに大いに貢献したからである。イサベル女王に宛てた一四九二年の献辞には次の有名な文句が見られる。「いつの世にも言語は権勢につき従うのでございます」（ネブリーハが同時代のひとびとに語りかけているのかどうかを知ることは、さほど重要ではない。このことばは時代精神をよく反映しているのだから）。事実、カスティーリャ語だけが政治権力の象徴であって、それ以外の言語は絶え間のない後退を強いられた。とりわけカタルーニャ語はそうであった。アラゴン語については、（アラゴン王）フェルナンドは、同盟を結んだ二つの王国において、アラゴン語の存在をさほど重視していなかったこともあり、全面的な衰退におちいった（cf. Pérez 1988, p.400）。こうして、カスティーリャ語がコミュニケーションの道具にふさわしい規範の地位につくと、十六世紀には、スペインの軍隊、宣教師、外交官たちがそれをアメリカ大陸にひろめることになったのだった。よく知られているように、ラテンアメリカにおいて、スペイン語は「カスティーリャ語（castellano）」という正確な名称で呼ばれることが多い。いずれにせよ「スペイン語（español）」という呼び方はわりと最近のものである。

リオグランデ川の南にひろがる大陸におけるスペイン語のめざましい展開を見るなら、その土地に「ラテンアメリカ」という名前が付けられたのも納得がいく。スペイン語はギリシア語やヘブライ語に比肩する高度な言語としてほとんど認められていなかったが、スペイン語は数世紀かけてスペインで仕立てられた衣をラテン語にまとわせて、アメリカ大陸に運んだのだった。ちょうどほかのロマンス諸語が、フランス、イタリア、ポルトガル、ルーマニアでかつてのラテン語の支配を引きついだように。こうしてアメリカ大陸の先住民はスペイン語を通じてラテン化された。アステカ人、インカ人をはじめとする多様な民族は、スペイン語によってキリスト教化されることで、ラテン語とラテン文明の遅まきながらの遺産を受けとったのである。というのも、ローマカトリック教会はラテン語・ラテン文明の支柱となっていたし、カスティーリャ語はといえば、イスラームに対する勝利の後では、カトリック教会の前衛部隊とみなされていたからである。イベリア半島のアラブ支配は八世紀におよび、その前には三世紀間のヴァンダル人とヴィシゴート人による占領があった。それにもかかわらず、ラテン語の娘であるスペイン語はなんとか生き残ることができた。それに対して、ヨーロッパの反対側にあるバルカン半島では、トラキア人とイリュリア人はラテン化された後、スラヴ化された。しかし、スペイン語は、まるでラテン語が生まれ変わったかのように、アメリカ先住民をラテン化しただけにとどまらなかった。スペイン人がスペイン語をいたるところに持ち運んだのは事実だが、その際、彼らはいくつかの土着の語彙もいっしょにたずさえて、別の先住民言語のところに伝えた。つまり、スペイン語は先住民言語どうしのあいだの仲介役ないし伝達者となったのである。さらには、スペイン語という外国語の統一部隊に直面すると、身を守るための防衛反応であるかのように、先住民言語の側にも反作用をおよぼし、それまで多様な方言でばらばらの状態だったところに地域共通語の形成がうながされた。たとえば、パラグアイではトゥピ＝グァラニ語族の諸言語において、そうした共通語がつくられた。

スペイン語はこれほど波乱万丈の歴史を経てきたのだから、それを糧にして、ヨーロッパの共通語として名乗りをあげてもよさそうなものではないだろうか。ところが実際にはそううまくはいかなかった。というのも、スペイン語は、その歴史を通じて、ヨーロッパの超国民的なコミュニケーション言語として使われたことがまったくないからである。たとえば、スペイン語とおなじくらいの話者数をもつ言語にポーランド語やウクライナ語があり、約三〇〇〇から三五〇〇万のひとびとに話されているが、スペイン語はこれらの言語と比べても地域的なひろがりをもっていない。スペイン王国がつぎつぎと国外の王国を併合したおかげで、スペイン語を母語とする君主たちが、スペインよりも広大な領土をもつ帝国を支配することとなったことはたしかである。けれども、どの土地でもスペイン語は優越した地位を占めなかった。ポルトガルでも、イベリア半島の外でもそうであった。たとえば、十七世紀、十八世紀のスペイン領ネーデルラント、さらにミラノやナポリがそうであった。もし歴史の女神がスペインを大西洋のはるかかなたの大陸に向かわせることがなかったならば、そして十九世紀半ばまでに、スペイン独特の政治、経済、社会、宗教のあり方が、他の西欧諸国に見られるのとは異質の文明をスペインに作りあげてこなかったならば、スペイン語はヨーロッパの共通語のひとつになってもなんらおかしくはなかったはずだ。とはいえ、いまやアメリカ合衆国では、東はプエルトリコ系から西はメキシコ系にいたるまで、カスティーリャ語のさまざまなアメリカ的変種の占める地位がますます増大している状況を見ると、スペイン語の未来は約束されているように思えるかもしれない。こうした動向を応援するひとのなかには、スペイン語がアメリカ大陸にいまよりさらにひろい領土を獲得した後に、凱旋将軍としてヨーロッパにもどってくる日が来るのを心待ちにしているひとさえいるだろう。しかしいずれにせよ、いまのところスペイン語は、ヨーロッパ大陸を結びつける言語のモデルとしては役不足である。

## ユダヤ人追放令、ユダヤ=スペイン語の栄光と苦悩

とはいえ、連合言語のモデルの特徴のひとつとして、歴史のなかでヨーロッパじゅうにひろまっていた時期があることを取り上げるなら、そこにスペイン語を含めないわけにはいかなくなる。いうまでもなく、カトリック両王が約一五万人におよぶユダヤ人を強制追放したのは、なにもユダヤ人があちこちに散らばって、遠くまでカスティーリャ語をもち運ぶさまを見て悦に入るためではなかったし、ユダヤ人の子孫たちにその喜びを分けあたえようとしたからでもない。ユダヤ人追放令は、運命の年である一四九二年に取られた決定のうちで、もっとも不幸なものであったが、カトリックのイデオロギーのせいで、これによってスペインがどれほどのものを失うのかが見えなくなっていたのである。それは、骨の髄までキリスト教徒であった君主が勝利したことの必然的な結果であるかのように見えた。しかし、それがどのような帰結をもたらすかは、だれも予見することができなかった。是が非でもアイデンティティを守らなければならないという強迫観念が、異端審問によってますます強化されると、

言語をこえて、「血の純粋性（limpieza de sangre）」を求めるまでに突き進んだ。マラーノ（改宗ユダヤ人）や他の改宗者にあっては「血」の不純さが疑われるのに対して、「血の純粋性」こそが、本物のスペイン性の唯一の基準であるとみなされたのである。こうした強迫観念は、結局のところ、スペインの栄光の衰退をもたらすこととなった。というのは、スペインの偉大さは、中世に数世紀かけて、スペイン文化、ユダヤ文化、アラブ文化が交流した豊かな土壌に基づいていたからである。一四九二年に目指されていたのは統一、少なくとも当時考えられていた形での統一であり、そして、統一がもたらすはずの力であった。ほかの多くの要素のうち、ひとつの国民の支配に基づくひとつの国家語という明確な輪郭は、強迫観念につきまとわれた近視眼的権力から見れば、この統一を確実にする象徴であるかのように思われたのである。こうした考え方を変えるには、五〇〇年が必要だったようだ。というのも、このユダヤ人追放令は、一九九二年三月三十一日に荘厳な儀式のもとでスペイン国王によってようやく廃止されたからである。

一四九二年の時点で見ても、ローマ帝国時代以降イベリア半島に住みついたユダヤ人の末裔をちがったふうに見ることはできたはずだった。ユダヤ人たちは、外国人としてふるまうどころか、早くからキリスト教徒の君主の言語を採用していた。たとえば、レコンキスタの決定的な段階であった一〇四五年から一二五〇年のあいだ、スペイン軍が占領したり再編成したりして領土を獲得するたびごとに、ユダヤ人はカトリック勢力とムーア人のあいだの貴重な仲介役となった。ユダヤ人はムーア人のこともよく知っていたからである。ユダヤ人は官僚、外交官、金融業者を輩出して、たちまち君主たちにとって不可欠な存在となったので、ユダヤ人には数々の特権や優遇措置が授けられた。

そしてユダヤ人たちは、自分たちの仕事の主要な道具のひとつに関心を向けた。すなわち言語である。ネブリーハの『カスティーリャ語文法』にはるか先立つ十三世紀後半のこと、アルフォンソ十世賢王に対して、行政証書・司法証書にラテン語を使うのを止め、スペイン語を採用するように進言したのは、ほかならぬユダヤ人であった（Castro 1954 参照）。ところが、スペイン語にはありがたかったこの進言は、感謝されるどころか、すでにかなり大きかった住民のユダヤ人に対する反感をいっそう増すこととなった。

事実、キリスト教聖職者は、イエスを十字架にかけた民族の末裔が繁栄するようなことがあってはならないと憤っていたし、ひとびとはそうした聖職者の教えに従順であった（Poliakov 1962, p.111 参照）。逆説的にも、スペイン語が普及したために、ユダヤ人にとって悲劇的な出来事が初めて起こった。王の保護があったにもかかわらず、迫害の波がおよそ半世紀にわたってユダヤ人に襲いかかっていたが、一三九一年には、ついにカスティーリャとアラゴンで暴動が発生し、大規模な虐殺とキリスト教への改宗の強制という事態にまで達した。生き残ったユダヤ人たちは、スペイン語をたずさえて、フェス、マラケシュ、トレムセン、オラン、アルジェ、チュニスなどの町に逃れた。十六世紀末には、彼らの一部がリヴォルノとピサに移ることとなり、その地でイタリア語話者となった。けれども、スペインでは十五世紀を通じて、ユダヤ人迫害はおさまることがなかった。宣教の熱に燃えるカトリック教会は、ユダヤ人が賄賂で財を蓄えていると非難していたから、そのことがますます迫害をあおりたてた。だから、一四九二年の追放令は、長期にわたる一連の出来事の締めくくりでしかなかったのである。

キリスト教に改宗したユダヤ人や、改宗したふりをするユダヤ人もいたが、いずれにせよ異端審問の火刑台に昇らなくてすむ完全な保証をあたえてくれるわけではなかった。多くのユダヤ人はそれよりも亡命の道を選んだので、スペインは商売などさまざまな職種に携わる有能な人材を一挙に失った。スペインを出たユダヤ人たちは、こうした職能だけでなく言語もたずさえて、地中海沿岸の数多くの町におもむいた。それらのほとんどは港町であり、貿易によって繁栄の途につきはじめたところだった。たとえば、バイヨンヌ、ボルドー、ラ・ロシェル、マルセイユ、モンペリエ、ジェノヴァ、フェラーラ、リヴォルノ、ローマ、ナポリ、ヴェネツィアであり、その後、ポルトガルが安住の地でなくなってからは、ブリュッセル、アントワープ、アムステルダム、ロンドン、ハンブルクも移住先となった。しかし、一四九二年にスペインを逃れたユダヤ人のほとんどが向かったのは、はるか遠くのイスタンブル、スミルナ、ロードス島などオスマン帝国の膝元であった。スルタンはユダヤ人の商売の才を優遇し、彼らの参入を保証したからである。なかでもテッサロニキは、セファルディ系ユダヤ人の集まる一大中心地となった。セファルディという名前がついたのは、「スペイン」という名前と聖書『オバデヤ書』一章二〇節で言及される国〔セファラド〕の名前が音声的に何となく似ているところから来る。十五世紀末には寒村にすぎなかったテッサロニキは、またたくまにスペイン語を話すユダヤ人のセンターとなった。一九〇〇年になっても八万五〇〇〇人のユダヤ人が住み、オスマントルコ帝国と西ヨーロッパのあいだの経済的、政治的、文化的結びつきの重要な担い手となっていたのである。こうした状況を見るなら、オスマントルコ皇帝バヤズィト二世〔治世一四八一―一五一二年〕がいったとされる次のことばがよく理解できよう。「スペイン王フェルナンドはさぞかし賢明な男らしいな。奴がユダヤ人を追い出して自分の国を貧しくした代わりに、わしの国を豊かにしてくれたのだから」。

中世スペインの数世紀にわたるユダヤ文学の輝かしい成果を見ればわかるように、スペイン文化の発展はユダヤ人のもたらした貢献のひとつである。先にあげた町だけでなく、ユダヤ人はルーマニア、ブルガリア、ハンガリー、セルビア、ボスニア、アルバニア、マケドニアなど数多くの国々のほかの町にも向かった。それらの町では、オスマントルコが寛容政策をとっていたおかげで、ユダヤ人は自分たちの宗教的慣行をそのまま続けることができたので、大部分のユダヤ共同体はそれまでどおりの言語を使いつづけた。それがユダヤ＝スペイン語、別名「ジュデズモ（djudezmo）」である。それは部分的にヘブライ語の語彙を採り入れた、十五世紀のカスティーリャ語（ときには、その変種であるポルトガル・スペイン語の場合もある）であり、離散の地でかえって当時のアルカイックな特徴がそのまま保たれることとなった。この古さこそ、いわゆるユダヤ言語の大きな特徴である。その話し手が存在するかぎり、言語学者はジュデズモにカスティーリャ語の古い状態を、イディッシュ語に高地ドイツ語の古い状態を見出すことができた。こうした古い要素が保たれたわけはふたつある。ひとつは孤立がもたらした作用、もうひとつは故郷への熱烈な郷愁の思いであり、それこそ離散の地にある民の精神の特徴である。けれども、昔の要素を保持したからといって、周囲の言語からの影響を免れたわけではなかった。ユダヤ人として生きる苦難がそこには結びついていた。ジュデズモの側でもトルコ語の語彙を借用したし、居を定めた土地に応じて、ルーマニア語、ブルガリア語、セルビア語、ギリシア語の要素を数多く採りいれたのである。

ジュデズモはよくラディノ語と間違われる。ラディノ語とは、語彙はスペイン語でありながら、統語法はヘブライ語であるような合成言語にあたえられた名前である。イベリア半島を追い出されたユダヤ人はすっかりスペイン化していたので、離散の地においても、生活のすべての面にわたってユダヤ＝スペイン語を使いつづけた。そこで、ユダヤ教のラビたちにとって、きわめて独創的な礼拝の学習法が頼りとなった。聖書を翻訳する際には、ヘブライ語の原典にできるかぎり忠実でなければならなかった。ところが、ほとんどの信徒はスペイン語話者であり、原典を読めるほどヘブライ語の知識をもっていない。そのため、翻訳はこうした聴衆にも理解できなければならなかった。翻訳の忠実性と聴衆への理解という二重の配慮からラビたちが編みだしたのが、ラディーノ語であった。コンスタンティノープルの聖書やフェラーラの聖書に見られるように（Séphiha 1973 参照）、この合成言語の多くの宗教的決まり文句が、ジュデズモにも採り入れられた。そこには、イディッシュ語の場合とおなじく、聖書に触れる際につきまとうユーモアの要素がないわけではなかったが、多くの場合、ユーモアと信仰がないまぜになっていた。

西ヨーロッパのユダヤ人のほとんどはユダヤ＝スペイン語を使うことをとっくにやめていたが、バルカンのユダヤ人の三分の一以上、つまり約八万人のユダヤ人は、第二次世界大戦前でもまだユダヤ＝スペイン語を母語としていた。だからといって彼らがほかの共同体から孤立していたわけではない。セファルディ系ユダヤ人は、アシュケナージ系ユダヤ人よりもずっと多言語使用になじんでいることが多かった（本書93ページ参照）。それは彼らがスラヴ世界のユダヤ人を上まわる繁栄を手に入れたことと無関係ではない。バルカンのユダヤ人のうちの多くは、ジュデズモにくわえて、トルコ語、ギリシア語、場合によっては土地のスラヴ語を身につけていたし、さらにはイタリア語を知っていることもまれではなかった。彼らがどれほど輝かしい文化生活を送っていたかは、テッサロニキ、スミルナ、コルフの大学や、アドリアノープルやサラエヴォの学校を見ればよくわかる。これらすべては、トレドやバルセロナなど、かつての由緒ある教育機関を引きついだ施設だった。二十世紀の初めまでユダヤ＝スペイン語は、活発な創作活動と翻訳に支えられ、多数の新聞雑誌を擁していた。けれども、こうした繁栄のさなかにあって、衰退の兆候がすでにそこかしこに現われていた。一八六〇年にパリで、世界中のユダヤ人の保護と解放を目指して世界ユダヤ人連盟が結成された。連盟は学校のすべての授業の基本言語としてフランス語を使うことを奨励したから、フランス語が目覚ましいテンポで普及していった。トルコ、バルカン、近東、マグレブでフランス語を用いる学校の数は増えつづけた（一八六〇年から一九一二年までトルコの都市部で一一五校。Hagège 1987, p.241 n.2 参照）。しかし、それと同時に、共同体の文化言語となったフランス語は、教育の場でユダヤ＝スペイン語にとって代わっていった。フランス語は言語の構造にまで浸透したので、セファルディ系のジャーナリズムで用いられる言語を「ユダヤ＝フランス語」と呼んでもおかしくないほどであった（Séphiha 1977 参照）。

その後、ユダヤ＝スペイン語に大打撃をあたえたのは、オスマン帝国の崩壊である。かつてマイノリティとされていた民族はナショナリズムの道を公然と進んだ。それらがさまざまな国家にまとめられると、国内のマイノリティに対してオスマン帝国ほど寛容な姿勢はまったくとられなかった。たとえば、一九一三年にテッサロニキがギリシアに返還されると、かつてのスペインからの離散にまでさかのぼる移住地のうちで、もっとも人口が多く輝かしい歩みを残したこの町のユダヤ人共同体をギリシア化するか、少なくともジュデズモを使わせないようにする強い圧力がのしかかった。さらには、さまざまな迫害や弾圧があったため、一九三〇年代には約一万人のユダヤ人がパレスチナに移住することとなった。トルコ共和国政府が一九二四年にとった政策についていえば、理屈のうえでは宗教と言語の自由を保証していたが、実際にはその原則は適用されなかった。ひとびとは、公衆の面前でもユダヤ人が仲間どうしでトルコ語ではなくユダヤ＝スペイン語を使うことに対して、あからさまな敵意を抱いており、政府の側もそれをあおりたてたから、その反動として恐怖心が醸成された。その結果、すでに経済の引き締め政策によって不安的な状態におちいっていたセファルディの言語は、ますます狭くなる使用範囲に閉じこめられていった。その後、ユダヤ＝スペイン語は、国家が中立を宣言していたにもかかわらず、親ナチ的感情をもつ一部のジャーナリズムの攻撃目標にもなった。

にもかかわらず、一九五五年になっても、東トラキア──おもな町としてはイスタンブル（三万人）とエディルネがある──の三万五〇〇〇人のセファルディのうち、六四パーセントがユダヤ＝スペイン語を母語として申告した。ただし、そのことばはトルコ語の影響をかなり強く受けており、その影響はますます強まっている。他方で、ジュデズモの新聞は一種類しかなく、ヘブライ文字は五〇年代の半ばに放棄されてしまったので、ラテン・アルファベット文字によって書かれている。とはいうものの、ギリシア、ブルガリア、ボスニアに住む一万人のセファルディのうちの一部は、いまだにユダヤ＝スペイン語を使っていると思われる。最後に、イスラエルでは、バルカン出身の三〇万人のセファルディのうち最高齢者だけがユダヤ＝スペイン語を話しているので、そのことばがどうなるかは何ともいえない。一九四一年から四三年まで、ナチスがバルカンのセファルディのほとんどを収容所に送り虐殺したことが、ジュデズモに取り返しのつかない打撃をあたえたのは明らかである。たしかに、一九二四年に、スペインからはるか彼方の地で、珍しい形のカスティーリャ語が話されていることをたまたま発見して驚いたスペイン政府は、スペイン語を話すバルカンのユダヤ人にスペイン国籍を付与した。そのおかげで、後にフランコ政府は、戦争のさなかに、およそ三〇〇〇人のユダヤ人をスペインに迎えることができた。しかし、こんにち彼らの子どもたちが使っているのはジュデズモではなく、現代スペイン語である。しかも、ギリシア一国だけをとってみても、五万人のユダヤ人が虐殺されたことを考えるなら、焼け石に水だったと思われてもいたしかたない。

こうして、ユダヤ=スペイン語のヨーロッパ規模での栄華は終わりを告げる。その繁栄は、スペインの政治的意図に応えたものではまったくなかった。二十世紀のユダヤ人の運命は、花が咲いたあとにしかるべき果実が実ることを許してはくれなかったのである。

## イタリア語のきらめき

十四世紀に、韻文ではダンテとペトラルカが、散文ではボッカッチョがほぼこれ以上ない完璧さの域に仕上げた言語〔イタリア語〕が使われるのは、ポー川の平原から半島にひろがる空間だけではない。大陸部のイタリアとティレニア海沿いの大きな島〔サルデーニャ島、シチリア島〕だけではなく、スイスのティチーノ州とグラウビュンデン州南部、イストリア半島〔クロアチア〕でも、さまざまな形のイタリア語が話されている。さらに、ヨーロッパやアメリカのさまざまな国に移住し、イタリア語の喪失に抵抗しえたコミュニティもそこに付けくわえることができよう。スロヴェニア、イストリア半島以外のクロアチア、セルビア、アルバニア、ギリシアでも、イタリア語が通じることがよくある。イタリアは色とりどりの方言が存在していることではドイツに引けをとらない。イタリアでは、リグーリア語やボローニャ語からカラブリア語、シチリア語まで、土地ごとのことばの違いがたいへん大きいので、隔たった地域出身の話し手どうしはコミュニケーションをとるのが困難なほどである。だからといって、こうした方言の多様性がイタリア語の普及の障害になることはなかった。事実、文化の溝がこれほど深く歴史に刻みこまれていたとしても、テレビやラジオなどの視聴覚的手段に助けられて、共通イタリア語がイタリア全土に、さらには国外へとひろく普及することを妨げはしなかった。そうはいっても、産業化された北部のほうが南部よりも強いまとまりをもっているのは事実である。そのことは、今日、再燃したロンバルディア地方の地域主義運動が自治権の要求を表明していることとおそらく無関係ではない〔おそらく「北部同盟」を指す〕。

ラテン語という土壌は、どことは特定できないが、いたるところにひろがっている。英語やフランス語で書かれたある種の文体には、具体的にラテン語法と見分けられる要素がほとんどない場合でも、ラテン語的性格が刻みこまれている。もっともフランス語はイタリア語とおなじく、ラテン語から生まれた言語であるのだが。このラテン語への忠実性こそが、イタリア語をラテン語の直接の後継者としているのだが、そのことだけで、イタリア語がヨーロッパの共通語としての使命を担うに十分な資格となるだろうか。もしそれを疑うなら、どのような歴史的経緯から、共通語にふさわしい資格がイタリア語にあたえられるかをふりかえってみればよい。たとえば十一世紀末、そのころ古フランス語、オクシタン語、ガリシア語は西洋の宮廷文化の媒体となっていなかったし、まだ低地ドイツ語は武力と商業の力でヨーロッパ北東部での地位を確立していなかった。当時、ヴェネツィア共和国は、ノルマン人の攻撃に対抗して、コムネノス王朝のビザンチン帝国を支持しており、そのことが、ヴェネツィア共和国に、東方帝国全土での関税の免除と貿易のほぼ独占的な支配をもたらした。ピサやジェノヴァとの一時的な競合は、ヴェネツィア共和国の財政的権勢を脅かすことはなく、かえってイタリア語の普及をますます後押しした。事実、十二世紀以降、コンスタンティノープルの取引所ではイタリア語が使われていたし、バルカンのさまざまな言語には、借用語のかたちでイタリア語の影響が残されている。目を近代に転じれば、十九世紀末、イタリアの植民帝国がアフリカの角に打ちたてられた。その痕跡は、いまでもエチオピアととりわけソマリアで、イタリア語が文化と商業の言語として使われていることに残されている。しかし、このようにヨーロッパとアフリカのいくつかの地域を支配したことが、イタリア語になにがしかの威光をもたらしたとしても、それだけでイタリア語がヨーロッパの共通語の地位に就く決定的な資格をもつことはできないだろう。

それでは、ポーランド語はどうであろうか。十八世紀末にポーランドが分裂するまえには、ウクライナ語やとりわけベラルーシ語に対するポーランド語の影響は顕著であったし、十四世紀にリトアニアと政治的に連合して以降、リトアニア語にも大きな影響をあたえた。そうであるにせよ、ポーランド語の普及は地域的なレベルにとどまっていた。だから、やはりポーランド語も共通語の候補にはなりえない。

## エスペラント語の変遷

たんにヨーロッパだけではなく世界的な規模で、その支持者たちはエスペラント語の使用の拡大を望んでいる。エスペラント語に注がれた多大な情熱は、それがいかなる自然言語の場合とも事情が異なることを物語っている。エスペラント語は、世界の言語のうちで、その誕生の舞台と歴史が正確にわかっている唯一の言語である。エスペラント語は、その発明者であるザメンホフが一八八七年に発表した小冊子に始まる。ザメンホフは国際語の必要性を深く確信していたが（本書208～209ページ参照）、シュライヤーの発明したヴォラピュクの轍を踏まないように気をつけていた。つまり、すみからすみまで新しい要素からなる言語を作りだすなら、知らない語根で埋めつくされてしまい、覚えるのに多大な困難を引きおこすだろう。そうではなく、場合によっては、ヨーロッパの諸言語の母体であり借用の土台であるラテン語をおおいに利用したほうがよい。ザメンホフはそういう立場に立っていた。ザメンホフは、あらゆる言語の発生に刻みこまれている介入行為を筋道たてておこなったにすぎない（Hagège 1992参照）。たしかに、主格と対格の区別は不必要であるし、そういう風に切りつめていけば、名詞の格変化を保持する必要はまったくない。そのモデルは、ザメンホフの周りで話されていた言語が提供してくれていた。しかし、エスペラント語に有利な点もあった。たとえば、自然言語においては、長い歴史をつうじた意味論的凝固によって大量の慣用表現が堆積しているのが普通であるが、エスペラント語には、そうした慣用表現の数がひじょうに少ないのである。人工言語の正統性はどこにあるのかとか、いかなる歴史的伝統ももたない純粋な道具に文化的な充実は期待できないのではないかといった理論的な議論をするまでもなく、話は簡単であって、エスペラント語の初期の成功は、人工言語であってもコミュニケーション手段としてりっぱに通用することを証明した。

たしかに、世界各地の文学の名作をエスペラント語に翻訳するならば、いろいろな疑問がわいてくるにちがいない。たとえば、こんな具合である。文学というものは、それぞれの言語に固有のことばの形式や表現性、そして語句のリズムを命としている。どんな作家も言語の懐に抱かれているので、個々の作家の文体はこうした言語の特性によって輪郭づけられるのだ。そのうえ、規則にあてはまらないことや細かな意味のちがいがあること、似た意味の二つの単語でも完全な同意語にならないこと等々は、人間言語につきものの特徴である。こうした一見すると不完全性に見える性質こそ、ことばのまわりにぼんやりとした暈《かさ》をまとわせ、さまざまな響きを醸し出すことによって、感性にできるだけ忠実な表現を可能にし、文学的文体をはぐくむ元となるのであるまいか。こうした問いに対しては、エスペラント語が自発的な発展を通じて自然言語に近づいていけば、不規則性を許容するようになって、いつの日かこれらの性質を獲得するはずであると考えられた。しかも、文学以外の高度な専門的著作の領域において、エスペラント語が有効であることはだれからも認められ、それなりの威信を獲得していた。そのことは、十九世紀末から二十世紀初めにかけて、ありとあらゆる国々の代表者が集まって多くの会議が開かれ、エスペラント語で議論がかわされたことが証明している。

けれども、エスペラント語のおもな強みは、人工言語であるがゆえに特定の人間に有利にならないという点にあるのだが、そのことだけでは、たとえば英語という、まさに人工国際語ではない特定の国民語である言語が、エスペラント語のお株を奪うのを防ぐことはできなかった。あきらかにこの成り行きは、ザメンホフをはじめとするエスペランティストたちの願いに反するものであった。というのも、彼らの考えでは、特定の国民語は〔それを母語とする者と母語としない者の間で〕不平等を作りだすからである。しかし、ヨーロッパにおいては、英語以外の言語で、国民どうしを結びつける役割を果たすことで、なんらかの均衡を作りだせる言語があるかもしれない。それがドイツ語とフランス語である。ドイツ語とフランス語は、かたや英語、かたやスペイン語やイタリア語とおなじように、それぞれインド＝ヨーロッパ語族のロマンス語派とゲルマン語派に属する。この二つの語派だけで、西ヨーロッパの大部分をカバーすることができる。とはいえ、この二つの語派に属する四つの言語、すなわち英語、スペイン語、ポルトガル語、フランス語が北米、中米、南米の大部分をカバーしているのも事実ではあるが。いま問わなければならないのは、英語、ドイツ語、フランス語はいかなる資格があってヨーロッパの共通語としての役目を果たしうるのか、そして、この三つの言語がどのようなやりかたで未来へのヨーロッパ的ノスタルジーに応えられるのか、ということである。

# 第二章　ヨーロッパと英語

## ある共通語の知られざる歴史

いかなる運命のなせるわざか、英語はいまや地球の裏側にまでおよぶひろがりを見せるにいたった。それでは、ヨーロッパのなかの共通語として、英語はどのような使命を担っているのだろうか。それを見定めるためには、歴史を原点にまでさかのぼって調べ、英語が出生地のヨーロッパとどのような関係を結んでいるのかを問うたほうがよい。

紀元前五五年のこと、カエサルはケルト人の地であったブリテン諸島の南に上陸した。紀元四三年の皇帝クラウディウスの遠征は、それ以降のローマの支配を確実なものとした。三世紀にスカンディナヴィア出身の民族が押しよせたときには、ブリタニア〔ローマ帝国の属州の名〕のローマ化はかなり進んでいた。五世紀になると、〔ドイツ最北部にある〕現在のシュレスヴィヒ＝ホルシュタイン地方から来たアングル人が、南部海岸地方に定住しはじめた。まもなく、ユトラントから来たジュート人や低地ドイツ地方から来たサクソン人など、ほかのゲルマン民族がそこに合流した。英語の歴史の最初期に相当するゲルマン語をアングロサクソン語と呼ぶのは、北ドイツや西デンマークから来たこれらの征服者の名前をとってのことである。六世紀末からのキリスト教の布教はラテン語の普及をともなった。もともと土着のケルト人たちは西部においやられたが、八・九世紀にはやはりヴァイキングの系統であるデーン人とノース人が再びやってきて、アングロサクソン語に多くのノルド語の単語をもたらした。こうしたさまざまな影響の交錯から生まれた古英語は、かなり複雑な語尾変化をもち、しかも名詞に文法的性の区別のある言語であった。八世紀以降、この古英語は数々の叙事詩、抒情詩、宗教的著作によって豊かに彩られることとなった。

第二期は、英語の命運にとって決定的となった有名な出来事で幕を開ける。それは、ノルマンディー公ギヨーム二世による一〇六六年のヘイスティングズの戦いの勝利と、それにつづくブリテン島の征服である。この征服によって、フランコノルマン語は公用語の地位に就いた。多くの場合にそうであるように、征服者である貴族層と同化された地元の上流階層はフランコ゠ノルマン語を使ったが、農村の住民はアングロサクソン語を話した。また、聖職者や知識人はラテン語を使い、学問的な話題についてはギリシア語を使うこともあった。この英語の第二次のラテン化は、ラテン語の単語や表現で英語を豊かにすることとなった。事実、イングランドの聖職者たちは、同時代のフランスやドイツの写字生の環境には見られないほど、みさかいなしにラテン語の要素を英語に導入した。ラテン語に近づこうとする傾向が近代英語の文章語に見られるのは、こういうところから来る。それは、ロマンス語でもない言語にどうしてこんなにラテン語的な特徴があるのかと、フランス語話者をびっくりさせるほどだ。ここに、英語を普及させた要因のひとつを見ることもできよう。つまり、英語が融通無碍のかたちをとる言語だということだ。英語の語彙のなかには、西洋の文化的基礎である古典語の跡がしっかりとどめられている。いってみれば、英語を経由することで、ラテン語は近代世界の数多くの言語に専門用語を提供しつづけているのである。

この第二期は十四世紀までつづく中英語の時代であるが、この期間を通じてフランコ゠ノルマン語は法と裁判の言語でありつづけた。第一審の裁判さえもそうであった。フランコ゠ノルマン語は初等レベルの学校から教えられた。教会はそれまでのやり方を踏襲して、土地のことばにも一定の場所をあたえていたが、それでも説教ではフランコ゠ノルマン語が使われたし、あらゆる宗教活動にフランコ゠ノルマン語を用いた司教区や大修道院もあった。というわけで、ほぼ三世紀のあいだ、アングロサクソン語は文章語としてほとんど姿を消した。フランコ゠ノルマン語の支配は、新しい移民がたえずやって来ることによってますます強化された。とりわけ、アンジュー人やピカルディー人は、統一フランス語というよりは自分たちの方言的変種をもたらしたが、それでもちょうど統一を進めつつあったフランス宮廷と持続的な関係を保っていた。けれども、アングロサクソン語は、話しことばのコミュニケーション言語としては活発に使われつづけた。その結果、フランス語話者のことばがそれに影響されて、アングロサクソン語法の混じったある種のフランス語ができあがった。それはフランスの風刺文学によってパロディー化されているほどだ。たとえば、vous tuerez の意味で vous voudra toer、il donnera の意味で il voudra donier というような言い方である（cf. Brunot 1966, t.1, p.387 n.4）。こうしたことばの乱れに逆らって、ことばの純粋さを尊ぶ家庭では、こどもをフランス本国の町に送って勉強させた。しかし、状況はすこしずつ変わりつつあった。百年戦争の初期、クレシーの戦い（一三四六年）に勝利したイングランドのエドワード三世は、自軍の兵士に向けて理解可能な英語で語りかけるほどの英語力さえもたなかったが、裁判証書に英語を用いることを要求する英語話者のブルジョワジーの主張に譲歩せざるをえなかった。十四世紀をつうじて、フランス文章語は特権階層の言語でありつづけたことはたしかであるが、アングロサクソン語を前にしてしだいに勢いをなくしていった。それと対応するように、英語を教養のない大衆のことばとしてみる見方もしだいに退いていった。

これ以降、英語の歴史にあらたな段階が到来する。それは混合言語の時期である。混合言語といっても、フランスで笑い話の種となった類のフランコ゠ノルマン語の風変わりな変種のことをいうのではない。フランコ゠ノルマン語によってアングロサクソン語の豊饒な混成化がおこなわれたのである。事実、このふたつの言語が結合して、ひとつの全体をつくるに至ったのであり、しかもそれが二重性に引き裂かれるどころか、その反対に、そこから柔軟で豊かな語彙の蓄えを引きだしたのである。たとえば、よく知られた例として、英語には一方がアングロサクソン語に属し、もう一方がフランス語に属するような単語のペアが数多くあるが、その二つの語は完全な同意語ではなく、そのあいだには微妙な意味のずれが存在する。さらにフランス語の影響でおきた現象としては、口蓋垂子音（喉音）（スコットランドでは保持されている）の脱落、格変化の消失（フランス語の格変化は、話しことばでは十三世紀半ばから使われなくなり、書きことばでは十四世紀初めに衰えた）、語順の変化、などがあげられる。とはいえ、なんといっても、もっとも目を引くのは、やはり語彙の浸透である。そのことは概説書でもくわしく書かれているので、ここでは簡単にふれるにとどめよう。〔フランス語から英語にはいった単語のうち〕フランス語では失われた古い意味が英語の単語では保たれていたり、逆に英語ではもとの意味内容が変えられたりする。後者の場合、英語の圧力におされて、いまやフランス語話者でも、その単語を英語の意味で使うこともある〔たとえば、フランス語の approche は、もともと「接近」を意味するが、英語の approach に合わせて「アプローチ」の意味で使うような場合〕（いわゆる「偽りの友」〔二つの言語のあいだで形は似ているが意味が異なる語の対のこと〕であるが、わたしは「密航者」と呼んでいる。cf. Hagège 1987, p.55–61）。しかしそれだけではない。英語には、近代フランス語からは失われた中世の単語そのものが残っていることさえある。たとえば、**mischief**「損害」、**pledge**「担保」、**random**「偶然」、**remember**「思い出す」などがその例である。

とはいえ、英語がいかにフランス語化して、もはやアングロサクソン語とは呼べないことばになったとしても、フランコ＝ノルマン語と英語というふたつの言語のあいだに地位の不平等があったことに変わりはない。フランコ＝ノルマン語が英語を支配している状況は耐えがたい奴隷化として感じられたので、ますます大きな不満を呼びおこした。一三六二年には「訴答手続法（Statute of Pleading）」が制定され、英語が唯一の法廷言語となった。十四世紀末には、フランス語は教育でそれまで占めていた地位を失った。詩人J・ガワーは、はじめフランス語で書いていたが、その後英語に移った。この時代に生きたG・チョーサーは、はじめから英語で書いた。チョーサーとともに、英語文学は偉大なヨーロッパ文学の座に列することになる。そして締めくくりに、一三九九年から一四一三年までを治世とするヘンリー四世が登場する。彼は英語を母語とするはじめてのイングランド王であった。十五世紀からは、調停のための言語規範の確立が始められる。こうして、英語の第三期である近代英語の時代の幕が開かれた。これまでは、かたや十一世紀の征服者の末裔たちのフランコ＝ノルマン語、かたや地元の住民のアングロサクソン語、という二つのことばがばらばらに存在してきた。しかし、この時期を経るにつれて、ひとつにまとまった言語がそうした状態にとって代わることとなった。この一体化した言語はすでに近代英語の特徴を備えていた。名詞の格変化と性はなくなっていた。不規則動詞が一定の数に抑えられたことと時制の対立が固定したことにより、動詞の形態論は単純化した。その一方、慣用句的な表現が増加した。英語は基本的な要素が「覚えやすい」といわれているが、英語のおもな難しさのひとつはここにある。たとえば、**to give up**《あきらめる》や**to put by**《とっておく》のように、方向を表わす副詞を後置して——いわゆる《後置詞》——作られる動詞表現（典型的にアングロサクソン的なものである）は、どういう意味かがわからないとき、たいていは要素どうしの意味を組み合わせることで全体の意味を推測することができない。

十五世紀末には、正書法が修正されはじめ、さらには固定化されるまでになった。一部には、イギリスに活版印刷を導入したW・キャクストンの力によるところが大きい。しかし、そのころはまだ音韻体系がまだ変化の途上であったため、そこから発音と文字とのずれが生じることとなった。この現象は英語にもフランス語にも顕著に見られるものであるが、どちらの場合も同じ理由による。その後に改革の試みが何度かおこなわれたが、いずれもこの状況を変えるまでにはいかなかった。アメリカ合衆国でただひとつ成功した介入は、N・ウェブスターによるものである。すくなくとも、ウェブスターの手になる一八二八年の『辞書』〔An American Dictionary of the English Language〕に含まれた提言に関していえば、そういえる。その辞書は、アメリカ的正書法をはっきりと示す目印として世に認められることとなった。正書法改革についていえることは、同様に文法についてもいえる。英語は、ちょうど流行の英国式庭園がそうであるように、ひとの手でその秩序をつくることがまったくできなかった。もちろん、十六世紀のT・スミスやJ・ハートから、十七世紀のJ・ドライデンやD・デフォーを経て――彼らはフランスのアカデミー・フランセーズを発想の元としていた――十八世紀のスウィフトをはじめとする著名な文学者にいたるまで、数多くの企てがあった(Ayto 1983 参照)。十六世紀、十七世紀に英語はほかの西ヨーロッパの言語とおなじように、多くの専門用語をラテン語から借用した。それは英語史のなかで三回目のラテン化の時期にあたる。しかし、十八世紀末から、だれの目にもあきらかなように、英語の歩みは別の方向に向かった。英語はもらうことがますます少なく、あたえることがますます多くなっていき、それにつれてヨーロッパ語の代表選手になっていったのである。

こうして英語の歴史をおおざっぱにたどってみると、言語の世界にはあまり見られない種類のものであることがわかる。偶然の賜物というべきか、数々の不安定要因が英語のなかに合流すると、それらが合わさって英語の変化のスピードを著しく速めることとなった。そこから、ほかの言語には類を見ないほど根本的な変化がつぎつぎと生じた。まず念頭におくべきは、アングル人、ジュート人、サクソン人がイングランドにもたらしたことばは、インド＝ヨーロッパ語族の支流である共通西ゲルマン語に属するのだが、その西ゲルマン語は、当時まだ安定的な状態に達していなかったことである。子音推移、第一音節への強勢、前後の音との接触による母音の変異、などの現象は、語のかたちを著しく変化させた。言語内的理由によるこうした構造的要因にくわえて、さらに変化の外的要因があった。ゲルマン諸部族はたえず移動していたので、住民どうしの大規模な混淆がおこり、生活様式が急速に変化していった。しかも、ゲルマン諸部族がイングランドで出会ったケルト語、つまりはブリトニック語にしてからが、いまだ真の安定状態に達してはいなかった。共通ケルト語の時代以来、ケルト語派の諸言語はたえず変容しつづけていたが、最後におとずれた急速な変化は、ローマの影響によって引きおこされたものだった。さらにそれに続いて、征服者であるゲルマン人の言語を採用したことで、土着のケルト諸族はさらに不安定さを増した。その結果、古英語は、その源であるゲルマン語とくらべて、完全に新しい特徴を示すこととなった。とくに母音に関してそれがいえる。それは現代英語にもはっきり聞きとれる性質として残っている。しかし、ゲルマン語のなかでの英語の特異性は、あらたな変化を準備した流れのなかにもうかがえる。

そうした流れを抑える障害物はなにもなかった。文章語はしばしば言語を安定させるものであるが、十世紀には、安定化のちからを生み出せるような文章語は存在しなかった。唯一の文化言語はラテン語であった。しかも、当時の社会をささえていた封建制は、なにごとにも分散を旨とする体制であった。『ベオウルフ』（八世紀〜十一世紀初め）の詩を見ればわかるように、古英語は統一した言語というにはほど遠かった。フランコノルマン語の侵入は、その分散状態をいや増すばかりであった。事実、フランス語を話す貴族はある程度かたまって住んでいたので、共通語の必要をさほど感じなかった。一方、農村の住民は引きつづきアングロサクソン語を使いつづけたので、アングロサクソン語は、ほぼ三世紀のあいだ、何にも縛られることなく発展しつづけた。ひろく社会で用いられる言語であれば、なんらかの規則が課されるものであるが、アングロサクソン語の場合、そうした規則がことばの変化を抑えることもなかった。このような一連の不安定要因によって、発音の面でも文法の面でも、英語は共通ゲルマン語からはなはだしくかけ離れたことばになった。ところが、フランコノルマン語からの大量の借用語をつめこんだ英語が、十四世紀から十五世紀にかけてイングランドのすべての者の言語となると――これは英語史の第三期にあたる――、そうした不安定さは解消され、言語に落ち着いた状態が訪れた。とはいえ、そのことばは、もはやインド＝ヨーロッパ語の面影をほとんどとどめていない。とくに、語活用のヴァリエーションが極端に切り詰められているところなどは、東南アジアの言語や中央アフリカの言語を思いおこさせるほどだ。

これほどいろいろな西洋の言語的影響が組み合わさって、複合的性質を作っている言語であれば、いつの日か諸民族の橋渡しの役目を果たすことが約束されていたと見ることもできなくはない。しかし他方で、英語には歴史を通じて異質な層が次から次へと積み重なっており、すでに述べたように、そうした英語の混質性が、言語に秩序を課そうとする試みに抵抗する一要因になるかもしれない。別の要因としては、中世末期にようやく言語が安定化したとき、社会環境も落ち着いたことがある。正確にいえば、アイルランド、スコットランド、ウェールズに住む、同化されていないケルト系マイノリティを別にしなければならないが、この時期以降、英語社会は、外来の政治権力が長期にわたってマイノリティを支配するという不安定な状況を経験したことがない。しかも、後にふれるように（第八章参照）、十一世紀から十四世紀にかけてのイングランドはこうした状況になかったこともあって、英語が国民の至高の象徴の地位に昇りつめると、その英語に手を付けることへの懸念がたびたび表明された。さらにいえば、英語に言語計画らしきものが見られないことの最終的な原因は、英語が世界的に優位を占めていることにある。なぜなら、そうした現状がある以上、英語の改良に向けた方策などが骨折り損になるのはわかりきっているからである。したがって、ここまで来れば、現時点での英語の優位の理由をさぐらねばならない。

## アメリカ英語のヨーロッパへの普及——概略の説明

このような歴史を経てきた英語は、ゲルマン語のなかでもっともゲルマン語らしくないことば、過去の跡をもっともとどめないことばになった。そうしたこともあって、英語は「単純なことば」であると多くのひとに思われているようだ。もちろん、「単純」とはどういうことなのかを考えるなら、この概念はほとんど意味をなさないのだが、一応そういうことになっている。しかし、よくいわれる英語の「単純さ」だけでは、もっと決定的なほかの要因をそこに付けくわえないかぎり、ヨーロッパ諸国への英語のひろがりを説明するのに十分ではない。英語の普及のもとをただせば植民地支配にある。この事実についてはよく知られているので、ここでくだくだしく述べるまでもないだろう。ただ次のことを指摘するにとどめよう。アメリカ合衆国からオーストラリアやニュージーランドまで、南アフリカからカナダまで、さらには、インドのように、英語が国民語ではないまでも公用語の地位に就いている国々が同じくらいのひろがりを見せていることも考えに入れるなら、英語が商業と軍隊によって地球上の津々浦々にまでもち運ばれて、広大な空間を占めるにいたったわけである。もちろん、これ自体はヨーロッパに関わる出来事ではない。しかし、英語がこうした遠くの国々をヨーロッパに近づけると、ヨーロッパ諸国とのあいだの政治的、経済的な関係をささえる言語となったために、その跳ね返りとして、英語が出生地であるヨーロッパ大陸において大きな重要性をもつこととなった。他方で、いまや低廉な価格の長持ちしないスペクタクルと情報が大量生産されて、ヨーロッパ市場に出まわっているが、それらの商品はメディアお得意の攻撃道具であり、その効果はきわめて大きい。こうして英語に包囲されて、多言語のヨーロッパのあちこちで、単一言語のスローガンを耳にするようになった。

その結果は、予想どおりだといってよい。多くのヨーロッパ人の目には、英語が、ひとと話をして分かりあいたいという抑えがたい欲求――「対話への欲動」といってもよい――にもっともよく応えてくれる言語のように映っている。この点で英語は、共通語にふさわしい役割を満たしている。ヨーロッパの歴史のなかで、英語以前に、これほど広大な空間を占有した言語はなかった。たしかに、現在の世界はバベルの神話のごとき混沌におちいっていると考えるひとがいる。そうしたなかで、「融合のノスタルジー」は対話への欲動を生みだし、なんとかして諸言語のつくる壁を打ち倒そうとしてやまない。そして、英語はほかのどのことばよりも、この「融合のノスタルジー」を反響させている言語のように思われている。しかし、人間社会には、それと反対のちからもはたらいている。「融合のノスタルジー」には「差異への欲求」が対立している。言語ナショナリズムはそのもっとも端的な現われである。後に見るように、ヨーロッパでは、言語が愛国意識を高めるきっかけとなることがよくある。そのヨーロッパにおいて、言語による自己主張の渇望は、共通語の必要性をなきものにしないまでも、共通語の圧力を減らそうとする性質をもっている。こうしてみると、ヨーロッパは、英語に開かれていると同時に、言語的多様性を守ろうとする明確な態度を示しているといえる。

しかしながら、より目立たないかたちで、このふたつのちからの対立を激化させたあげく、英語のちからを強める結果を招くような補完的な要因が存在する。英語圏の国々が英語の普及をとくに後押ししているわけではないと考えることもできなくはないし、実際にそう考えるひともいる。というのは、英語圏の勢力が自然に英語をひろめるように仕向けているのであって、そのようなバックアップはとりたてて必要ないからだ、というわけである。しかし、ここには見落としがある。覇権の道は、ローマ帝国の時代でも今日でも変わりはない。ある勢力が世界経済を左右する力を掌握すれば、その生産物のための市場を征服するのと同様に、その言語を使わせるように決定力をはたらかせることができる。しかも、言語と商品は切っても切れない関係にある。というのは、言語を輸出すれば商品の輸出への道を開くことにつながるのは、物事の自然な流れだからである。たしかに、アメリカ合衆国のような国では、さまざまな領域において権力は中心に存在せず、したがって、連邦政府は私企業の行為に直接かかわらない。それはたとえば、私企業が大学に対して寛大な財政援助を提供する条件として、これまで教えられてきた言語をカリキュラムから廃止して、英語を優遇するような場合でもそうである（Marcel 1973参照）。しかし実際には、この種の取引は、私企業の利益にかなうと同時に、その商業的拡大を通じてアメリカ合衆国の言語をわれわれに提供するのである。

経済的拡大、共通語の必要、政治的サポートなどの外的な要因にくわえて、それらの帰結として、英語の普及をさらにいっそう拡大させる別の要因がある。世界のすべての言語のうちで、英語はひとびとの求めるニーズにもっとも密着して発展してきた言語であり、そのニーズを言いあらわすのに長けている。これは驚くべきことではない。というのも、英語は主として北アメリカ大陸に位置する国の言語であり、そこでは、物質生活においても精神生活においてもニーズがつぎつぎと生まれ、それに応えるための科学技術の研究活動を呼びおこしているからである。そうなると、すでに存在する単語にせよ、人為的につくった単語にせよ、英語の単語こそが現代社会の欲求を表現することになる。英語がいたるところにひろまるにつれて、英語はこうした欲求を社会にばらまく。さらにまた、欲求を満足させる商品に英語の名前がついているならば、その生産物そのものが、みずからに随伴するその名前をあらゆる場所に浸透させる。たしかに、多くの国々では、新語造成の活発な活動が進められており、英語以外の言語のなかに対応する単語を作りだすことで、殺到する英語の単語の流入を抑制しようとしている。たとえば、フランスやケベックではフランス語での新語造成がおこなわれている。けれども、英語の新語の量の多さやその増加のテンポの速さには著しいものがあるので、用語委員会は満足に作業が進められない状態にたえずおちいっている。その仕事の中身は、十九世紀の言語委員会が取りくんでいたものとはまったく別物であって、その量から見て工業製品やそれに必要とされる技術に関するものが大部分である。

そういうわけで、使用者にとってみれば、英語の術語をできるかぎり近い発音で採り入れるように働きかける誘惑は大きいものがある。英語はコストと利益のあいだに最善の比率を打ちたてるように見えるのだ。実際、ばらばらの用語を採用するのに不満で、コミュニケーションのためには最小限の学習だけですませたいと思う者なら、より大きな利益が期待できる取引にますます多くの労力を注いでやまないであろう。そして、英語が国際的に占める位置は、この利益を保証してくれるように見える。なぜなら、現在の状態から見て、英語を知っているヨーロッパ人であれば、相手の言語を学ぶつもりがなくても、別のヨーロッパ人と英語を使ってやりとりができるからである。こうして結果が原因に転ずる。英語は巨大な需要に応えてくれるので、いまやほとんどのヨーロッパの国々で第一外国語として教えられている。多くの国では、重要で定期的な関係を結んでいる隣の国の言語よりも、英語のほうが圧倒的に高い地位を占めているほどだ。これまで述べてきたさまざまの要因が結びついて、たがいに強めあうことで、ヨーロッパへのアメリカ英語の普及が揺るぎない傾向となっているのである。

## アメリカの回帰

これほどまでに強力な勢力が英語の背後にはある。しかし、イギリスでは、スコットランドの分離主義的要求がただでさえ狭い英語のなわばりを削りかねない勢いである。それでもやはり英語はグレートブリテンの言語なのだろうか。すでに第一次世界大戦以前から、商業や大衆芸能、さらにアメリカ合衆国の経済力や政治力の影響などを通じて、アメリカ式の英語がヨーロッパにかなりひろまっていた。いまだ戦争終結にはほど遠い一九一八年一月、アメリカ合衆国大統領W・ウィルソンの提案した有名な一四か条の原則は、古くからのヨーロッパ的構想である国際連盟の創設を呼びかけただけではなく、ヨーロッパの地図を描きかえた。その提案は英語でなされた。それはヴェルサイユ条約締結のさいに起きた奇妙な新機軸を準備することとなった。この出来事を目前で見ていた慧眼な観察者は、つぎのような感想を残している。

最終的な勝利の際に連合軍を指揮していたのはフランスの将軍であった。しかし、条約の準備のために必要な交渉が連合国間ではじまると、イギリスとアメリカの代表団長はフランス語ができないのに対し、フランスの代表団長は英語を流暢に話すことがわかった。そういうわけで、ほとんどすべての準備段階の議論は英語で進められた。まことに奇妙な――しかもばかげた――新方式によって、ヴェルサイユ条約は英語とフランス語というふたつの言語で起草され、どちらも正文扱いを受けることとなった。しかし、条約文をよく読むと、フランス語の本文は英語から翻訳されたような印象をしばしば受ける。こうして、フランスが最大の軍事的役割を果たした今回の戦争の終結が、フランス語を唯一の外交言語としてきたかねてからの特権の崩壊を認可することとなってしまったのである。（Meillet 1928, p.254）

戦間期にアメリカ合衆国の優位はますます強まり、とくに一九二九年の恐慌のときには、アメリカの影響の巨大さがネガティヴなかたちで明らかになった。それにつれて、アメリカ英語はたえずひろがっていった。なによりも、第二次世界大戦が終わると、息も絶え絶えのヨーロッパでは、多くの犠牲をはらって得た勝利が屈辱感を打ち消すにはいたらなかった。そんなヨーロッパに響きわたったのがアメリカ英語の声である。その声の主は、ヨーロッパをなんとかして救済しようと身を投げうってやって来たアメリカ軍兵士の一団であった。彼らには解放者としての威光がとりまいていた。英雄たちの微笑みが、ナチ体制の苦虫をかみつぶした渋面にとって代わった。みなが彼らの声を聞き、みながそのことばを繰りかえした。デンマーク、スウェーデン、フィンランド、ポーランド、ハンガリーでは、それまでふつう第二言語といえばドイツ語であったが、アメリカ英語がその座を奪いはじめた。オランダやノルウェーでは、十九世紀まで、海洋貿易の言語としてイギリス英語が確固たる地位を占めていた。しかし一九四五年に、両国に重くのしかかったドイツ占領から解放されると、現在のような状態がおとずれた。つまり、アメリカ英語の堅固な砦となったのである。この両国でアメリカ英語はひろく効果的に教えられており、人口のうちで英語を知っているひとの割合はヨーロッパのほかのどの国よりも高い。こうした傾向は、フランス語に対する反発があるベルギー北部のオランダ語地域〔フランデレン語〕では、ますます顕著になっている。

したがって、これらの国々は、自国の価値と技術を世に知らせるためにアメリカ英語を採りいれたヨーロッパ外の国々——日本、イスラエル、中国など——とおなじくらい熱心に、アメリカ英語を普及させている。ドイツでは、アメリカ占領軍が長きにわたって駐留していたことや、科学者や大学人のあいだでアメリカ合衆国の研究と技術が圧倒的に重んじられたことが、アメリカ英語を後押しした。とりわけ原子物理学、ロボット工学、分子化学、神経学、さまざまな種類の病理学などの最先端分野ではそうであった。

アメリカ・モデルの威光は巨大であったので、ヨーロッパの旧共産主義国の研究者、文学者、芸術家たちのあいだにアメリカ英語がひろく普及することとなった。西側にとっての英語と比べると、これらの国々でロシア語はそれほどひろく普及していなかったし、それほど重要な借用語の源にはならなかった。しかも、八〇年代半ばまでには、ロシア語にはスローガンとプロパガンダ用の言語というありがたくないイメージが貼りついていたので、その立場はますます不利になった。東側の反共産主義知識人の目には、英語は自由の言語、確実な情報の言語として映っていた。公的な集会はいうまでもなく、専門的な仕事においてさえ、英語を使うことは政治的立場表明のしるしであった。いまや共産主義体制は消滅した。英語はますます多くのひとびとの気持ちを引きつけている。というのは、英語は、いまのところ無条件の共感を勝ち得ている文明、ひとびとがそのモデルを模倣したがっている文明の価値の担い手だからである。あきらかに、こうした状況の犠牲になったのはロシア語である。いまや、東ドイツ、ポーランド、ハンガリー、チェコスロヴァキア、ルーマニアなど、かつての人民民主主義国におけるロシア語の退潮には、はなはだしいものがある。ロシア語教員は、職を失いたくなければ、英語教員に転職せざるをえないほどである。こうした状況は、おそらく一時的なものであろうが、それでも驚くべきであることに変わりはない。

このように、アメリカ英語は、一九四五年から一九六〇年までという、世界的動乱につづく決定的な時期のあいだに、ほかの言語の退潮や沈滞のせいで空いた席を、まるごと一世代にわたって占めたのである。ドイツ語は敗者にしてかつての破壊者の言語であった。ロシア語はツァーリ時代と変わらぬ抑圧の言語であった。フランスは戦争期のショックをやわらげるのに精一杯であったために、一時的にフランス語の影がうすくなった。しかも、英語は、冷戦の緊張がもっとも高まった時期でさえ、ソヴィエト連邦で大きな人気を博していた。ソヴィエト連邦が少なくとも公式的にはドイツ語やフランス語にさほど関心を示さなかった一方、英語を国際語として優遇したことは、ヨーロッパで英語が圧倒的な優位につくための副次的原因をつくった。たしかに、四〇年代以前にも、英語の地位はすでに確立していた。しかし、英語の支配が飛躍的に拡大したのは、ここ数十年のできごとである。さらに、九〇年代初め以降のヨーロッパの再編成は、ますます英語の立場を強めることとなり、その状態はいまでもつづいている。

それでは、現在その支配が確立したかに見えるアメリカ英語は、ヨーロッパの言語であるイギリス英語といかなる関係をもっているのだろうか。このふたつの言語の命運のちがいは歴然としている。ヨーロッパの一国というより島国であるグレートブリテンは、いくら大陸が近くても、陸地よりは海の彼方に心を奪われており、そのあいだでなんとかバランスをとろうとしてきた。彼らの目から見ると、フランスやスペイン、さらにはゲルマン系の国々にあまりにも強力な支配をおよぼすことは、そのバランスを危うくさせかねないと思われた。そういうわけで、英語は特殊ヨーロッパ的な使命をもってはいなかったし、もっていたとしてもフランス語やドイツ語よりもずっと少なかった。たしかにイギリスの議会制君主政はヴォルテールにとって理想であったにはちがいないが、その十八世紀においてさえ、このことに変わりはなかった。しかし、A・ド・トクヴィルの『アメリカの民主制について』の二巻がつづいて現われた一八三五年から一八四〇年ごろになると、独立してまもないこの若い国には、輝かしい未来が待っていることがはっきりしてきた。そうなると、ヨーロッパの投射であるアメリカ合衆国が、古いヨーロッパ大陸の歴史のなかでなんらかの役割を果たすであろうと予見することができた。ところがそのころ、合衆国がきわめて多くのエスニシティがもたらす寄与によって豊かになっていることを、ひとびとはわかっていなかった。まさにこの事実こそ、十九世紀が進むにつれて、アメリカ合衆国を世界の縮図とするものとなるのである。

大英帝国に附属した古くからの支配圏では英語の優位が保証されていたという事情を別にすれば、

アメリカ国内におけるこうした状況が、英語に独特の結合力をあたえることとなった。英語を使うことは、アメリカ市民であることの要であった。つまり、英語という言語は、アメリカ社会にははなはだしい不平等があるにもかかわらず、建国の礎を築いたイングランド人、スコットランド人、アイルランド人、ウェールズ人と同じ資格で、アメリカ先住民とアフリカ人奴隷の子孫、オランダ人とフランス人、中国人とシリア人、日本人とイタリア人、リトアニア人とメキシコ人、プエルトリコ人とドイツ人、フィン人とハイチ人どうしを結びつけてくれるのである。なかには、自分たちの出自言語を家庭で使いつづける者もいる。二世代か三世代で出自言語を失うこともある。さらにまた、アメリカ化されたかたちの出自言語を使うこともある。しかし、すべての者の第一言語はアメリカ英語となっている。まさにこのような状態のもとで、十九世紀末に英語がヨーロッパに回帰してきたのである。そこには、英語のたいへん逆説的な運命があった。つまり、英語がヨーロッパの共通語としての使命を担うとしても、それはある種の迂回路を通してでしかありえなかった。つまり、まったく予想外なことに、植民地で生まれた英語の派生態が脚光を浴びるようになったのである。

かつてその出帆を見送った岸辺にふたたび戻ってきた英語は、それでもやはりヨーロッパの言語といえるだろうか。これについてはいろいろな議論がありうるだろう。奇妙に思えるのは、かなり時間がたっても、アメリカ英語がイギリス英語とまったく別の言語にならなかったことである。目印に独立宣言（一七七六年）をとるなら、二十世紀の七〇年代末までおよそ二〇〇年となり、それだけの年月が流れるなら、言語に大きな変化が生じるのに十分である。たとえば、アンティル諸島で、英語、フランス語、スペイン語、ポルトガル語、オランダ語を基にしてクレオール語が形成されたのは、ほぼその程度の時間のスパンであった（Hagège 1985, chap.2 & 1992, chap.4 参照）。イギリスとアメリカのあいだで言語が分裂しなかったのは、ケベックとルイジアナのフランス語や、ラテンアメリカのスペイン語やポルトガル語とおなじように説明することができる。つまり、どんなに分離の時期が長かったとしても、もとのヨーロッパ語の基盤から逸脱するほど異なることばにはならなかったのである。いってみれば、大西洋はこの〈ヨーロッパ-アメリカ〉という広大な全体に囲まれた内海の役割を果たしたのである。その全体の言語のまとまりは、ラテン系ヨーロッパとアングロサクソン系ヨーロッパが波のうえに架けた橋によって保証されていた。英語、フランス語、スペイン語、ポルトガル語という四つの言語によって、ヨーロッパはこの新大陸のなかにみずからを延長したのである。そのとき以来、商品と文化の絶え間のない流れがアメリカに入りこんだ。アメリカには一刻の猶予も許されなかったし、アメリカの側もそれを望んでいなかった。そのうちに、アメリカからヨーロッパへという逆方向の流れも、それに劣らずはっきりとしたものになった。言語の歴史をながめると、出生地から遠くへだたった場所で話されることばから、逸脱した形式が芽生えるのを助長するような条件があることがわかる。たとえば、孤立性、閉鎖性、外的影響の意図的排除などである。ところが、アメリカにはこうした条件がまったくあてはまらない。

それでは、アメリカ英語はヨーロッパと有機的な結びつきをもった言語ということになるのだろうか。たがいに理解できるかどうかという点だけを言語の同一性の基準とするなら、アメリカ英語はイギリス英語と異なる言語ではない。けれども、一方がアメリカ出身で、片方がイギリス出身というふたりの英語話者が、口を開いた瞬間から、相手と一体感を感じるなどということがありうるだろうか。

イギリスからの入植者は、経験したことのない環境、自然、気候、生物種からなる世界に直面して、土着の先住民言語、とくにアルゴンキン諸語やイロコイ諸語から多くの語を借用した。黒人との関係もまたアメリカ英語の語彙を豊かにした。音楽や民俗学の分野ではそれがいちじるしい。さらにまた、移民の流入にしたがって、ドイツ語、オランダ語、フランス語、イディッシュ語、スペイン語、イタリア語などがもたらした表現も受けいれた。もちろん、こうしたさまざまな堆積物によって説明できるもの以外に、一見するとアメリカ英語に固有と思われる性質でも、そのほとんどはイギリス英語に源をもっているのはたしかである。それは時間的に見ても空間的に見てもそういえる。おなじ特徴がイギリスの方言に見つかるかもしれないし、グレートブリテンの英語にかつてあった慣用がまだアメリカで保たれているのかもしれない。しかしそれでもイギリス人の耳にとっては、それがアメリカ英語に特有の表現として感じられることに変わりはない。

それらの特徴はよく知られているので（とくにChevillet, 1991, chap.4 参照）、ここではそのいくつかを採りあげるにとどめよう。音声の面では、boat「ボート、船」、know「知る」、soul「魂」の [oʊ]（「オウ」に近い）の音や、better や latter の母音間に聞かれる巻き舌の [r] は、「一般アメリカ語」と呼ばれているものの特徴である。それはテレビによってひろまった発音であり、多かれ少なかれ南部以外の慣用を反映している。この二つのアメリカ英語の特徴に対応するイギリスの「容認発音」は、それぞれ [əʊ]（「アウ」に近い）と [t] になり、イギリスではこれらが威信ある規範となっている。

形態論の面では、アメリカでは、動詞 burn「焼く」や dream「夢みる」の過去形と過去分詞に、イギリス英語で用いられる burnt、dreamt よりも、burned、dreamed が好んで使われる。その一方、アメリカ口語では、it's real good〔「それはほんとうにすばらしい」〕のように、副詞の代わりに強意形容詞がよく使われる。これに対応するヨーロッパ英語は it's really good である。統語論の面では、アメリカ英語ではイギリス英語よりも助動詞を多く用いる。たとえば、動詞 have の疑問文に助動詞 do を用いるし、wish につづく動詞に助動詞 would を添える。たとえば、do you have a pencil?〔「鉛筆をもっていますか？」〕や I wish I would have done it〔「そうしておけばよかった」〕のような構文のほうが、have you got a pencil? や I wish I had done it よりも普通に使われる。それに対して、イギリス英語では後者の構文がよく使われる。語彙の面では、きわめて多くの違いがあるのは歴然としている。ここでは以下のものだけをあげておこう。イギリス英語の autumn「秋」、car-park「駐車場」、biscuit「クッキー」、flat「アパート」、handbag「ハンドバッグ」、lorry「トラック」、petrol「ガソリン」、sitting-room「居間」、sweets「キャンディー」、tin「缶」、trousers「ズボン」にあたるアメリカ英語は、以下のとおりである。fall、parking-lot、cookie、apartment、purse、truck、gas、living-room、candies、can、pants。こうしたイギリス英語の単語がアメリカに知られていないわけではない。その逆に、アメリカで作られたが、大西洋の両側で利用されている単語もある。たとえば、belittle〔見くだす〕——これはジェファーソンによる——、lengthy〔長たらしい〕、gobbledygook〔ラテン語法だらけのわかりにくい文書やスピーチ〕などである。なによりも、「後置詞」付きの動詞句が数多く存在することや、動詞に数多くの特殊な意味が付与されることは、イギリス英語でも見られないわけではないが、やはりアメリカ英語の特徴である。最後に、文字という視覚的なレベルにおいては、よく知られているように、アメリカとイギリスでは慣用が異なる。イギリスでは colour、centre であるが、アメリカでは color、center である。

おそらく、イギリス英語とアメリカ英語のちがいを論じるためには、いままで述べてきたことだけでは不十分であるにちがいない。けれども、いまヨーロッパに強力にひろまりつつあることばが、完全にヨーロッパ仕立てのものではないことを示すには、これだけでも十分であろう。他方で、なによりも目に留めねばならないのは、ことばの使い方が異なるという点である。急速に普及してきたアメリカ英語の形式は、普遍的な尺度に合わせて交換される対話の直接のニーズに対応した一種の公倍数のようなものだ。文は短く、切りつめられた定型句に満ちあふれている。それは、美的な表現性を涵養するよりも、曖昧でないメッセージの伝達と受信が大事であるような領域でのやりとりを容易にするのに適した道具だ。たとえば、次のような場合を考えてみればよい。航空管制で大切なのは事故を避けることであるし、広大な市場を相手にしなければならない取引関係では、明快で実用的なことばが必要になる。また、高い生活水準にある国々での観光レジャー産業は、膨大で多様な顧客層に語りかけねばならない。さらにいうまでもなく、共通語がなければ会話に入るすべをもたない、言語的に異質な集団どうしでのコミュニケーションの問題がある。けれども、こうした便利な道具としての英語のかたわらに、アメリカでもイギリスでも、生まれながらの英語話者ならだれでも、もっと個人的な用法や洗練された用法を確保することのできる英語が存在する。この文学語としての英語は、アメリカでもイギリスでもほぼ同一であり、共通語としての使命を担ったアメリカ英語とは別物である。このふたつの種類の英語を区別するものは、「英語の非母語的変種」（NNVE＝Non Native Varieties of English）と呼ばれるものである。それは今日多くの国で聞かれる、その土地独特の英語の変種である。そこでは、ひとにぎりのエリート層以外には英語を母語として話す者がないにもかかわらず、公用語としてであれ、共通の第二言語としてであれ、はたまた外国人とのコミュニケーション手段としてであれ、英語が社会のなかにしっかりと根を下ろしている。たとえば、インド、パキスタン、マレーシア、タイ、韓国、フィリピン、ガーナ、ナイジェリア、ウガンダ、タンザニア、ジンバブエ等々の国々がそれにあたる。

これらの非母語的変種の使用状況や言語環境はさまざまに異なっており、ヨーロッパの英語母語話者には理解できなくなるほど枝分かれしてしまう日が来るかもしれない。しかし、そのときでも、アメリカ英語はなんらかの一体性を保つように思われる。事実、共通語というものは固定化する傾向にある。というのは、共通語に国際的なコミュニケーション手段の地位があてがわれているのは、ある種の規範をとりまくコンセンサスがつくられているからであって、共通語はその規範からあまりにかけ離れることが許されていないからである。しかし、共通語の普及力が動揺のなさに結びついているからといって、共通語が規則でがんじがらめになって身動きがとれなくなっているわけではない。共通語は柔軟さを排除するわけではない。ただ、際限のない逸脱を許さないだけである。たしかに、あらゆる人間の言語は多様化する運命にあることはよく知られている。けれども、効果的な広告の連続攻撃が対話の欲動の効力とかみあっているさまを見ると、アメリカ英語がしばらくのあいだは分解力に抵抗するであろうことは予見できる。

このような状況のなかで、ヨーロッパ語といえる唯一の英語の変種はイギリス英語である。さらにそこに、政治的・文化的基準にしたがって、ヨーロッパの外にあり、イギリスの統治に属している地域の変種をくわえるべきであろう。アメリカ英語は、アフリカ的、アジア的でないのとおなじようにヨーロッパ的ではない。そうだとすると、バランスをとるために、ヨーロッパの国々での言語教育を考え直すべきではないのか。一例をあげよう。英語はヨーロッパのなかのただ一国でしか母語として使われていない。しかもそれほど広大な国ではない。たとえば、ロシア語話者の数はイギリスの英語話者の二・五倍であり、それぞれの言語共同体が地球上で占める表面積は、英語を一とすると、ロシア語は二一・五になる。それなのに、そこにいろいろな理由があるにせよ、英語がヨーロッパの大部分の国々で第二言語となっているのは、やはり驚くべきことではないのか。ヨーロッパで英語がひろまるのには、教育が大きな役割をはたすことを見てきた。しかし学校はひとつの制度である。そうであるかぎり、学校制度は社会がつくりだした法律から生まれる。それなら、この点で法律を変えてもいいのではないだろうか。

二十一世紀の最初の数十年に成人となる生徒たちの世代がヨーロッパの諸言語のはばひろい知識をもつならば、ヨーロッパのまとまりはいっそう強められるにちがいない。だからこそ、必修科目とされていなくても、英語が大多数の生徒たちを一手に吸いあげているいまの状態を、新しいものに代える必要があるのではあるまいか。新たな制度のもとでは、英語に重要な位置があたえられている現状に配慮しながら、それぞれの国の法律にもとづいて、以下の二つのカテゴリーの言語にしっかりとした法的地位が定められるであろう。ひとつは、自然なパートナーである隣国の言語である。多くの生徒たちが大人になったときには、私生活でも仕事でも、英語よりもこれら隣国の言語を知ることのほうが重要になるだろう。たとえばいまのフランスでは、英語教育が実際に必要とされるよりもはるかに高い位置を占めているように思える。そして、確固とした法的地位を受けるに値するもうひとつの言語は、連合言語としての使命をもつ他のヨーロッパ言語である。次章と次々章では、こうしたふたつの連合言語をとりあげることにする。

# 第三章　ドイツ語と東方の呼び声

## ゲルマン民族の起源と成長

紀元前二千年代末におそらくユトラント地方に居住していた征服民の子孫であるゲルマン人が文献に現われるのは、かなり後になってのことで、紀元前一世紀のカエサルや紀元一世紀のタキトゥスの著作で彼らのことが語られている。しかし、ゲルマン人は、それより九百年前から、現在の北ドイツ、ポーランド、南スウェーデン、デンマークにひろがる平原にひろがっており、五つのグループを構成していたと見られている（Feuillet 1983, p.40 参照）。すなわち、北海沿岸の集団（五世紀にグレートブリテン島を侵略した三つの民族はここから出た：本書43ページを参照）、エルベ川周辺の集団（南ドイツ、オーストリア、スイス、北イタリアのゲルマン人の祖先）、ヴェーザー川とライン川周辺の集団（フランク人の祖先）、北方すなわちスカンディナヴィアの集団、そして、オーダー川とヴィスワ川周辺の東の集団（ヴァンダル人、ブルグント人、ゴート人、さらにローマ帝国の縁にそって黒海からスペインまでひろがる他の集団の祖先）である。もともとこれら五つの集団の共通語であったゲルマン語は、おそらく紀元前千年代の末に、北ゲルマン語、東ゲルマン語、西ゲルマン語の三つに枝分かれしたようだ。北ゲルマン語はスカンディナヴィア諸語となった。東ゲルマン語に属する言語は、いまでは完全に消失した。そのなかで、ただひとつわたしたちに知られているのはゴート語だけであるが、これはひとえにウルフィラ（本書166ページ参照）のおかげである。ゴート語は、まだゲルマン祖語に近かった段階のたいへん古い状態を証しづけている点で貴重である。

西ゲルマン語についていえば、それを共通に話していた三つの住民集団、すなわち、北海、エルベ川、ライン川の集団が大規模な移民を通じて散り散りになったので、紀元初めごろには、チュートン人と呼ばれるひとつのまとまりしか存在しなくなった。ただし、そのなかでも古低ドイツ語と古高ドイツ語という区別があったことはあった。前者に属するおもなことばとしては、低フランク語と低ザクセン語がある。また、古低ドイツ語は、現在の低地ドイツ語とオランダ語の先祖にあたる。古高ドイツ語は、南部方言と中部方言に分かれていた。南部方言のうちには、シュヴァーベン語、バイエルン語、アレマン語がふくまれる。中部方言には、フランケン語、テューリンゲン語、高ザクセン語などが属する。後に、これらのことばに強力な凝集力がはたらいて生まれたのが、豊富な文学によって彩られた中高ドイツ語（十一～十四世紀）である。さらに十四世紀後半になると、近代の高地ドイツ語に通じる形態が出現するようになる。それはルターの決定的な仕事を準備するものであった。

一五三四年に、聖書翻訳のために自身の母語であったテューリンゲン・オーバーザクセン方言を選んだことによって、ルターは統一的な書記言語の規範の土台を打ちたてた。それが近代ドイツ語となっていくのである。このことばはいまや、北はフレンスブルクから南はチロルまで、西はシュヴァルツヴァルトから東はポーランド国境までのまとまった地域で、どこでもひとしく理解される。これはヨーロッパでもっとも同質的な地域のひとつである。しかし、話しことばは別で、土地ごとにさまざまに異なっており、いまなお活力を保っている。ドイツ語の話しことばのさまざまな形態は、ヨーロッパのなかでかなりのひろがりをもつ地域をおおっている。九二〇〇万人のドイツ語話者のうちの大多数は、再統一されたドイツ、オーストリア、ドイツ語圏スイスにいる。ベルギーのオイペン・マルメディ地域（ここではドイツ語の使用が保護されている）、北シュレスヴィヒ（デンマーク）、リヒテンシュタイン、ルクセンブルク、アルザスと一部のロレーヌ地方（フランス）、南チロル（イタリア）には、あわせて一〇万人弱のドイツ語話者がいる。その一方、それぞれ人数にちがいはあるが、スロヴェニア、クロアチア、ハンガリー、チェコ、スロヴァキア、ポーランド、ルーマニアなどの中央ヨーロッパの国には、二十世紀の二つの大戦を経た後にも、オーストリアとドイツの住民が暮らしていた。最後に、ドイツ語は、二〇〇万人を数えるドイツ系ロシア人の半数以上の者の母語である。近年ドイツへの移住が進んでいるけれども、一九七〇年代末になっても、これらドイツ系ロシア人はまだカザフスタンの北西地方とシベリア極南東地方に暮らしていた。彼らは「ヴォルガ・ドイツ人」と呼ばれ、ヴォルガ川流域にエカテリーナ二世が送りこんだ植民者の末裔である。一九二四年に「ヴォルガ・ドイツ人自治共和国」がつくられたが、この共和国は一九四一年に解体され、その住民は現在の地に強制移住させられたのである。

## ゲルマン化の高揚

以下の節では、中世以降、ドイツ語が元来話されていた地域をこえてひろがっていった背景には、数々の組織体による強力な働きかけがあったことを見ていこう。それによりバルト諸語は激しい動揺をこうむったし、スラヴ諸語も同様であった。さらに、近代に入ってもなお、ドイツ語話者住民の自己防衛が恐るべきコンフリクトを引きおこしたさまを見ていくことにする。

### ハンザ同盟、ドイツ騎士団、ゲルマン化

ヨーロッパのなかでゲルマン語話者がひろがる地域がいかに広大であったとしても、拡張の欲求に駆りたてられた活発で力強い民族のエネルギーをそのなかに収めるには十分でなかった。ドイツ語のひとつの単語がこの欲求をうまく言いあらわしている。もっとも、第二次世界大戦から五〇年がたった今日の世界では、いろいろなニュアンスが付きまとうようになってはいるが。その単語とは「生存空間（Lebensraum）」である。この語は、ゲルマン民族の政治的・経済的な発展に必要とみなされた土地の全体を示すものである。ヨーロッパの地形を見ると、西はフランスで行き止まりになっている。そこは数々の民族のたえまない衝突の地であり、多くの殺戮者が押しよせたが、いかなる決着もつかなかった。

ある意味では、そのことが理由となって、反対側の東にひろがる地へと空間を求める動きが向けられたともいえよう。まさにそれこそ「生存空間」におとらず曖昧なことで知られたドイツ語の表現、「東方への衝動（Drang nach Osten）」が言いあらわすものである。本書でこれから見ていくように、ある言語をひろめるための三つの有力な道具は、かつては商業、宗教、軍隊であった。偶然の一致にしてはできすぎであるが、中世を通じて長いあいだ、この三つの要素のすべてがドイツ語の拡張に結びついていた。その原因はそれぞれの利益が一致したことにあるが、一方では商業の拡大、他方では軍隊と宗教の勢力拡大というふたつの企てのあいだで競合関係がなかったわけではない。

商業勢力はハンザ同盟である。ハンザ同盟は、ときには後述のドイツ騎士団とおなじように、ドイツ・ハンザ同盟と呼ばれることもある。ハンザ同盟とは、ドイツ北部の商人たつがつくった組織であり、そのきっかけになったのは、一一五八年にリューベックが建設されたことと、現在スウェーデン領のゴットラント島（「ゴート人の地」の意）に商館が建設されたことである。事実、ゴットラントの中心であったヴィスビーを拠点とするドイツ人商人が、バルト海東岸に位置する都市のいくつかに商業活動を拡大すると、それらの都市は一二八一年にリューベックだけでなく、ハンブルクやケルンの仲買商の組織とも手を結んだ。こうして、十三世紀末から十四世紀いっぱいにかけて、ライン川流域とウェストファーレン地方の商人組合が北部と東部の商人組合と結びついたことは、ハンザ同盟をいやが上にも強力な組織とした。ハンザ同盟の勢力は、ヴィボー（現デンマーク）からカレリア地方（フィンランド南東部からロシア共和国北西部にひろがる地方）、さらにはロンドンにまでひろがり、組織の拠点となる都市がその間を結んでいた。すなわち、ノヴゴロド、レヴァル（現在のタリン）、リガ、ケーニヒスベルク、ダンツィヒ、ロストック、ドルトムント、ブリュージュなどである。さらに南に向けても勢力をひろげ、東はクラクフ、西はストラスブールにまで達した。ハンザ同盟は、利益になるとわかれば、競争相手であるデンマークの内政に干渉するほどだった。ところで、この本の主題である言語に関してもっとも重要な出来事は、こうした商業政策によってハンザ同盟は、バルト地方全体さらにはその外側に、当時北ドイツでの優勢言語であった低地ドイツ語の使用をひろめたことだった。低地ドイツ語がそれを取り巻く諸言語にいかに浸透したかは、スウェーデン語を見ればわかる。スウェーデン語がこの時代に低地ドイツ語から借用した語のなかには、たとえば、**bliva**《とどまる》、**skinka**《ハム》、**språk**《言語》のようなものまである（Haarmann 1975, p.244 参照）。

ハンザ同盟は商業活動の競争相手、なかでもスウェーデンと立ち向かわねばならなかったので、十四世紀に、これまたゲルマン人の東方拡大の道具であったドイツ騎士団の支持を受けることとなる。そもそも、ドイツ騎士団の成立にはハンザ同盟が深くかかわっていた。もともとドイツ人巡礼者のための援助修道会であったものが、一一九〇年にはもっぱら貴族の子弟からメンバーを募る騎士修道会としてのドイツ騎士団になったのだが、最初の援助修道会はブレーメンとリューベックの商人たちのコロニーによって設立されたのである。多くの諸侯が同盟を結んだドイツ騎士団が、政治と言語に関していかなる役割を果たしたかは、まもなく目に見える形になって現われた。ドイツ騎士団は、ポーランド王から〔いまだキリスト教化されていなかった〕プロイセンの異教徒の反乱者を鎮圧するように請われると、一二三〇年にその地での容赦ない十字軍の実行を説き、住民を皆殺しにしたのである。プロイセンをすぐさまゲルマン化したのにつづいて、その七年後には、リヴォニア帯剣騎士団を吸収したおかげで、リヴォニア地方とクールラント地方にドイツ語を強制する動きがさらに加速化した。その際、リヴォニア帯剣騎士団は、現地の指導階級を消滅させた後、これらの地方をみずからのものにしたので、かつての住民が話していたラトヴィア語の方言は農村部でしか話されなくなった。さらにドイツ騎士団は、ポーランド人の手からポメラニア地方を取り上げた。エストニアもラトヴィアの各地方とおなじ運命をたどった。ドイツ騎士団の支配から逃れることができたのは、リトアニアだけだった。ただしそれは、奥深い森と質の悪い港、そしてリトアニア王とポーランド王の連合がリトアニアを守ってくれたからである。二世紀以上にわたって、ドイツ騎士団は残りのバルト地方のすべてを植民地化した。そして、湖水を干拓し森を切り開いて多くの街を建設した。何よりも、彼らはこの地に低地ドイツ語（北部のドイツ語）をひろめた。プロイセン、ラトヴィア、エストニアなどの征服地にドイツ人の貴族とブルジョワジーが根づくことで、社会の特権階層はゲルマン化された。それに対して、「非ドイツ人（undeutsch）」とみなされた土着の農民は、殺されるか、さもなければ農奴の身分に押し下げられて、激しく抑圧された。

こうして、北ドイツの変種である低地ドイツ語がこの地の商業・コミュニケーション・文化のための言語となった。ところが十六世紀になると、まずクールラント地方の貴族が（南ドイツの）高地ドイツ語を採用し、その後、他の地方の貴族もそれにつづいた。ともあれ、十世紀にはバルト地域に到達していなかったドイツ語は、やり方はそれぞれ違えども、ハンザ同盟とドイツ騎士団の活動によって、バルト海南岸のすべての大都市と中央ヨーロッパの一部における支配言語の地位に昇りつめたのである。この状態はかなり遅くまでつづき、後にロシアに支配されたときでさえ、変わることはなかった。

## スラヴ諸語の墓、ドイツ語

ヨーロッパ各地へのドイツ語の驚くべき進出は、バルト諸語の犠牲のもとにおこなわれたのだが、それ以上に被害を受けたのがスラヴ諸語である。ひとつのバルト語と四つのスラヴ語が虐げられた歴史の証人である。長年にわたるドイツ語の圧力は、その五つの言語のうち三つにとって致命的であったが、残りの二言語は、周囲から隔絶した村々でまだ話されているものの、かなり危うい状態にある。かつてスラヴ語が話されていた領域は、いまよりもずっとひろかった。西はエルベ川に達しており、エルベ川とヴィスワ川下流域にはさまれた地域だけでなく、北はメクレンブルク地方とポメラニア地方にまでおよぶ広大な空間を占めていた。後者のドイツ語名の **Pommern** だけを見ると、それがもともとスラヴ語で「(バルト)海の沿岸」を指すことを忘れてしまいそうになる〔古スラヴ語で **po**《~に沿って》+ **more**《海》〕。プロイセンの名前についても考えておいたほうがいいだろう。一九三九年〔第二次世界大戦勃発の年〕には、これ以上ドイツ的に見える地域はなかった。ところが、実際には、絶滅かさもなければ吸収という騎士団のお得意のやり方を例証するかのように、ドイツ騎士団は中世にプロイセンの土地だけでなく、その名前まで取り上げたのである。プロイセンの語源は、古プロシア語 **prūsis** にさかのぼるからである。バルト諸語のひとつであったこの古プロシア語は、十七世紀後半に完全に消滅した。古プロシア語の残された記録は、十四世紀に編まれたエルビング語彙集〔エルビングはドイツ騎士団が現在のポーランド北部に建設した都市〕と十六世紀におこなわれたルターの『エンキリディオン』をふくむ三つの教理問答書の翻訳しかない。これらの翻訳書は、当時まだドイツ語を採用していなかったこの地の住民に宗教改革をひろめるためのものであった。古プロシア語の古さには多くの学者が関心を寄せている（Meillet 1928, p.30 参照）。

やはりスラヴ語派に属するポラブ語については、いくつかの短い文書と語彙集が残されている。ポラーブ語（polabe）という名前は、エルベ川のスラヴ語の名前であるLabeから来ている。ポラブ語は十八世紀に死滅したが、かつてはリューヒョー〔ニーダーザクセン地方の都市〕の周りの、エルベ川中流の支流のイエエッツエル川が横切る沼沢地域で話されていた。しかしその地域は、現在では完全にドイツ語化されてしまった。同様におそらくはドイツ語の圧迫のもとで消え去ったもうひとつのスラヴ語が、スロヴィンツ語である。とはいえ、一九〇三年には、ポメラニア地方の二つの小教区で二〇〇名ほどの高齢者がスロヴィンツ語をまだ話していた（Lorentz 1903, pp.1–2 参照）。

他方で、ダンツィヒの西部と北西部、バルト海につづく湾の西岸では、農村といくつかの都市の住民は、カシューブ語という名でまとめられるスラヴ語をまだ使っている。第二次世界大戦後、ドイツはこの東プロイセンの地をポーランドに割譲しなければならなかったが、ここはドイツ騎士団によって一三〇八年から一四六六年まで占領されたことで、著しくドイツ化されていた。その程度がどれほどのものであるかは、多くの町にカシューブ語とドイツ語の二つの名前がつけられていることからもわかる。たとえば、北ポメラニアでは、ビトヴォ (Bytowo)／ビュトフ (Bütow)、レンボルク (Lębork)／ラウエンブルク (Lauenburg)、ヴェイヘロヴォ (Wejherowo)／ノイシュタット (Neustadt)、ポメラニアでは、ホイニツェ (Chojnice)／コーニッツ (Konitz)、カルトゥジ (Kartuzy)／カルトハウス（Karthaus）、コシチェジナ（Koscierzyna）／ベーレント（Berent）、プツク（Puck）／プツィヒ（Putzig）といった具合である〔前者はカシューブ語、後者はドイツ語〕。けれども、十九世紀後半にさしかかるころには、他の少数民族とおなじように、カシューブ人も、正書法の解説書や辞書、さらに超方言的な規範を提示する文法を刊行することで、みずからのことばが自律した言語であることを主張するようになった。とくにそのとき意識されていたのは、ポーランド語からの自律である。第二次世界大戦の後には、自分たちの土地をポーランドから切り離すことを目論んだ親ドイツ的な工作員がカシューブ人のなかにいるという根も葉もない嫌疑を受けて、かつてのゲルマン化につづいて、今度は激しいポーランド化の波にさらされた。もっとも、ドイツ語の影響はカシューブ語の深部にまで達し、文法にまで及ぶほどであった（たとえば、カシューブ語ではドイツ語にならって、過去時制で過去分詞にともなう助動詞に《be》動詞ではなく《have》動詞を取る。この現象は他のスラヴ語には見られない）。今日、多くのカシューブ人は自分たちをポーランド人とみなし、カシューブ語の特徴が少々混じったポーランド語を話す。ポーランドでは、カシューブ人語は独立した言語ではなく、ポーランド語の方言であるとみなされることが多い。けれども、ボードワン・ド・クルトネをはじめとする優れた言語学者たちは、カシューブ語が独立した言語であると論じている（Décsy 1973, pp.86–87 参照）。とはいえ、まだカシューブ語を母語として用いる者は、一九七〇年代には、わずか四万五〇〇〇人ほどでしかなかった（Haarmann 1975, p.53 参照）。

最後に、これまで述べてきた四つの言語のほかに、もうひとつのスラヴ語は、広大なゲルマン語の領野に取り残された迷子石のように、かつての中央ヨーロッパにいかにスラヴ人が多かったかを例証している。それはソルブ語である。ソルブ語は、ここで触れた他のことばやポーランド語、チェコ語、スロヴァキア語と同じく、西スラヴ語派に属する。ちなみに、西スラヴ語派のなかで、ドイツ語の圧力に抗して完全な姿で保たれたのは、最後に名前をあげた三言語だけである。ソルブ語はいまだに、シュプレー川〔エルベ川の支流〕が横切るこの地方の名前から、ラウジッツ地方のヴェンド語とも呼ばれることがある。この地域は、かつてドイツ民主共和国〔東ドイツ〕のなかにあった。五万人ほどのソルブ人が、たいていはドイツ語との併用だが、ソルブ語の二つの方言のどちらかを使っている。二つの方言のあいだの隔たりは、だいたいかつてのブランデンブルク州とシュレージエン州との隔たりに対応する。南のバウツェンの周りの高地ラウジッツ地方では、上ソルブ語が話されている。上ソルブ語は、話者数の点で二つの方言のうちでより重要であり〔ソルブ語話者の三分の二が上ソルブ語を話す〕、地理的にも言語類型的にもチェコ語に近い。北のコトブスの周りの低地ラウジッツ地方では、下ソルブ語が話されている。こちらはポーランド語に近い。しかし、ソルブ語が話されていた地域は、かつてはもっと広大であった。そのことは、南に向けてザクセンやテューリンゲンまでつづく街の名前がスラヴ語起源であることを見れば、よくわかる。たとえば、ライプツィヒ **Leipzig** はポーランド語ではリプスク **Lipsk** であるが、「菩提樹の〔町〕」を意味し、スラヴ語の **lipa**《菩提樹》〔ロシア語が一例〕から来ている。ほかにも、ドレスデン **Dresden**〔Drežďany《森に住むひとびと》〕、ゲルリッツ **Görlitz**〔Zhorjelc《焼けた地》〕、ケムニッツ **Chemnitz**（一九九〇年以前はカール＝マルクス＝シュタット）〔Kamjenica《石の多い》〕なども、やはりスラヴ語起源である。ラウジッツ **Lausitz** というドイツ語の地方名からして、ソルブ語の **łužici**《沼地のひとびと》から来ている。

このような環境のなかで、ソルブ語が自己の存在を保ってきたのは、中世から絶え間のない差別の的になってきただけに、なおさら驚くべきことである。さらに下って〔ドイツが統一された〕一八七一年以降、ソルブ人に対するゲルマン化政策はいっそう強められた。ドイツ当局は、チェコ人とロシア人がソルブ語の保護に手を差しのべるのを見て、汎スラヴ主義的な策動とみなした（Décsy 1973, p.141参照）。しかし実をいえば、ソヴィエト政府は、同盟国である人民民主主義国の指導者たちの意に反してまで少数民族を優遇する気はさらさらなかったから、ソルブ人への支援など確言しなかったし、終戦後にドイツ東部がソヴィエトの支配のもとに置かれたときに、ラウジッツ地方での民族自治を求めたソルブ人の要求には応じなかった。とはいえ東ドイツ政府は、とくにバウツェンにいまでも残るソルブ語とソルブ文化が学校や文学活動、なかでも演劇で用いられることを公に認めていた。

ゲルマン語がスラヴ語に加えていた圧力は、北ヨーロッパに限らない。ドナウ川中流の谷間には、他の東方の民族によって押しだされたスラヴ人が六世紀以降暮らしていたが、八〇三年にシャルルマーニュがオストマルクを建設してから――これは将来のオーストリアの誕生を告げるものである――、その地域のゲルマン化が強力に進められた。ヨーロッパの地図を一瞥すれば、この出来事がチェコ人をスロヴェニア人から切り離したことがわかるだろう。十世紀にやって来たマジャール人は、セルビア人をポーランド人から切り離し、クロアチアとスロヴェニアに異民族による支配を課した。さらに後の時代になると、ハプスブルク家は東方のスラヴ地域に向けてさらに支配をひろげることに余念がなく、こうして、十八世紀末のポーランド分割の際には、ガリツィアとブコヴィナ、そしてクラコフを中心とした地方を支配下に置いた。第一次世界大戦前夜にはドイツ語がスラヴ人たちの共通語だったとかつていわれたこともあったが（Meillet 1928, p.209 参照）、それは正しくない。というのは、農村の住民はドイツ語を話さなかったからだし、早くも十九世紀初めから、ドイツ語の使用に反対する〔スラヴ民族の〕民族的要求がつぎつぎと現われてくるからである（本書第七章を参照のこと）。そうはいっても、次の事実は認めなければならない。スラヴ民族の覚醒者たらんとした言語学者は、文法書をドイツ語で書くか、すぐさまドイツ語に翻訳させたし、スラヴ語の詩人たちはドイツ語で手紙をやりとりした。そして、一八四八年に開催された汎スラヴ会議では、一八五〇年のウィーン会議とおなじように（本書173ページ参照）、議事進行はドイツ語でおこなわれた。

### ドイツ語話者の保護、戦争の回廊

近代にはいると、プロイセン王国は、みずからの言語を何とかして守ろうとする少数民族の要求をはねつけて、しばしばドイツ語を強制した。一七九三年の第二次ポーランド分割の際にポズナニを手に入れると、プロイセン政府はこの地方の徹底的なゲルマン化に取りかかった。ポーランド人の愛国者たちは、プロイセンの企てに果敢に抵抗したが、その動きは鎮圧された。このゲルマン化政策は、一九一八年までは統一ドイツ王国によって、一九三九年から一九四五年までは、ポズナニを併合した第三帝国によって引きつがれた。このように消えては現われるドイツ支配の歩みは、アルザスで起こったことを思い起こさせる。

北に目をやると、プロイセンは、大公戦争でデンマークに勝利し〔一八六四年〕、その二年後〔の普墺戦争では〕サドワ村〔現在はチェコに属する〕でオーストリアを破った余勢を駆って、一八六六年にシュレスヴィヒ＝ホルシュタイン地方をドイツに併合した。そして、デンマーク系国会議員の抗議の声をものともせず、そこで徹底的なドイツ化政策を進めた。第一次世界大戦後のヴェルサイユ条約を受けておこなわれた一九二〇年のシュレスヴィヒの住民投票によって、シュレスヴィヒはドイツとデンマークの間で分割された。ところが、一九四〇年にナチスドイツは、北シュレスヴィヒのドイツ系住民がデンマークの進める同化政策の犠牲になっているとのプロパガンダを掲げて、デンマークに侵攻する口実とした。その結果、デンマーク全体がドイツ軍によって占領され、ドイツ語の使用が拡大した。とくに一九四二年以降はそうである。

このような口実は、チェコスロヴァキアとポーランドにおけるドイツ系マイノリティの自治の要求に対して、ヒトラーが支援の態度を示したときに使ったのとおなじ種類のものである。こうした国外のドイツ系住民への援助は、ヴェルサイユ条約がきっかけとなった欲求不満へのドイツ式の返答であったし、よく知られているように、第二次世界大戦の直接の原因になった。一九三三年にはダンツィヒの議会選挙で、一九三五年にはズデーテン地方の議会選挙で、ヒトラーを支持する議員が過半数を占めた。このことは莫大なリスクを引きおこした。後者についていうと、チェコスロヴァキア政府がドイツ系住民に譲歩し、つづいてミュンヘン協定を締結したことで、危機は避けられたかに見えた。一九三八年の時点では、この合意さえあれば、なんとか衝突を回避できると思われていた。しかし一九三九年五月には、ポーランド政府はヒトラーにダンツィヒとその回廊を譲り渡すのを拒絶した。

この地域こそ、ドイツ騎士団が一三〇九年に征服し、ポーランド住民を虐殺し、ゲルマン化を推し進めた地、他ならぬポメラニアであった。ちょうどドイツ騎士団が早くもその時代にポメラニアの地を神聖ローマ帝国に結びつけたように、それから六三〇年後にヒトラーは、マイノリティのドイツ系住民を守るという口実のもとに、東プロイセンとドイツのほかの地方のあいだを結ぶこの回廊を要求したのである。これはポーランドの利益と正面から衝突した。というのは、この海岸地方はその当時ポーランドにとって海への唯一の通路だったからである。その後の出来事はご存じの通りだ。一九三九年九月一日にドイツ軍がポーランドに侵攻すると、フランスとイギリスはドイツに宣戦布告を発したのである。

このように、第一次世界大戦後にドイツの政治的、経済的、さらには文化的、言語的な膨張に歯止めをかけようとした試みは、ドイツ側にある種のいらだちを醸成し、そのことが第二次世界大戦の直接のきっかけとなった。ヨーロッパにとって多大の犠牲を生んだ戦争とその結果としてのアメリカへの従属を引きかえとして、ドイツ軍は再度の敗北を喫した。この第二次世界大戦が終わると、今度もまた、ドイツの膨張に対するあらたな撤退命令が課せられた。そのときもたらされた変化を正当化した理由のひとつは、できるだけ言語的同質性を保とうとする配慮であった。たとえば〔二十世紀前半にはボヘミアに三〇〇万人以上のズデーテン・ドイツ人がいたが〕、七〇年代になると、ボヘミアにはもはや八万人のズデーテン人しかいなかった（本書240ページ参照）。何よりも、ポーランドとドイツは、それまでヨーロッパが経験したことのないほど大規模な住民移送の中心になった。もっとも、二十世紀初め、バルカン戦争の後には、すでに巨大な強制移住があったことは、いっておかねばならない。こうして、まずヴィリニュスを中心とするリトアニア語とベラルーシ語が話される地域、次にベラルーシ語の地域であるポリーシャ地方、そしてフロドナとブレスト＝リトフスクの二都市、最後に、ポジーリャ地方、ヴォルイーニ地方、リヴィウの町、東ガリツィア（カルパティア山脈の北西部）などのウクライナ語地域の三つの地域がポーランドから切り離されて、ソヴィエト連邦に属することが認められた。この三つは、それぞれリトアニア、ベラルーシ、ウクライナを構成する地方となる。

ドイツが失った東プロイセンはポーランド（マズーリ地方）とソヴィエト連邦のあいだで分割された。おなじように、スラヴ世界にもう少し入った地域、すなわち、ドイツ北東のポメラニアと東ブランデンブルク、ドイツ南東のシレジアが、ポーランドに戻ってきた。この地域、なかでも北ではシュチェチンの町、南では上シレジア西部の多くの住民がポーランド語を話していたからである。こうして、数十万人のドイツ人がその地を離れた。マズーリ、ポメラニア、ブランデンブルクに留まった非ポーランド系住民百十万人、そしてシレジアに留まった十万人に関して、使用言語がどうなっているかを正確に知ることはかなりむずかしい。ポーランド政府は彼らのことを、言語の観点から完全に再統一されたひとつのポーランドの通常の市民とみなしているが、ドイツで手に入る情報によれば、ドイツ語の使用を維持しているのは高齢者だけであることを認めたうえで、彼らはポーランド国籍のドイツ人ということになる。とはいえ、一九四五年以降、彼らは激しいポーランド化政策にさらされ、公的な場においてドイツ語で話したり、読んだり、歌ったりすることが禁止された場合さえあることはいっておかねばならない（Born et Dickgiesser 1989, pp.162, 166 参照）。このポーランド化政策は、かなり長きにわたって実行されたこともあり、別の地域の例、たとえば、それより二〇年前にイタリアのファシズム政府が、南チロル地方のドイツ系少数民族からやはりドイツ語の痕跡を消し去ろうとして取った過激なやり方に比べれば、もっと効果的であったように見える。

こうした大変動があったおかげで、ドイツ語使用国ではあるがロシア語世界に引きずりこまれたドイツ民主共和国〔一九四九年に誕生し、その四十年後に消滅する〕は、ポーランドとおなじように、報復者ドイツと当時呼ばれたものに対してソ連がしつらえた緩衝地帯のような外観を呈した。五〇年代の西ドイツが戦争からの復興に精一杯で、報復の意志などまったくなかったのが本当だとしても、ひとつのことは確かである。ドイツで生まれた巨大な高波は、〔ナチスドイツのように〕スターリングラードの防波堤に砕け散ることもなく、ソヴィエト連邦をすっかり水没させた。まるでそれは、ドイツの東方衝動がこのうえなく激烈な形で現代によみがえった姿であるかのようだ。千年にわたるゲルマン人の東方への渇望の歴史は、スラヴ人の西方への膨張との激突の歴史でもある。これこそ中欧と東欧の歴史のなかでもっとも驚くべき出来事のひとつである。この衝突の運命ははるか昔の時代から封印され、さほどはっきりしない形であれ、こんにちでもその歴史は足跡を残しつづけている。たとえいまの出来事が、旧共産主義諸国での差しせまった必要に促された、西側への表面的な接近であるにせよ、ちょうど東のスラヴ人にとってトルコの襲撃がそうだったように、ドイツで発生した激流がスラヴ世界の住民を西に向けて押し流したという事実に変わりはない。

政治は理屈で成り立っているわけではない。政治に矛盾はつきものである。ナチの体制にしても、まさに領土の同質性を高めるために、〔ドイツ系住民の〕「祖国への帰還（Heim ins Reich）」作戦を推し進め、たとえばバルト海沿岸やブコヴィナ地方などに住んでいたドイツ人を他の地方に移動させた。ところが、われわれの知るところによれば、それらの地域こそ、はるか昔からドイツ系住民が定着していた場所だったのである。けれども、おそらくこれは、一時的には理屈に合わないにせよ、なによりも団結性を優先しようとしたドイツの強力な意志を理解するためのひとつのやり方にすぎない。事実、ナチスの政策の別の側面は、ヨーロッパ全体の脱ゲルマン化に向かったのである。それははるかに驚くべきものであり、その犠牲となったひとびとにとって、はるかに悲劇的な結末をもたらした。この側面をこれから論じることにする。

## ヨーロッパのユダヤ人、祖国としてのドイツ語とグローバルな使命

セム語を侮蔑する態度は、十八世紀末のドイツの言語思想のひとつの特徴である。まもなくそれはセム人そのものへの侮蔑へとふくらんだ。けれども、差別の標的となったひとびとは、ドイツ語と古くからきわめて深い関係——少なくとも二重の関係——を結んでいた。中欧・東欧のユダヤ人にとって、語彙にヘブライ語からの借用をちりばめた高地ドイツ語の方言、すなわちイディッシュ語は、長いあいだ、ユダヤ人とそれ以外の民族を区別する、耳で聞こえるしるしであった。少数の知識人にとって、ドイツ語は何世紀にもわたって、一種の信仰の対象として自覚的に選ばれたのである。それだけではない。ドイツ語は普遍的な物事を語るヨーロッパの声になった。しかしドイツはその声をジェノサイドのなかで抹殺しようとした。それは奇妙な自殺行為でもあった。次の節では、ドイツ語とユダヤ人とのあいだに結ばれた、こうした長く劇的な関係のさまざまな側面を取り上げよう。

傲岸なゲルマン語から不純なセム語へ

よく知られているように、ドイツ語世界におけるユダヤ人の運命のしるしは、かなり古くまでさかのぼる。しかし、思想のレベルでいうと、その時期ははっきりしている。それは十八世紀末に、ヘルダーの『言語起源論』（一七七〇）と『人類の歴史哲学のための諸理念』（一七八四―九一）という二つの書物が現われたころである。この二つの著作は、ロマン主義時代の思想の養分になっただけでなく、十九世紀初頭に開花することになる比較言語学が育つ土壌となった。ヘルダーは啓蒙主義の哲学の「ひからびた姿」に中世ドイツの創造に満ちた清新さを対立させ、後者の文化、言語、宗教――これらは「民族」の概念に密接に結びついている――を称賛した。サンスクリットの流行は、この考え方にあらたな材料を提供することになる。古代インドのヴェーダに使われた言語であるサンスクリットの存在は、たしかに十六世紀から知られていたが、本格的にとりあげられることはなかった。ところが、一七八六年にイギリスの東洋学者ウィリアム・ジョーンズは、はじめてサンスクリットがギリシア語やラテン語と親縁関係にあることをはっきり主張した。一八〇八年には、有名な『インド人の言語と知恵について』のなかで、F・シュレーゲルはサンスクリットをセム語に対立させた。シュレーゲルは、屈折語であるサンスクリットに最高度の構造的一貫性を見たが、セム語には粗野と不完全さしか見出さなかった。ちなみに、シュレーゲルのこの著は、比較言語学と言語類型論の誕生を記すものとみなすことができる（Hagège 1982, pp.4–5 参照）。こうして、言語学者はひとつの権威ある言語を再構成して、さまざまなことばの起源に位置づけたのだが、それらのことばがあまりに多様な地で話されるために（ヨーロッパのことばもあれば、イランや北インドのことばもある）、さまざまな名称が生まれた。「インド＝ヨーロッパ語」「アーリア語」、さらには「インド＝ゲルマン語」という名称さえあった。一八五七年にベルリンで刊行された『サンスクリット、ゼンド語、ギリシア語、ラテン語、リトアニア語、古スラヴ語、ゴート語、ドイツ語の比較文法』第二版の序文のなかで、フランツ・ボップはこう書いている。

わたしは「インド＝ゲルマン語」という名称に賛成できない。これほど広大な語族を名指そうというときになって、なぜドイツ人をわれわれの大陸のあらゆる民族の代表とみなすことができるのかが理解できないのだ。[…]世の中にもっとひろく理解されるために、さしあたりわたしは「インド＝ヨーロッパ語」という名前を使おうと思う。この名称は、フランスとイギリスでは、すでに一般的に受け入れられている。

けれども、ドイツの学界は、言語学の創成期にもっとも思慮深い言語学者のひとりが発したこの呼びかけに耳を傾けようとしなかった。事実、ドイツではいまだにインド＝ヨーロッパ諸語のことを「インド＝ゲルマン語」と呼ぶことがあるほどだ（ボップは、下って一八七〇年代のK・ブルクマン、H・オストホフらの青年文法学派や、一九一三年に有名な『セム諸語比較文法綱要』を著わしたC・ブロッケルマンとおなじように、ドイツの学問の声望を高めた学者である）。

こうして、「ヨーロッパ」は「ゲルマン」の同義語になった。その魔法のような融合術は、その後に起こったことを予見しているが、かつての英雄たちの物語の思い出に育まれてもいた。ドイツ騎士団の東方を求める激しい情熱とハンザ同盟の商業活動は、すでに早くから歴史の進むべき目印を刻んでいた。このイデオロギーがユダヤ人とヘブライ語の見方に波及したことは明らかである。すでにシュレーゲルは、ヨーロッパ人の高貴な母体であるインド人と「寄生植物のような」ヘブライ人との違いを強調していた（op. cit., t. III, p.195, Montaut 1989, pp. 49–50 に引用）。ボップは先に引用した著作の第一版の序文で、セム語には「きわめて単純な構造しかない」と書くだけで満足していたとしても、シュレーゲルの言葉に端を発した歪んだ見方は、当時の学者のなかで普通に見られるものとなった。そこでは言語の対比がいつの間にか民族の対比にすり替わるのだった。たとえば、A・ピクテはその著書『インド＝ヨーロッパ語の起源あるいは原始アーリア人、言語的古生物学試論』（t. I, 1859, p.7; Olender 1989, p.130 に引用）のなかでこういっている。アーリア人は「いつの日か全世界を支配することを摂理によって定められた人種」である。なぜなら、アーリア人の「血の美しさと〔…〕天賦の知性」こそ、すべての民族のなかでアーリア人に特権をあたえる源だからである、と。ピクテの若き学生のうちのひとりであったF・ド・ソシュールは、そのときはまだヨーロッパ言語学の巨匠にはなっていなかったが、このような妄想には歯止めをかけるべきと考えるだけの明敏さを持ちあわせていた。

とはいえ、やはり比較言語学者であったA・F・ポットが、人種選別理論を主張する思想家に言語学の支柱をあたえたおかげで、この思想家の声望はフランスよりもドイツで高まった。この人物の主著が現われてからたった一年しかたっていない一八五六年にポットが刊行した本の題名には、その人物の名前がしっかりと書きこまれている。すなわち、『おもに言語学の観点から見た人種不平等論、とくにゴビノー伯爵の同名の著作を考慮に入れて』。ここで問題になっているのは、起源の探求である。ヨーロッパの学者たちは、聖書の伝統から顔をそむけて、アーリア人のなかに、ヨーロッパの高貴な運命に値する起源を見出したと思いこんだ。こうして、再構成を確証してくれるような文書や遺跡の記録がまったくないにもかかわらず、アーリア人の言語と伝承が賛嘆の的となったのである(Hagège 1988, pp.29–30参照)。しかし、アーリア神話は、インドという証人がいるかぎり通らざるをえない通路を破棄して、他ならぬドイツの血と大地のなかに根づきの場所を見出した。そうなると、完成への渇きをなんとか癒そうとする民族的要求がその輪郭をはっきりさせようとするときにはいつもそうであるように、残るはこの神話の標的になる対象を描くだけだった。

根源的な他者であるユダヤ人、インド゠アーリア語とは徹底的に異質なセム語の話し手であるユダヤ人ほど、想像の世界で起源の憎むべき敵に振りあてられた特徴をよく具現した民族はほかにいるだろうか。しかし、まさにこれこそ驚くべき誤解というしかない。このドイツ・ロマン主義の時代にあって、ことばによる異邦人というユダヤ人像は、比較文法の研究のなかに保証を見出したように見える。しかし、そんなユダヤ人はいったいどこにいたのだろうか。そのイメージが信じこませようとするのとは反対に、当のユダヤ人自身は、運命のままにたどりついたヨーロッパの国々のことばを常に採りいれてきたのである。そして、それらのことばを自分たちのなかに吸収することさえあった。ここにこそ、さまざまなユダヤ言語に秘められた謎がある。イディッシュ語を見るなら、その特徴がいかなるものであるかがはっきりわかるはずである。

## イディッシュ語の運命

ローマの時代に先立って、すでに紀元前二世紀からガリアの南部に定着していたユダヤ人は、中世の初めになるとプロヴァンス語の古い形態を採り入れた。すなわち、ユダヤ＝プロヴァンス語、別名シュアディート（shuadit）という。それに対して、北ガリア、とくにシャンパーニュ、ブルゴーニュ、ロレーヌのユダヤ人は、ツァルファティート（Tsarfatit）と呼ばれることばを用いていた。この名前はフランスを指すヘブライ語「ツァルファト（tsarfat）」から来ており、古フランス語の方言を指す。ときには西ラアズという呼び名でまとめられることもある。これもまたヘブライ語の laaz という語から来ている。この語は、詩篇一一四章一節では外国語を指すものとして使われているが、中世のユダヤ人のもとでは、ロマンス諸語による聖書の注解、とりわけ高名な学者ラシ〔シュローモー・イツハーキ、一〇四〇―一一〇五〕のものを指すようになった。中央イタリアと南イタリアでは、ユダヤ人のコロニーはやはり紀元前二世紀にさかのぼるが、彼らはラテン語の方言であるイタルキ語、別名南ラアズを用いていた。西ラアズと南ラアズの語彙には、ヘブライ語の要素がわずかに混じることがあった。

ユダヤ人共同体はこれらの地域から移動して、九世紀にはライン川中流域のさまざまな町に腰を落ち着けた。たとえば、シュパイアー、ヴォルムス、マインツ、コブレンツ、ケルンなどの町でユダヤ人は繁栄した。さまざまな証言の示すところによると、十二世紀初めまで、フランス語の古形である西ラアズが彼らのコミュニケーションのために使われていた（Poliakov 1955, p.51, n.1 参照）。しかし、それ以降、さらに東ないし南に向けて、シュヴァーベン、フランケン、バイエルン、オーストリアなどの地方に移動しはじめるにつれて、地元の言語と密接に接触するようになり、最終的にゲルマン系のことばを身に着けることとなった。これらのユダヤ人は自分たちを「アシュケナジ」と呼んだ。この呼び名は、聖書のさまざまな章句（創世記、年代記、エレミヤ書）では現在のアルメニアの隣の国を指すのだが、その後、離散ユダヤ人のうちドイツに住む者を指すものとして使われる慣わしになった。けれども、聖地に向かう途中の十字軍兵士があちこちで起こした虐殺に恐れおののいたユダヤ人は、そのほとんどがドイツを去った。こうしてユダヤ人はさらに東に向かい、ポーランド、リトアニア、ガリツィア、ウクライナ、ベッサラビア、ロシアなどに行きついたが、そのときでも自分たちのゲルマン系の言語をたずさえていった。これらの地方は、社会がほぼ貴族と農奴だけで構成されており、プチブルジョワジーがようやく生まれようとしたところだったので、ユダヤ人はすぐさま日常生活に欠かせない仲介者となり、この状態は十七世紀までつづいた。それに加えて、南東のおもにビザンティウム出身の他のユダヤ人がやって来たので、都市ではユダヤ人の人口がますます増えつづけた。そして、この後者のユダヤ人も、先に来ていたユダヤ人が話していたゲルマン系の言語を身に着けた。彼らはすべて、役人や商人、多言語に通じた似非教養人など、商品と貨幣の流通にとってぜひとも必要な中間階層を形成した。

これらのユダヤ人は、儀式殺人の非難〔ユダヤ人が儀式のためにキリスト教徒の血を用いているという中傷〕、あるいはルターの小冊子『ユダヤ人と彼らの嘘について』（一五四二）に表現されたような宗教的・教義的非寛容の標的となっただけではない。ユダヤ人に対する農民たちの恐れや憎悪は、キリスト教司祭の影響というだけでは説明がつかない。司祭たちは、同じ時代に同じ状況にあったスペインの聖職者とおなじように、ユダヤ人が受けていた特権に対して憤っていたのである。たとえば、何人かのドイツの諸侯の例にならって、一二六四年のボレスワフ王の憲章〔カリシュ法〕、一三三四年のカジミェシュ大王の憲章は、この唾棄すべき神殺しの異邦人に、物の売買、金貸し、徴税、自由な移動などの特権をすべて認めた。しかし、一般的な敵意にくわえて、本書の観点から見てきわめて興味深い理由があった。それは言語に関するものである。すなわち、ユダヤ人は、自分たちとともに西から運んできた言語を話していた。それは周囲の者が理解できない言語であった。

　このイディッシュ語あるいはユダヤ＝ドイツ語というゲルマン系のことばは、スラヴ世界にあってはなおのこと、ユダヤ人を周囲から遠ざけたし、それによってユダヤ人の他者性はますます際立つものとなった。イディッシュ語は、中世フランク方言を土台にして、そこにバヴァリア方言とザクセン方言の要素を取り入れたことばであり、高地ドイツ語に属する。もともとはライン川中流域や、ライン川とモーゼル川が合流する地域で話されていた。ユダヤ人がまだドイツに留まっていた時代には、言語混交は起こっていなかったが、後になると、数の上ではそれほど重要ではないが、さまざまなことばに由来する要素が接ぎ木されていった。すなわち、ツァルファティート〔ユダヤ＝フランス語〕、イタルキ語〔ユダヤ＝イタリア語〕、ポーランド語、ベラルーシ語、ウクライナ語、ヘブライ語、アラム語などである。これらは、住み着いた土地のことばからの借用によるものであったり、ユダヤ人が遍歴のなかでたずさえていったことばであったり、さらには先祖伝来のことばであったりする。

これらの要素の多くは語彙に関するものなので、イディッシュ語の本体そのものを変えはしなかった。たしかに、イディッシュ語の親族名称、私生活、倫理、時間の区分、地理的呼称などの語彙には、ヘブライ語とアラム語から来るものが多い。また、東イディッシュ語では、職業、道具、動植物の名前や政治、行政の語彙に対するスラヴ語の影響が顕著である。これらの副次的な影響はイディッシュ語に混交言語としての特徴をあたえることに寄与しているとしても、イディッシュ語のゲルマン語的な性格に疑問が付されるわけではない。とはいえ、イディッシュ語に統一性がなかったことは事実である。東イディッシュ語は、二十世紀初めには、ハンガリー、ルーマニア、ウクライナ、分割以前のポーランドの全土、バルト諸国でまだ話されており、それぞれの場所で少しずつ異なる姿をしていたが、それらすべてがひとつにまとまって西イディッシュ語とは区別されていた。西イディッシュ語は、アルザス、メス周辺のロレーヌ、スイス、ベルギー、オランダ、イギリスで話されていた。ドイツの西部では、十八世紀にユダヤ人が共通ドイツ語を採り入れたときに、イディッシュ語はほとんど完全に消滅した。第一次世界大戦の前には、イディッシュ語は、ヘッセン地方のいくつかの集落でしか話されていなかった（Loewe 1911 参照）。

したがって、この時期にイディッシュ語を話すユダヤ人共同体の規模がもっとも大きかったのは、東ヨーロッパにおいてである。けれども、十八世紀末以来、イディッシュ語は下降期に入っていた。こうした状況は、言語の歴史ではよくあることだが、話者集団の長期的な経済的・社会的衰退から来るものである。衰退は一半世紀前から始まっており、その印はだれしも見まがいようがなかった。

事実、ほとんどのユダヤ人は、ポーランドやその周辺諸国の君主や大地主たちの仲介者や会計人であることをやめ、それまでとは異なる職業を営みはじめた。たとえば、農業、漁業、林業、生まれつつあった繊維業のさまざまな仕事、さらに仕立屋をはじめとする農村での多くの手仕事である。この衰退のおもな原因は、一六四八年から一六五四年までB・フメリニツキー〔一五九五―一六五七、ウクライナの貴族〕がおこなった大規模な虐殺と破壊行為である。事実、フメリニツキーは、ロシアの支援を要請する以前に〔本書277ページ参照〕、ポーランド諸侯と何よりも彼らに仕えたユダヤ人に立ち向かって、外ドニエプル地方の正教徒ウクライナ人のコサックと農民たちの蜂起の先頭に立った。この反乱とそれにつづくロシア・ポーランド戦争〔一六五四―六七〕は、ポーランドの支配に終焉をもたらしただけではない。この地域のユダヤ人の繁栄を完全に破壊し、その話し手を亡き者にすることによって、イディッシュ語に恐るべき一撃をあたえたのである。後の時代にウクライナで起こることになる数々のユダヤ人虐殺、たとえば、キエフのゲットーでの虐殺〔一八八一年、一九〇五年〕、一九一九年の内戦の際にS・V・ペトリューラ〔一八七九―一九二六、ウクライナの民族主義者〕によって組織されたポグロム、ナチスの協力によるリヴィウ〔ウクライナ西部の都市〕での虐殺〔一九四一年〕も、すべておなじ帰結をもたらした。

さしあたりいっておくべきは、フメリニツキーが殺戮をくりひろげた結果、イディッシュ語のイメージに重大な変質がもたらされたということである。まず、イディッシュ語は膨大な数の話し手を失った。コサックの虐殺によって十万人の犠牲者が出たのにくわえて、生き残った者たちのうち多くはテッサロニキやイスタンブルに向かったからである。これらの地でヨーロッパ・ユダヤ人のふたつの流れ〔東方のアシュケナジと西方のセファルディ〕が部分的にせよ合流したことは、〔セファルディの話す〕ユダヤ＝スペイン語に有利にはたらいた。もっとも、十七世紀という時代背景のもとでは、オスマン朝が衰えはじめて不寛容が増大しつつあったのと平行して、トルコのセファルディ自身がやはり衰退の局面に入っており、新参のアシュケナジがいくらユダヤ＝スペイン語を身に着けたとしても、その衰退の流れを止めることはできなかった。しかしそれ以上に、ポーランドでは、ユダヤ人共同体に貧困が訪れ、まもなく窮乏状態が蔓延した結果、イディッシュ語は卑しい隠語、遅れた迷信深いひとびとの話す堕落したドイツ語のように見なされることとなった。すでにユダヤ人の啓蒙思想家たちは、イディッシュ語にヘブライ語からの借用語や翻訳語が多すぎると感じ、その語彙に宗教的色彩が強いことに反感を抱いていた。そして、これほどまでにイディッシュ語の威信が失われるに至ると、彼らはイディッシュ語そのものを捨て去るべきであると熱烈に主張した。しかし、逆説的にもこのことがイディッシュ語の近代化をみちびいた。ドイツ語の、ひろくいえば西欧語の単語を吸収することで、イディッシュ語の語彙の爆発的増加にさえつながったのである。というのも、ポーランド寒村の物知りたちは、啓蒙思想のユダヤ人知識人を手本にして、みながドイツ語に移行することを望んでいたが、イディッシュ語を話すひとびとに向けてイディッシュ語放棄の必要性を理解させるには、イディッシュ語を使わざるをえなかったため、さまざまな思想の議論に特有の単語を採り入れてイディッシュ語を豊かにした。つまり、彼らは自分たちが拒絶した言語の活性化に貢献したわけである！

ユダヤ人の頭のなかでは、イディッシュ語は蔑まれた社会環境に結びついた言語であったし、西欧化を渇望する者の目から見れば、見下すべきフォークロアに結びついた言語であった。そのイディッシュ語が、現代語であれ典礼語であれ、それまで優位にあると思われていたさまざまな威信言語（ドイツ語、ロシア語、ヘブライ語、アラム語）を前にしながら、あらゆる期待に反して、輝きを増したのである。たしかに、十九世紀末から二十世紀初めにかけて、ポーランドのユダヤ人のうちの多くが西ヨーロッパのさまざまな国に移り住み、その地のことばを採用した。他方で、二十世紀初めにイディッシュ語話者がどれほどいたかという正確な数字をつきとめるのは困難である。たとえば、西ガリツィアやブコヴィナのようなオーストリア統治下の土地において、ドイツ語に移行した総数の都市住民を別にすれば、大多数のユダヤ人住民があいかわらずイディッシュ語を話しつづけていたとしても、それを確かめるすべはない。というのは、住民調査がおこなわれた際には、イディッシュ語を母語として申告することは禁じられていたからである。たとえユダヤ人共同体の内部ではイディッシュ語への好感が上向いたとしても、周囲の者からは社会的に劣ったものとみなされていることばを使うことには、やはり否定的なニュアンスがつきまとった（Tesnière, in Meillet 1928, pp.328, 459 参照）。それをなんとか除去しようとしたイディッシュ語話者たちは、いずれにせよ自分たちがイディッシュ語話者であると申告する気にはとてもなれなかった。ドイツの反ユダヤ主義に対する反発から、母語としてドイツ語を申告しなかったイディッシュ語話者もいた。彼らはその代わりに、ポーランド語がうまく話せなくても、ポーランド語話者を自称したのである（Loewe 1911 参照）。最後に、戦間期に東欧に生まれた新しい国家は、ほとんどのユダヤ人に対して、居住国の優勢な言語を自分たちの言語として採用させるようにしむけた。つまり、チェコ語、ポーランド語、ハンガリー語、ルーマニア語などである。

こうした状況にもかかわらず、一九三八年には、ワルシャワ一都市だけで八三のイディッシュ語による日刊紙と定期刊行物があったし、一九四〇年にはソヴィエト連邦に一〇のイディッシュ語劇場があった。さらに付けくわえるなら、ポーランド、ラトヴィア、リトアニアではユダヤ人組織がほとんど自治ともいえる権利を享受していたので、多くの小学校と中学校があった（Meillet 1928, p.230 参照）。けれども、次のことは付けくわえておくべきだろう。その三〇年後のソヴィエト連邦では、イディッシュ語は急速に衰退しつつあった。ユダヤ人のほぼ七五パーセントがロシア語を母語としていた。ユダヤ人全員にひろく受け入れられるような集住の土地――ビロビジャン（極東に建設されたユダヤ人自治州の首都）がそういう場所だとはとてもいえない――がなかったことにより説明できる。そうはいっても、ロシア、ウクライナ、ベラルーシは、ヨーロッパ地域でイディッシュ語がまだ死に絶えていない唯一の場所である。一九七五年には、ソ連のユダヤ人二一五万一〇〇〇人のうち、一七・七パーセントにあたる三八万一〇〇〇人がイディッシュ語を母語として示した（Haarmann 1975, p.368 参照）。現在、ポーランド、ハンガリー、ルーマニアでは、ユダヤ人共同体が著しく縮小しているので（ポーランドのユダヤ人人口は一九三八年には三〇〇万人だったが、一九七五年には一万二〇〇〇人である）、イディッシュ語はもはや次世代には継承されず、いまいる話し手が最後の話し手となるだろう。フランス、イギリスや他の西欧諸国に住むユダヤ人のうちアシュケナジに属するひとびとは、それらの国々より数が多いが、イディッシュ語の状況に変わりはない。したがって、イディッシュ語がまだ生きているのは、ヨーロッパ大陸の外、おもにアメリカ合衆国とイスラエルである。ただし、イディッシュ語を母語として話すアメリカ人やイスラエル人の割合に関して正確な数字をあげることはできない。

## ユダヤ人、ドイツ語、言語の普遍性、土地の精霊

ドイツ語をみずからの言語として選んだユダヤ人、とりわけユダヤ知識人は、国家社会主義の主張に真っ向から反論した。彼らはドイツの言語と文化のなかに、みずからのアイデンティティの印を求めてきたからである。ドイツのユダヤ知識人たちは、ドイツ語のなかに、他では得られない理想的な表現の道を見出した。社会の周縁にいることの癒しえない苦痛と中心への憧憬は、ドイツ語への思いをいっそうかきたてた。祖先から受け継いだという単純な事実から身に着けた言語であったら、これほどの情熱は生まれなかったであろう。パリ滞在以前のH・ハイネから、ほぼ同時代人であるE・フッサール、F・カフカ、W・ベンヤミン、S・ツヴァイクや他の多くの作家・思想家にいたるまで、数多くのすぐれたユダヤ人知識人がドイツの文学と思想を高めることに寄与してきた。ハイネがいったとされる予言は、一九二〇年代には、その一部にせよ実現途上であるかに見えた。すなわち、ユダヤ人とドイツ人はともに手を携えて精神の聖地パレスチナを建設しつつある、ということである。かつてウィーンが一九一八年まではそうだったように、いまやベルリンはヨーロッパにおける文学、哲学、芸術、ジャーナリズム、映画の一大中心地になったと思われた。ユダヤ人知識人がいかにドイツ語を磨き上げたかを見るなら、ひとつの深い真理が現われてくる。運命のもとで時代を超えた大地の根が

あたえられなかった者たち、あるいは、その根が奪われた者たちにとって、生きることと言語は一心同体であった。とりわけ、読むこと書くことの営みにおいてそうであった。たしかに、一九三九年以前の東ヨーロッパの農村部において、ユダヤ人の民衆は、きわめて古い時代からしっかりと土地に根ざしていたであろう。しかし、彼らはみずからのアイデンティティの唯一真正の記念碑としての聖書を絶対に手放すことはなかった。都市の知識人もおなじであった。郷土のほめ歌を歌わない著作家は、すべての者に共通のもの、すなわち精神の物事について語る。たしかに、ひとが風景にいかにして根づくかという問いは、くりかえし立ち現われて、偉大な文学に養分をあたえてきたテーマである。しかし、このうえなく頑迷な者や無思慮な者の手にかかると、それは一種の他者の拒絶を示唆しかねない。人間とその運命について論じるためにひとつの純粋な言語を磨き上げようとする文学作品は、清新な気持ちで土地の精霊への執着を歌い上げることと比べると、干からびたように見えるかもしれないが、ずっと普遍性がある。

こうして、二十世紀の初めの数十年間においては、まさにドイツ語のなかにこそ、ユダヤ文化の良質な部分が根づいたのである。ドイツ語を上手に使うことができさえすれば、ドイツ語はそれを選んだ者たちにとって祖国の代わりとなった。したがって、ドイツ語はもはや排除の口実ではなく、普遍的なものの保証人であったし、書かれたテクストはアイデンティティの供給源であった。二〇年代末になると、一部のユダヤ知識人はドイツ語を、国家を超えたヨーロッパ的な言語の道へとみちびこうとした。こんにち、何人かの作家が展開しているテーマにしたがえば（とくに一九九一年十月十日ソルボンヌでの会議における作家J・センプルン〔一九二三―二〇一一、スペインのユダヤ系作家〕）、イスラエルには、ドイツで迫害された一部の知識人が三〇年代中頃から亡命してきたし、ナチズムの暴力によって押しつぶされずにすんだ者たちがたどり着いたけれども、このイスラエル国家は、権威があるにはちがいないが非ヨーロッパ的な言語、すなわちヘブライ語という臓器によって、いわばヨーロッパから切り離された心臓、もはやかつて宿っていた身体ではなく、別の場所で鼓動する心臓のように見えることがある。奇妙なやり方で移植されたこの心臓がはるかかなたで打つ鼓動は、ドイツ、ドイツ語、さらにはヨーロッパ全体が、ヨーロッパ・ユダヤ文化のほとんどすべてを破壊するか、破壊するに任せたことで、その活力から何を失ったかをみなに思いおこさせてくれる。それとともに、ヨーロッパのなかでもっとも国際的な側面、ドイツ語によって全世界の価値を表現した側面が、無のなかに埋没してしまった。こんにち、ヨーロッパでそれに代わるものは、なにもない。そればかりか、この大陸は甲高い声の排外主義で身をすくませている。そうかといって、ソヴィエトの指導者たちにもっと先見の明があったわけではない。L・トロツキーのような、もっとも国際主義的であったユダヤ人共産主義者や、O・マンデリシュタームのような、世界的な文化への指向に満ちあふれたメッセージを発した詩人をこの世から消し去ったことは、ロシア文学とロシア語のみならず、共産主義そのものから、豊かな普遍性の酵母を奪い去ることにつながったのだった。

## イスラエルと諸民族の言語

イスラエルにおいて、かつてのイディッシュ語話者たちや他のさまざまな出身の者たちは結びつけているのは、ヘブライ語である。二千年以上の間、話しことばとして使われることがまったくなかったにもかかわらず、その後にヘブライ語が復活を遂げたという事実は、他に類のない性質のものだ。しかし、ユダヤ文化のもうひとつの構成要素である離散状態にいるユダヤ人は、それぞれのユダヤ共同体が居を定めている国の言語を話しつづけている。その地の言語を採用するというのは、古くからあるユダヤ人の特徴である。ヘブライ語は、イエス・キリストが生まれるかなり前から、ユダヤ人のあいだで日常のコミュニケーションに用いられる言語ではなくなっていた。紀元一年の時点で、ヘブライ語はすでに典礼言語、すなわち宗教的儀式の際に読まれ、ときにはラビの間の手紙に用いられる言語になっていた。そして、一九四八年にヘブライ語がイスラエルの公用語であると宣言されるまで、その状態にとどまりつづけた。イエスの言語はアラム語であり、ユダヤ王国に住むイエスの同時代人もまたそうであった。それより二世紀前のエジプトで、ユダヤ人はギリシア語を身に着けた。その後も、あらゆる場所でユダヤ人はおなじ態度をとった。フランスではフランシアン方言を、スペインではカスティーリャ語を、十二世紀以後のドイツでは古高地ドイツ語の方言を用いた。ユダヤ人が自分に固有の言語をもつにいたったのは、かつて住んでいた国、たとえばスペインやドイツを離れざるをえなくなったときだけである。ユダヤ人はかつての地で話していた言語をたずさえて移動した。こうして形成されたユダヤ＝スペイン語やユダヤ＝ドイツ語には、ユダヤ人の混合的アイデンティティと苦難に満ちた歴史が反映している。けれども、ユダヤ人は、彼らが避難所を求めた国の言語、たとえばイタリア語、トルコ語、ポーランド語、ロシア語も身につけたし、しばしば驚くほど洗練されたやり方でそのことばを使いこなした。というのは、家庭内や共同体内での使用ならユダヤ語でもいいが、それだけでは、通常の市民生活を送ることが保証されなかったからである。

## 自殺行為としてのホロコースト

スペインとドイツにとどまったユダヤ人は、すぐさまスペイン語とドイツ語に移ったが、それに対して、ヨーロッパ各地に散らばったユダヤ人は、こうした特殊な形のユダヤ語を遠くまで運んでいった。もっとも、その言語を使うのは共同体内部に限られたし、外部の人間はそれを覚えようとしなかったから、ユダヤ語は周りの住民にとってなじみのない言語であった。この留保をつけたうえで、以下のようにいえる。たとえば、ロシアにまでイディッシュ語が進出したことは、ハンザ同盟やドイツ騎士団が先陣を切ったドイツ語――初めは低地ドイツ語、つづいて高地ドイツ語――の進出とともに、ゲルマン語の話し手がつねにヨーロッパの東方へ東方へと向かおうとする全体的な運動のなかに登録することができる。そこからナチスのユダヤ人絶滅政策の逆説的な性格が出てくる。このうえなく文学的なドイツ語の使い手であったユダヤ人作家にせよ、イディッシュ語を話す数多くのユダヤ共同体の成員であったにせよ、ヨーロッパのユダヤ人を排除しようとするナチスの企ては、ドイツ語にとってみれば、その東方への歩みのもっともダイナミックな局面のひとつに突然ブレーキがかけられたことを意味する。この点で、プロイセン政府はもう少し明敏さを備えていた。プロイセンは、ポズナニ〔現ポーランド〕を占領しているあいだ、イディッシュ語を保護するための政策をとった。というのは、イディッシュ語の保護は、ドイツの支配に二重に役立つ利点があったからである。一方で、イディッシュ語は、ポーランドの都市住民を分裂させることができた。他方で、ドイツ語にきわめて近いこの言語を話すユダヤ人は、東ヨーロッパ全体にわたって、政治的にも行政的にも貴重な援助をあたえることができた（Meillet 1928, p.230 参照）。たしかに、ポーランド人、ウクライナ人、ルーマニア人住民の敵意は、ユダヤ人にドイツ人と手を組ませることとなった。なぜなら、ユダヤ人もやはりゲルマン系の言語を話していたからである。

ナチスの国家社会主義は、現実にある結びつきを活用するどころか、万能の神々の物語によって目を曇らされて、ユダヤ人というゲルマン語話者を無に帰せしめようとした。ユダヤ人の滅亡は、ドイツ政治の一ページを飾る挿話であることをはるかに超えて、言語の観点から見てヨーロッパ文化に甚大な損害をもたらした。これまた大言語であるスペイン語の使者であったセファルディ・ユダヤ人の消滅についても、おなじことがいえる。それは、ヨーロッパが膨大な数のポリグロット――複数の言語に通じた者――を失ったことを意味する。こんにち、ひとつにまとまったヨーロッパの建設がはじまりつつあるが、ポリグロットこそ、ひとつのヨーロッパを支える柱である。言語のあいだを移動する遊牧民、いまや消え去ったポリグロットは、理想のヨーロッパの姿を描いていた。ユダヤ人は、この理想のモデルに生命を吹きこんだ数多くの男性と女性を、現時点で可能なかぎり育ててくれた。彼らの記憶に対するこれ以上の賛辞はないだろう。これら死者たちの多くは、必要に迫られて多言語使用者となった。複数言語の習得のための幅ひろい政策さえあるなら、統一を望むヨーロッパにおいても、ひとはやはり自己の選択によって多言語使用者となりうることが証明されるはずである。

## ヨーロッパにおけるドイツ語――過去の闇から未来の輝きへ

ドイツ語のヨーロッパ的使命は、本書でいくつかの出来事を思い起こしてきた動乱の歴史から養分を得てきたのはたしかだ。ところが、一九三〇年代末以降、その使命は第二次世界大戦の勃発とナチスが積み重ねた暴力によって、深刻な衰退におちいることになった。しかし、一九三三年から一九四五年までドイツ語が経験した類似の災厄を引きつぐかのように、大戦後はこれとは別の現象――外的状況に結びついてはいるが言語内的なものでもある――が八〇年代末までドイツ語の足枷となった。実際に、権威の濫用にもとづいた政治権力、すなわち一方で第三帝国、他方でドイツ民主共和国〔東ドイツ〕は、プロパガンダの目的のために、独特の言葉遣いと用語法をもった言語を公式に用いた。推奨された表現や推奨されなかった表現、あるいは多くの場合はっきりと禁止された表現は、起こった出来事に辻褄をあわせてリスト化され、そして定期的に改訂された。これらのリストは、政治権力による言語の操作が、精神に対する絶え間のない圧迫の道具に化したときに何が起こるかを、白日のもとにさらしている。

もっとも顕著なもののうちから、いくつかの例だけを挙げよう（Glunk 1971 参照）。一九三六年十一月と一九三七年一月にとられた決定、すなわちスペイン内戦が始まったばかりのときになされた決定によると、もはや「マドリードの政府」という言い方はしないように推奨された。その代わりに「赤い市民軍の指導部」あるいは「マルクス主義陣営」というべきなのである。それに対して、フランコの陣営は「スペインの国民政府」と呼ばねばならないのである。一九三九年五月の文書からは、「ロシア」という名称が「ソヴィエト連邦」よりも友好的であるという見方が透けて見えてくる。というのも、その文書は、ドイツ軍のソ連侵攻に二年先立って、このときからすでにそれを考えていたかのように、こう明言しているからである。「われわれが現時点でソヴィエト連邦と敵対的な関係になるのを望んでいないにしても、進んで友好関係をもちたいと思っているわけではない。ロシアの概念は、現在の国家構造を指し示すのにふさわしくない」。他方で、ナチスの体制に多くの支持者を供給したドイツの保守主義者たちのなかでは、ゲルマン文化の根に固執する思想の流れがあった。彼らは西ヨーロッパのラテン文明にはさほど熱狂せず、ましてやラテン文明には世界にひろがる使命があるなどという考えはもたなかった。この流れを反映して、一九三九年六月の措置では、「ラテンアメリカ」という名称が禁止され、その代わりに「イベリア的アメリカ」という名称が命じられた。一九四一年一月の法令は、「ドイツの東方植民」という表現——これはいくつかの新聞ではそれまで使われていた——を禁止し、これ以後は「ゲルマンの文化的領土の再獲得」という言い方だけを使うように厳命した。一九四一年七月の通達では、「イギリス空軍のとくに卑劣な行為をきびしく非難すべき際には」、「航空機による海賊行為」という言い方がふさわしいとした。一九四一年十一月の法令では、「ポーランド」「チェコスロヴァキア」「ユーゴスラヴィア」といった語は、前に「旧」という接頭辞を付けずには使用しないように定めた。一九四三年二月の措置によれば、ナチス宣伝省は「ドイツとイタリアのアメリカ合衆国への宣戦布告」という言い方を用いることを明確に禁止し、もはや「戦争状態」という表現しか認めないとされた。一九四三年九月の法令では、新聞の紙面もふくめてあらゆるところで、「土曜日」を意味するSamstagを別の形のSonnabendに取り換えることを義務化した。これはSamstagという語にまつわるどうにも具合の悪いニュアンスを避けるためであった。というのは、その語の語源は古高地ドイツ語のsambastagにさかのぼり、さらにギリシア語のsabbatonに結びつく（最初のbがmに音変化し、bとtのあいだにsが挿入されるとその形になる）。ところが、その語はヘブライ語のchabbathから来ており、ヘブライ語で「休息する」を意味する動詞から来ているのである！　一九四四年四月に出されたある通達は、ソ連の政治体制のことを述べる際には社会主義ではなく「マルクス主義」という必要があることに注意をうながした。なぜなら、公式に国家社会主義と呼ばれるドイツの体制を支えているものこそ本物の社会主義だからである。最後に、一九四一年十一月には報道機関に対して、日本軍のとった行動を解説するときには「自決部隊」という表現を避け、その代わりに「特殊部隊」という名前を使うようにという命令が出された。この背景にある理由はこういうことだろう。戦況がますます悪化しつつあったこの時期には、ドイツ人の気力を奮い立たせなければならなかった。そのドイツ人の目には、「特殊部隊」という言い方のほうが意気消沈させる度合いが少ないと感じられたからであろう。

ドイツ語のもうひとつの使用法は、一九九一年のドイツ再統合のときまで東ドイツで行きわたっていたものである。それは西側世界の住人から見ると、イデオロギーによって歪められた言語の反映であるかのように思われた。しかし、東ドイツの指導者の側からすれば、西ドイツとの違いはあらゆるところで際立たせなければならず、それは言語の領域にまでひろげなければならないという決然とした意志があった。二つのドイツのあいだの境界設定のことが語られた一九七〇年の有名な演説のなかで、東ドイツの社会主義統一党第一書記であったW・ウルブリヒトはつぎのように述べた。

言語の統一性さえいまや崩壊した。ゲーテ、シラー、レッシング、マルクス、エンゲルスの伝統的なドイツ語は人間性に満ちあふれている。それに対して、西の連邦共和国では、言語は帝国主義に汚染され、多くの環境で独占的出版企業の意のままに操られている。このふたつの言語のあいだには大きな違いがある。おなじ語がもはや同じ意味をもたないことさえ多いほどだ。［…］われわれは何よりも先につぎのことを確認しなければならない。ヒトラー主義の将軍たち、ネオナチの奴ら、復讐心に燃える政治家どもの言語は、ドイツ民主共和国の平和を愛する市民たちの言語であるわれわれのドイツ語には属さないということを。われわれはこの言語をこそ愛し尊重し発展させていくのである。

東ドイツでよく使われた表現に「社会主義的国民語」というものがある。ライプツィヒ大学などいくつかの大学では、現代ドイツ語についてのあらゆる学位論文は、東ドイツに固有な言語の存在をふまえねばならなかった。この事実に言及したH・D・シュロッサーは、つぎのように付けくわえている（Schlosser 1989, p.40）。一九八九年まで東と西のドイツ語の二つの形式にかなりの違いがあったことはたしかだが、それは東のドイツ語が社会主義によって指し示された新たな方向に発展したからではない。その反対に、西のドイツ語がより動態性に富んだものであったのに対して、東のドイツ語には古臭い語法が残っていて、西側に住む者がそれを聞けば、誰でもたちまち唖然とするほどであった。このことは、公用語、文学言語、日常言語のちがいを問わず、言語のすべてのレベルについていえることである。ただし、東ベルリンの住民のことばが西ベルリンの住民よりもブランデンブルク地方に特有の音声的特徴を忠実に表わしていたことは、また別の話である。西ベルリンの住民の多くは、第二次世界大戦以後に移住してきたので、もともとその地方の出身ではなかったからである。

例として、「社会主義の光り輝く崇高さ」とか「太陽と自由に向かって歩みを進める兄弟たち」のような言い回しを引用することができる（Schlosser, ibid. 参照）。ここには、西ドイツ人が聞いたら思わずニヤリとするような古色蒼然とした感情表現がある。しかし、ロシア語をそのまま不器用に写したような表現がそこに付けくわわると、重苦しい言い方が生まれることもある。たとえば、こんなぐあいに、名詞句が積み重なるような場合である。「ドイツ民主共和国の社会主義統一党の中央委員会のメンバーの報告」。しかも、よく知られているように、再統一以前においては、それが東で発せられるか西で発せられるかによって、多くの語がまったく異なる意味のニュアンスをもっていた。たとえば、「自由」「民主主義」「平和」「計画」という語のことは、これまでもよく引かれているので、ここでは「中古車」という表現を付けくわえよう。この語は西ドイツでは高価な商品のイメージをまったく呼びおこさないが、東ドイツではその反対であった。というのは、新車を手に入れるまでに、ひたすら首を長くして待たなければならなかったからである。ロシア語を下敷きにした役職名、店の種類、多くの略語もまた、東のドイツ語に固有の特徴であった。実際、西のドイツ語が五〇年代初めから激しい変化を経験したことは、政治の領域でも経済の領域でも、新製品が絶え間なく流入し、競争の圧力にさらされた社会がそこに反映していると考えるなら、たやすく説明できるだろう。けれども、いっておかねばならないが、東のドイツ語の古臭い語法は、現代的な表現を嫌悪する純化主義者の目からすると、ときにはずっと好ましいものに映ったことも事実である。たとえば、シュロッサーは（Schlosser, ibid.）、Lehrling という語を興味深いものとしてとりあげている。この語は伝統的な造語法でできており、語根の lehren「教える」という動詞をもとに、そこに若者を指す -ling という接尾辞を付けたものである。東ドイツでこの語は、見習い、未経験者、初心者、さらに特定の領域で教育を受けたあらゆる個人を指すものとして、普通に使われていた。それに対して、西ドイツでは同じ意味をもつ語として、Auszubildender ——文字通りには「教育を受けるべきもの」——という語がときおり使われていた（Azubi と短縮することさえあった！）。純化主義者の目には、この西ドイツの複合語はおぞましいものに見えた。だからそれよりは、東ドイツで使われた語のほうがずっと推奨すべきものに思えたのである。

こんにちドイツ語は、少なくとも政治的・社会的状況がいまのままであるなら、歴史のうちでナチと共産主義というふたつの時代に代表されるような逸脱の波には、もはやさらされていないように見える。むしろ、ヒトラー体制の敗北とナチへの積もり積もった恨みのせいで失った広大な領土のいくぶんかへの回帰を開始するのに絶好の位置にいるといえるかもしれない。ヨーロッパでのドイツ語の巻き返しは、ドイツにとって幸運だったふたつの出来事の帰結であり、ゴルバチョフ時代のソ連の政治的開放のおかげである。つまり、共産主義体制の崩壊とドイツ再統一である。こうして、ドイツ語に自由な空間があたえられた。この章で示したように、ドイツ語は東ヨーロッパにおいて古くからの使命を担っていたが、いまやドイツ語はその使命を再確認できるようになった。その点について、地理学は地形だけでなく、運命の道筋も描いてくれている。四八五〇キロメートルにおよぶドイツの国境線は、ヨーロッパ諸国を画する国境線のなかでもっとも長いもののひとつであるが、それはドイツ語とそれに隣接する一五の言語に共通であり、ある緊密な領域のまとまりをつくっている。それに沿って一部の住民は、はるか昔から、母語の知識にドイツ語の知識を結びつけてきた。この種の決定論にくわえて、習慣の陶冶がある。つまり、文明の接触がながくつづくならば、その接触は精神と行為の枠組を分泌し、ひとびとのなかに根づかせる。だから、ながい冬眠の後でさえ、その枠組が復活することは説明がつく。しかも、ドイツ語をとりまく状況は、八〇〇年前にハンザ同盟が彼らの支店をバルト海沿岸地方に開設しはじめたときと類似している。活気に満ちた強力な経済の産物を吸収するのにふさわしい市場を開放することに対する政治的障害はない。というより、かつてはあったが、いまはもうない。そのうえ、古くからの東方からの呼び声は、今度は旧東ドイツからのあからさまで執拗な要求となった。かつて共産主義国であったその国は、いまやみずからを外に開こうとやっきになっているか、さもなければ、まだ日の浅い独立についての心配事に押しつぶされそうになっている。この旧東ドイツからの要求に対して、ドイツが再統一されたいま、ドイツは熱意をもって応えようとするしかない。たしかに、ローマ条約への同意は、東西分断による欲求不満を忘れるためにドイツが西側世界に求めた補償である。しかしそれはいまや唯一の頼みの綱ではない。ドイツ国防軍ができなかったことを、いまやドイツマルクが成し遂げようとしているのである。

このあたらしい状況から、ドイツ語はすでに利益を引き出しはじめている。一九九二年三月、チェコ教育相は、大学入学資格試験の必須言語として英語をぜひドイツ語に換えたいという希望を述べた（ル・モンド紙、一九九二年三月二十九・三十日、二四ページ）。いわずもがなではあるが、これまた国力が言語に有利にはたらく証しである。その一年前、ドイツ企業のフォルクスワーゲンは、フランス企業のルノーをさしおいて、チェコの会社シュコダの自動車工場を買い戻した。それ以来、ドイツの実業家のボヘミアへの投資は止むことなくつづいている。数年前からドイツの実業家は、ポーランド西部を再びゲルマン化する意図があるのではないかという憶測があることを嘆きつつも（ル・モンド紙、一九九二年四月四日、一〇ページ）、ポーランドの土地の購入に多くの資本を投じている。そこはまさに、一九四五年以前はドイツ領であったが、戦後はポーランドに属するものとされた土地であり、そのときに大量のドイツ語話者住民が追われた土地である。クロアチアでは、一九一八年以前は、オーストリアとハンガリーの二重帝国があったにもかかわらず、支配言語であったハンガリー語に比べると、ドイツ語に対する態度はそれほど好意的ではなかった。しかしそのクロアチアでさえ、場合によっては門戸をひろく開くこともありえた。一九九二年一月十五日、独立を達成したクロアチアの大統領は、クロアチアが国際的に承認されるプロセスにドイツが果たした役割――たしかにドイツ政府はクロアチアの国際的承認を急がせた――に対して、ドイツの代表に公式に謝意を表明した。それに対して、その段階では、西ヨーロッパでもアメリカでも、崩壊したユーゴスラヴィアの保証人を買って出ようとした政府は、ドイツ以外どこにもなかった。

ヨーロッパ大陸の真ん中で影響力を延ばしたすべてのヨーロッパ語のうち、ドイツ語はもっとも根づいた言語のままでありつづけた。二十世紀の二つの大戦は、中央ヨーロッパにおけるドイツ語の威信を大きく失墜させたが、その事実を変えることはできなかった。いまさまざまな状況のおかげで、その中央ヨーロッパにドイツ語が回帰しつつある。一九一五年、ドイツ帝国議会議員のF・ナウマンは、ベルリンで刊行された著書『中央ヨーロッパ（Mitteleuropa）』のなかで、ドイツ帝国とオーストリア＝ハンガリー帝国のまわりの多くのヨーロッパ諸国――すなわち、ベルギー、オランダ、ルクセンブルク、デンマーク、ノルウェー、スウェーデン、スイス、アルバニア、セルビア、ブルガリア、ルーマニア、ギリシア――を結集することで、中央ヨーロッパという経済連合を打ちたてるアイデアを提案した。ナウマンの構想によれば、二つのドイツ語使用の帝国のまわりに実現されるこの連合体の共通語はドイツ語になるはずである。とはいえ、全体の調和とまとまりのためには、こうして集められた多くのことばに対して、開かれた柔軟な政策が前提となるとされた。この道を踏みはずしたのが、後のヒトラー体制である。ナチスドイツは、ヨーロッパ征服の夢想のなかで、ウクライナ、スロヴァキア、クロアチアの分離主義に強力な支援をおこなったが、それはこれらの民族語の育成を援助するためではなく、現地での親ナチ政権の樹立を後押しするためであった。たしかに、ハンザ同盟がドイツ騎士団の同盟者であったこと、そして他方で、十九世紀末には遅れて来た植民帝国であったドイツは、二十世紀には二度にわたって中欧・東欧にかつて中世でそうであったもの、すなわちドイツの唯一の植民地を見ようとする誘惑にかられていたことを知っている者にとって、はるかかなたの過去から立ち現われるイメージは心をかき乱すものである。しかし、こんにちのドイツ語は、経済力に十分に支えられているので、もはや軍事力を必要としない。

そうはいっても、頑固な純化主義者のなかには、いかなるほかのヨーロッパ語よりも、ドイツ語がアメリカ英語からの借用語にあふれていることに警鐘を鳴らす者もいる。その数は三〇〇〇を越えるほどだ（F. et I. Neske 1972 参照）。それは、explizieren「説明する」、floaten「浮く」、jobben「一時的な仕事で金を稼ぐ」のように、英語の語幹にドイツ語の活用語尾を付けてドイツ語化した借用語もある。また、形を変えずにただ単純に取り入れた借用語もある。そうした語は大量にあるが、そのなかにはたとえば、brain-drain「頭脳流出」、software「ソフトウェア」などがある。フランス語では、前者は fuite des cerveaux（これは英語の単語の翻訳借用であり〔fuite＝逃亡、cerveaux＝頭脳〕、いまでは定着している）、後者は logiciel（この語については Hagège 1987, p.125 を参照）である。言語についていえることは、ほかの多くの分野におけるドイツの位置についてもいえる。たとえば、二十世紀初めのドイツの科学研究はヨーロッパの最先端にあった。研究はよく組織化され、十分に整った物質的環境に支えられ、優れた研究者であると同時に弟子たちを鼓舞せずにはおかない教師によって指導されていた。この研究の質を反映して、ドイツの学術出版もきわめて高い水準にあった。基礎研究の著作だけでなく、知識のさまざまな分野で優れた教科書や系統立った抜粋集が出版されていた。こうした学術書への読者からの需要は大きく、供給されたものの価値がますます需要を増大させた。そして、これらの著作は、ドイツ語圏の国々の読者だけでなく、そこの知識層が苦もなくドイツ語を読みこなせる他のヨーロッパの国々の読者にも向けられていた。ドイツ語の学術書は、たえず新しく改訂される多くの参考文献がついていることでも知られていた。ところが、こんにちこれらすべての分野で幅を利かせているのは、英語である。ドイツでは、優れた研究者は英語でものを書き、多くの出版社は英語の出版物を手がけている。当然のことながら、英語が国際的に通用することばであるがゆえに、英語は研究者のあいだのコミュニケーション言語の必要性を満たすための確実な地位についているのである。その必要性は学者の世界ではいつでも求められたもので、かつてはラテン語がその要求に応えていた。しかし、次の事実は残る。すなわち、ドイツでもフランスでも、英語話者でない研究者たちが実は英語の地位上昇に手を貸しているのである。研究者のうちの最良の者たちが、自分の言語で著作を出版したとすれば、その言語に有利にはたらくはずである。というのも、質の高い研究に近づくためには、その言語を経由することが前提になるからである。

こんにちのヨーロッパでドイツ語にあらたな可能性が開けているとしても、ドイツ語の未来に影がさしていることを忘れるわけにはいかない。事実、ドイツから国外に移住した者、とくにアメリカへの移民は膨大な数におよぶ。もっとも、いくら英語が社会にひろく浸透したとしても、そのせいでドイツ語が消滅するようになるわけではない。その一方で、ドイツ語を脅かしているもうひとつの危機は、より深刻なものである。ドイツ再統一以来、ドイツの人口が膨大な数（約八〇〇〇万人）に達したために、その事実は見すごされやすい。それは、〔話者数の点で〕ドイツ語は、ヨーロッパ言語の平均成長率を下回っているという事実である。こうした現象はスラヴ諸語やテュルク諸語ではまったく見られない。これらの言語は上述の成長率を大きく上回っているからである。このことは、現在のドイツでもっとも深刻な弱点のひとつである人口減少の問題と相関している。こうした不安要素があるにもかかわらず、少なくとも中期的に見れば、ドイツ語がヨーロッパで実りある進歩を達成したとすれば、英語以外のヨーロッパの大言語が、共通語の担うべき役割のいくつかを果たしうることの証明となるであろう。このことは、やはり共通語の使命を担おうとするほかの言語にダメージをあたえるどころか、むしろ後押しするものとなるだろう。その筆頭にあるのはフランス語である。それでは、フランス語はヨーロッパの運命にいかなる寄与をもたらすのだろうか。次章ではその点を論じよう。

# 第四章　フランス語とその多様な使命

## 栄光の時と苦難の時

フランス語は古くからヨーロッパ的使命を担ってきた。その使命は、フランス語が光り輝いていた時代から糧を得ており、国民の記憶はいまだにその時代に愛惜を寄せている。その一方、フランス語の新たな顔は、ヨーロッパの軌道修正を後押しして、この大陸に大きな実りをもたらす可能性がある。というのも、それこそ、フランス語が長い旅の果てにもたらした独創的なメッセージだからである。

フランス語がヨーロッパでひときわ高い威信を備えていたのは、たがいにへだたった二つの時代において、すなわち、ひとつは十二・十三世紀であり、もうひとつは十七世紀後半と十八世紀である。このいずれの時代の繁栄も、政治的・軍事的・社会的・文化的な要因がからまりあった状況から説明できる。すでに見てきたように、こうした複合的な要因があってこそ、言語はもとの境界を超えて外へとひろがって、その威信を高めていくものなのである。

## 中世におけるフランス語の栄光

中世において、フランス語はすでに十二世紀以前から周囲の国々に強い影響力を及ぼしはじめていた。そのことは、フランス国外にフランス語の支配圏を確立させたひとつの出来事が何よりも物語っている。それは一〇六六年のイギリスの征服である。フランス語は三百年間にわたってイギリスに君臨し、巨大で深い跡を残した（第二章参照）。さらに加えて、十一世紀のノルマン人の侵略とそれにつづくアンジュー家の移住によって、中世フランス語はシチリア王国にひろまり、さらには一三一五年までナポリで勢力を保った。しかしとりわけ、十字軍はキプロス王国治下のモレアス地方（ペロポネソス半島）にフランス語を移植し、そこでフランス語は十三世紀にリュジナン王朝の公用語となった。また、コンスタンティノープルでは、ガスムロス（東ローマ帝国においてビザンツ人と「ラテン人」との間に生まれた人間とその子孫を指す）がフランス語の普及に一役買った。そのほかにも、パレスチナやシリアのようなヨーロッパの外にある隣接地域についていては、いうまでもない。そこでは、フランク人が支配的な役割を務めていたため、フランス語が西方キリスト教会の共通語となった時代さえあった。エルサレムとアンティオキアで作成された法令集は、フランス語がフランスの公用語となる以前に、フランス語をこれらの王国の公用語に定めた。けれども、東方においてフランス語は、ギリシア語、アルメニア語、アラビア語などの他の言語と隣り合って存在していたことを忘れてはならない。なかでもアラビア語は当時の洗練された文明を反映して、多くのよく知られた借用語の供給源となった（この時代のものとして

chiffre〔数字〕、coton〔木綿〕、gazelle〔ガゼル〕、jupe〔スカート〕、十四世紀末にはarsenal〔造船所〕、camphre〔樟脳〕、douane〔税関〕がある）。

たしかにパリ大学はラテン語でしか授業をおこなっていなかったけれども、その名望の高さのおかげで、外国の数多くの学生や学者を、パリでひとしなみに使われていたフランス語へと引きつけた。そのなかのひとりに、フィレンツェ人学者のブルネット・ラティーニがいる。ラティーニは、当時の知識の精華を書きしるした著書『宝典（Li livres dou Trésor）』の序文で次のように書いた。

あなたはイタリア人であるのに、この本をフランス人の言い方にしたがえばロマン語で書いたのはなぜかと問うひとがいるとしたら、それは二つの理由によると答えよう。ひとつにはわたしがフランスにいるからであり、もうひとつには、このことばは他のことばより心地よく、より多くのひとびとに使われているからであると。（Brunot 1966, t. I, p.376に引用）

ラティーニのことばをなぞるかのように、ヴェネツィア人の年代記作者マルティーノ・ダ・カナーレは、すこし後の十四世紀初めに「フランス語は世界をかけめぐる」とくりかえし述べた後に、こう付けくわえている。フランス語は「ほかのどのことばより読むにも聞くにも心地よい」と（同上）。あるイギリス人のフランス語教師は、そのすこし前に、フランス語への愛着のほどを恋々と述べている。

甘きフランス語。それは地上に存在するうちでもっとも美しく、もっとも優美で、もっとも高貴なことばであり、これほど最良のひとびとによって重んじられ愛されていることばはない。神がフランス語をかくも甘美に愛らしく作ったのは、ひとえに神自身の栄光と称賛のためである。それゆえフランス語は、その大いなる甘さと美しさによって、空の天使たちのことばにも比べられうることばである。(François 1959, t. I, p.104 に引用)

当時、王家どうしの結婚は、国際政治の軸のひとつであったから、フランスの王女もイギリス、ドイツ、スペイン、ハンガリーなど外国の君主と婚姻を結んだ(同上、p.101)。そのことがフランス語の普及に有利にはたらいた。しかし、さらに重要な役割を果たしたのは、文学作品である。武勲詩や騎士道物語は、多くの写本がひろまっただけでなく、ドイツ語、オランダ語、スペイン語、イタリア語、ポルトガル語、ギリシア語など多くの言語に翻訳された。十三世紀の中世高地ドイツ語文学の開花に寄与した作者のうちもっとも有名な者、すなわちハルトマン・フォン・アウエとヴォルフラム・フォン・エッシェンバッハの作品のなかのいくつかは、フランス語の作品を下敷きにしている。また、宮廷風言葉遣いのような騎士道の語彙は、多くのフランス語の単語を借用した(それらのすべてが保たれたわけではないが)。遠くスカンディナヴィアでさえ、こうした流行に無縁ではなかった。

けれども、フランス語の勢力は十三世紀末になると衰えはじめ、十四世紀半ばには国際語としての役割を果たさなくなる。フランス語の勢力がたいへん強かった国、たとえばイギリスにおいては、ある出来事がフランス語の地位の後退を逆説的なかたちで物語っている。フランス語の文法書が生まれたのは、ほかならぬイギリスにおいてである。それは一四〇〇年に出版された『フランス語のドナトゥス（Donat françois）』である（この教科書にドナトゥスの名前が冠せられているのにはわけがある。四世紀の有名なラテン語の文法家ドナトゥスは、中世には文法のモデルとみなされていたからである）。著者〔ジョン・バートン〕はこの本をこう紹介している。

イギリス王国の優れたひとびとは、フランス語を読み書き聞き話すことを熱烈に望んでいる。それは、彼らの隣人であるフランス王国のひとびとと親しく会話するためであり、また、イギリスの法律や多くの重要な事どもはフランス語で言いあらわされるからであり、さらには、イギリス王国においてさえほとんどすべての紳士淑女たちはフランス語でたがいに手紙を書くからである。だからこそ、私は思うのだが、フランス語の正しい性質を知ることは、イギリス人にとって絶対に必要なのである。（François 1959, t.I, p.100 に引用）

フランス語の知識がしだいに衰えつつあったことがここからわかる。というのは、何冊かの最初のフランス語の文法書は、イギリスでフランス語を忘れつつあったひとびとのために書かれたからである。

ドイツでもフランドルでもオランダでもイタリアでも、おなじようにフランス語の衰退が見られた。とくにイタリアにおいて、政治的・軍事的屈服に対する反発が起こると、早くもルネサンスの輝きを準備するような跳躍が生まれた。ルネサンスは文学的栄光の座をフランス語から奪った。事実、十六世紀のプレイアード派の詩人たちがお手本にしたのは、イタリア文学であった。十四世紀以降、フランス語がもはやラテン語につづく第二の文化言語ではなくなったのは、ひろい目で見るなら、上昇しつつあった各国のブルジョワジーがそれぞれの国のことばをひとびとに課すようになったからである。フランス語の使用は封建制に結びついていただけでなく、宮廷愛の洗練された文明に支えられていた。その文明は社会の特殊なタイプの反映であったが、その社会がしだいに過去のものとなりつつあったのである。たしかに、百年戦争はフランスの勝利をもって終わった（戦争終結の年が一四五三年であるか一四七五年であるかは、研究者によって違いがある）。フランスはかつてイギリスに奪われた土地のほとんどを回復した。大きな犠牲を通して手に入れたこの勝利は、国を著しく疲弊させた。こうしたことからも、十三世紀にはヨーロッパ中に輝いていたフランスの威信が失われていったのである。そして、東方においてもフランスの軍事的・政治的勢力が後退するにつれて、フランスの言語と文化の輝きはますます衰えていったのである。

### 古典時代のフランス語と普遍性の炎

フランス語がヨーロッパ的威信を担っていた第二の時代については、多くの研究が取りあげている（とりわけ Hagège 1987, chap. VI を参照）。中世においてそうだったように、やはり政治的成功と軍事的僥倖が決定的な要因であった。もちろん、多くの場合、芸術や文学の開花はそれらに付随するものであるが、政治的・軍事的要因が文化的繁栄の必要かつ十分な条件であるわけではない。けれども、同時代人がそう見ていたことも、またたしかなのである。彼らにとってフランス語の優位は疑いのない事実であった。たとえば、ル・ラブールーの著作『ラテン語に対するフランス語の長所』（一六六九）に序文を付したソルビエールは、そこでフランス語についてこう書いている。「ヨーロッパのほとんどの宮廷はフランス語を聞き話すことを誇りにしているので、われわれの外交官はもはや通訳を必要としない」と（Hagège 1987, p.173）。その二年後、『アリストとユジェーヌの対話』の第二対話のなかで、著者ブーウールは次のような言葉をアリストに語らせている。「教養のある外国人はフランス語を知っていることを誇りにしている。われわれの国をどんなに憎む者でも、われわれの言語を愛しているのだ」と（同上）。十七世紀末になると、ルイ十四世の初期の治世の成功に代わって、フランスが反フランス同盟のヨーロッパに直面しなければならなくなった困難な時代が訪れるが、そんなときでもシャルパンティエは、『ラ・ブリュイエールのアカデミー入会演説への応答』（一六九三）のなかで、声高にこう語っている。

世の常として優れた軍隊と優れた文学を結びつける運命のごときものがある。そのおかげで、平民の言語は、もっとも偉大な王の治世のもとでもっとももまばゆい輝きを放つのである。

（Condeescu 1973, p.356 に引用）

その一年後、アカデミー・フランセーズ辞書第一版（一六九四）の献辞は、王に語りかけながら、フランス語についてこう述べている。

世に並ぶもののなき陛下の御威光は、フランス語を世界でもっとも美しい国々の支配言語とならしめました。私どもがフランス語を美しくすることに心を砕く一方で、陛下の勝ち誇る軍隊はフランス語を外国にも通用させました。私どもは私どもに任された仕事によってフランス語の理解を容易ならしめ、陛下はその征服によってフランス語の理解を必要ならしめるのです。(François 1959, t. I, p.401 に引用)

こうした言辞は、王の歓心を得るための追従にすぎないと判断するひともいるだろう。おなじように、同時代の多くの文章は、事実をまともに評価したというよりは、愛国心の発露として説明されるかもしれない。たとえば、以下は『メルキュール・ギャラン』誌の編集者の手によるもので、おなじ一六九四年に同誌に発表された。

フランス語のひろがりはその起源の高貴さにふさわしい。フランス語は王国の境界を越える。ピレネー山脈にもアルプス山脈にもライン川にも、その歩みをさえぎられない。ヨーロッパ中でフランス語を耳にする。フランス語は、フランスでは言語の法廷であるアカデミーをもっている。しかし、ほかの国にも、フランス語を教える学校や教師がいる。フランス語はすべての宮廷であまねく知られ、国王と貴族はフランス語を話し、外交官はフランス語を書き、社交界はその流行と礼儀作法をつくる。(Brunot 1967, t. V, p.137 に引用)

これがたんなる狂信的愛国心から来る自己満足の表明ではないことの証拠として、外国人の口から発せられた証言を引用してもいいだろう。たとえば、J・G・オトリカーというドイツ人教師は、一六九五年に刊行した学習書の序文でこう書いている。

こんにち、この言語を使うことに喜びを感じないようなひとは、上流社会にはほとんどいない。これほどひろく利用されているので、フランス語の使用が見られない国は世界にほとんどないほどだ。（同上、p.141）

政治家の物言いさえ似たり寄ったりである。締めくくりとして、あるスペインの政治家の発言だけを挙げておこう。

フランス語を完璧に身に着けねばならない。そのわけは、フランス語で優れた書物が書かれているからであるし、さらには、君主国であれ共和国であれ、フランス語が話されないような一国の首都は見出しがたいからである。たとえその国の言語以上にフランス語が話されていないとしても、少なくともおなじ程度で話されているものだ。（同上、pp.141–142）

事実、国家権力を軸にし、政治的統一に支えられて、書きことばの確固たる地位を安定させた言語はヨーロッパにいくつかあったが、フランス語に並びうる言語はなかった。英語、スペイン語、ポルトガル語、ポーランド語は、書きことばの地位をもっていたが、フランス語ほどヨーロッパに普及していなかった。第七章と第八章で描く政治的有為転変のせいで、プロヴァンス語、チェコ語、低地ドイツ語はもはや文学には使われなくなった。イタリア語とドイツ語は、いずれも国民統一と固有の文明の意識を表現していたにせよ、それに見合うような政治的現実をもっていなかった。イタリアはばらばらの政治的単位に分裂していたし、かつての神聖ローマ帝国においては、「帝国」という称号の意味が希薄化すると、国は分裂の一途をたどった。フランスの政治状況はまったく異なっており、そのことがフランス語に有利にはたらいた。フランス王権の絶対主義に反対する者でさえ、外国人に向けて意見を表明しなければならなくなると、フランス語の勢力の拡大に一役買った。ルイ十四世の公安組織は、その執拗な取り締まりにもかかわらず、数多くのパンフレットが普及するのをくい止めることはできなかった。それらのパンフレットは、オランダでの出版の自由を利用してアムステルダムで印刷され、それからヨーロッパ各地に出回ったのである（Brunot 1966, t. V, pp. 270–274を参照）。

たしかに、一六八五年のナントの勅令（カトリックとプロテスタントの宥和のために、アンリ四世が一五九八年に発布）の廃止は、ひとつらなりの長い威嚇行為の総仕上げであり、このうえなく生き生きとした経済的・文化的活力をフランスから奪う結果をもたらした。長期的に見れば、この出来事はフランス語の凋落という結末をもたらしたにもかかわらず、そのことがまったく目に入らず、見かけに騙されて悦に入る同時代人には事欠かなかった。たとえば、一七一〇年にソワソンのアカデミーからアカデミー・

フランセーズに送付された『フランス語の進歩について』は、ナントの勅令の廃止が「われわれの言語をはるか遠くの国々にまで流通させた」ことをほめたたえている〔Francois 1959, t. II, p.4 に引用〕。とくに、追放されたフランスのユグノーがベルリンの経済的繁栄に大いに貢献したのを見て自尊心がふくらむと、こうした思い違いがますますかきたてられた。事実、七三年後、リヴァロールはいまだに同じような錯覚を抱いていた。リヴァロールは、一七六一年にルゲ・ド・プレモンヴァルの冊子が指摘した真実を一顧だにしていない〔Condeescu 1973, p.354 参照〕。ルゲ・ド・プレモンヴァルは、ドイツに移り住んだフランス人たちの「フランス語の堕落」を手厳しく批判した。たしかに、国外に移住した者たちは、何世代かたつとその地に同化してしまい、もとの言語を忘れてしまうものだ。もちろん例外はある。一四九二年に国家の基礎に宗教的一体性のイデオロギーを置いた統一スペイン王国の不寛容政策によって、スペインのユダヤ人たちは国外に逃れざるをえなかった〔本書28～36ページ参照〕。しかしその末裔たちは移住の地でもカスティーリャ語を保ちつづけた。これは、何とかしてユダヤ・アイデンティティを守ろうとする精神と結びついた例外的なケースである。

ナントの勅令の廃止による重大な損失があったことはあったが、ルイ十四世は世を去る前に、陰鬱な治世の終わりの数々の破綻に言語面での埋め合わせをもたらすことによって、フランス語の地位を強固なものにした。一七一四年に神聖ローマ皇帝カール六世と結んだラシュタット条約がそれである。この条約はラテン語で起草されなかった初めての条約であった。これ以後、フランス語は長きにわたってヨーロッパの外交言語として君臨することになった。たとえば、一七三六年の〔ポーランド継承戦争後の〕ウィーン会議でも、一七四八年の〔オーストリア継承戦争後の〕アーヘン条約でもフランス語が用いられた。こうした状況があいまって、十七世紀にフランス語が獲得した優位をいっそう推し進めることで、十八世紀をフランス語の第二の普遍性の時代としたのである。政治的な威光には文化の威光が伴っていた。トレヴーで出版された『フランス語・ラテン語汎用辞典』第五版（一七五二）は、こんなことばで幕を開ける。

前世紀と今世紀の数々の著作がフランス語に輝きをもたらして以来、フランス語はヨーロッパ中で話されるようになり、その使用はほとんど普遍的となった。それはわれわれの言語だけに認められた待遇であるとまでいうつもりはない。イタリア人やイギリス人もイタリア語や英語についておなじことをいうだろう。しかし、コルネイユ、ラ・フォンテーヌ、ラシーヌ、キノー、ボワロー、[…]パスカル、ボシュエ、フェヌロン、[…]フォントネル、モンテスキュー、ヴォルテールたちが用いた言語は、文学教養を大事にするところではどこでも知られるに十分値するという点については、だれも反対できないだろう。まさに明白な事実は、あらゆる国民的偏見を黙らせるのだ。（François 1959, t. II, p.5 に引用）

この文章の一節が示すように、これほどひろく使用される権利をフランス語がひとり占めしているわけではないことは十分に意識されていた。たしかに、他の言語にも門戸を閉ざさず、それらの長所を認ようとする姿勢には、フランス語の普遍性を保証するひとつの要因があった。十八世紀はフランス語の歴史のなかで、もっとも世界市民的で多言語使用に好意的な時代であった。少なくとも、幸運に恵まれた作家にとってはそうであった。イエズス会の学校では、さまざまな言語の教育が飛躍的に発展した。そうした精神のあり方は、『百科全書』の「言語」の項目が映し出している。そこで文法家ボーゼは、知識人に対して次のような言語を学ぶように奨励している。「文学、芸術、歴史にはイタリア語、数学、物理学、商業には英語〔…〕、法学、医学、博物学、とくに冶金術にはドイツ語」（Francois 1959, t. II, p. 6参照）。

とはいえ、フランスにおけるドイツ語の位置づけは、ドイツにおけるフランス語の位置づけとは比べるべくもない。プロイセン王フリードリヒ二世は取り巻きのフランス人たちに対して、ドイツ語を学ばないように約束させていた。というのは、ドイツ語を学ぶと彼らのフランス語の純粋性を傷つけかねないからである（Brunot 1967, p.568参照）。フリードリヒ二世はフランス語を顕彰するために、首都ベルリンに常設劇場とリセを作っただけでなく、アカデミーを立ち上げた。このアカデミーは一七八四年の懸賞論文を〔その二年前に〕募集し、一六人の応募者のなかから最終的に残ったのが、ヴュルテンベルク出身のシュワッブの覚書とフランソワ・リヴァロールの有名な論説「フランス語の普遍性について」であった。ベルリン・アカデミーの提示した三つの問いのうちの最初の二つ――「なにがフランス語を普遍的にしたのか?」「フランス語はなぜこの特権に値するのか?」――への答えに関して、リヴァロールは三番目の問い――「フランス語はこの特権を保持すると考えるべきか?」――への回答のための論拠を引くことで満足していた。たしかに、言語のあいだの力関係はそうでしかありえなかったのだから、ひとりの応募者がやったように、今後五世紀にわたってロシア語がヨーロッパの共通語の地位につくと予言したり、二人の応募者のように、ドイツ語がヨーロッパの共通語になるべきだと主張するよりは、アカデミーの設定した論題が暗に示しているように、フランス語の優位を自明のものとして認めるほうが、ずっと事実に即していたといえる。けれども、ここで問題としているフランス語の普遍性なるものは、この表現でこんにち思い浮かべるものとは異なっていた。

たしかに、フランス語は啓蒙の時代のヨーロッパのとりわけ特権的な社会階層、すなわち宮廷や貴族社会のなかで君臨していた。ドイツではフランス語の使用が洗練された礼儀作法と密接に結びつくものと思われていたし、イギリス、オランダ、スカンディナヴィア諸国、とくにフランスの啓蒙思想家たちと文通をしていたグスタフ三世の積極策のもとでのスウェーデンでもそうであった。フランス語はロシアの宮廷でもひろく使われており、とくにエカテリーナ二世の即位（一七六二年）以降、その傾向は強くなった。この女王は、貴族の一部に見られたフランス語を大量に交えながらロシア語を話す流行に対する揶揄をやめなかった一方で、みずからフランス語で劇作をものした。しかし、気取ったフランス語は長いあいだ宮廷社会のなかで使われつづけた。そのことは、トルストイの『戦争と平和』のなかの多くの会話から推しはかることができよう。オーストリアでは、マリア・テレジアの夫のフランツ・フォン・ロートリンゲン（フランス語名フランソワ・ド・ロレーヌ）が、彼の母語であるフランス語を貴族のなかにひろめるのに一役買った。

おなじように、フランス語はスペインやイタリアのような南の国々の宮廷でも高い地位を占めていた。とくにブルボン家の領土であったパルマ公国や、一時期はロートリンゲン家に支配されたトスカナ大公国ではそうであった。スイスでは、アレマン諸語とロマンス諸語のあいだの境界が九世紀以来固定されてきた。スイスでもともと話されていたのは、土着のロマンス諸語だけであり、フランス語ではない。ロマンス語の地方にフランス語が普及したのは、カルヴァンがジュネーヴに居を構え（一五四一年）、彼の教えを各地にひろめてからのことである。とくに、一六八五年の気が滅入る出来事〔ナントの勅令の廃止〕の後、フランスのプロテスタントが大量に流入したことで、フランスの風俗や流行とともに、フランス語の威信が高まり、その流れは十八世紀のあいだつづいた。締めくくりとして、ワラキアとモルダヴィアのドナウ川流域とカルパチア山脈の諸公国では、パリ出身の秘書を側近としたファナリオット〔オスマン帝国におけるギリシア系特権階層〕が競ってフランス語を身につけた。一七四四年にアベ・デフォンテーヌ〔フランスの批評家、ジャーナリスト〕は、ワラキア公コンスタンティン・マヴロコルダトに自分のウェルギリウスの翻訳を寄贈して、「フランス語がほかのどの現代語よりも好まれている」国を公が統治していることをほめたたえた（Condeescu 1973, p.354参照）。

ここに挙げたすべての国において、フランス語を崇拝し愛用するという点では、ブルジョワジーに属する一部の知識人や文学者がおなじ態度を貴族と分かちもっていたにせよ、社会的地盤はいぜんとして狭いものでありつづけた。とくに教養あふれるフランス語の使い手は、フランス語の内的な性質を引き合いに出すことができたので、同時代のひとびとはそれによってフランス語の成功を説明するのを好んだ。その性質のうちのひとつは、会話への適合性である。ヴォルテールは著書『ルイ十四世の世紀』（一七五一年、三二章）のなかでこう書いている。

フランス語はあらゆる言語のうちで、もっとも滑らかに明確に繊細に、教養人の会話のあらゆる題材を言いあらわす言語である。それによってフランス語は、ヨーロッパ全体のなかで、人生のもっとも大きな楽しみのひとつに貢献している。

こうした意見はフランスの作家の著作だけでお目にかかるわけではない。ピエモンテ人のカラッチョーリは、一七七六年にトリノで出版された著書『フランス的ヨーロッパ』のなかでこう書いている。

もしいまフランス語が勝ち誇っているとすれば、それは、表現において自然で簡潔なフランス語が人間交際の言語だからである。〔…〕ひとびとと会話をしたければ、フランス語にたちもどるべきだ。ほかのどのことばよりも、フランス語は冗漫でなく、発音がむずかしくないので、考えをことばにするのに、ありあまる語彙や無理な大声を必要としないのである。

十八世紀のひとびとは、近代言語学の物差しで測ったなら、およそいい加減としか見えない基準によって、言語のあいだを比較することを好んでいた。こんな言い方がよく口にのぼせられた。「英語は語彙が豊かだが、よく『磨かれて』いない。スペイン語は重々しいが、大げさな誇張に陥るところがある。ドイツ語は力強いが、不快なぎこちなさと紙一重だ。イタリア語は愛らしいが、時としてその声の抑揚は軟弱でだらけてしまう」（Condeescu 1973, p.357）。この種の見立ては、とりわけラ・トゥーシュの著書『フランス語の美しい話し方』第四版（一七三〇）の序文のなかでふんだんにお目にかかる。最後の点として、当時フランス語の明晰性が大いに称賛され、そこにフランス語の普遍性の根拠が求められた。事実、フランス語を英語と比較するならば、現代の事例からも、フランス語のほうがより明晰であることが見てとれる。それはフランス語における前置詞と冠詞の用法によっている。たとえば、英語の world population conference〔世界人口会議〕という表現は曖昧であるが、フランス語は「人口に関する世界会議（congrès mondial de la population）」か「世界の人口に関する会議（congrès sur la population du monde）」のどちらかを選ばなければならない（Hagège 1987, p.167）。有名なケースとして、国連安保理決議二四二号を挙げることができる。アラブ諸国はこの決議のフランス語版を好んだのに対し、イスラエルは英語版を好んだ。というのは、占領地に関する重要きわまりない点について、フランス語は意味がはっきりしていたのに対し、英語版は曖昧なところがあったからである（同上、p.168）〔フランス語版は「占領地」に定冠詞がついていたので「イスラエルの占領地全体からの撤退」を意味したのに対し、英語版は無冠詞であったため「一部の占領地からの撤退」でもよいことになる〕。

## 試練にかけられる普遍性

リヴァロールの『フランス語の普遍性について』は、こうした議論の見事な集大成であったわけだが、リヴァロールは同時代人以上に、フランス語の衰退を告げる徴候に気づいていたわけではなかった。リヴァロールがその著作の筆を進めていた一七八三年には、ヴェルサイユ条約によってアメリカ合衆国の独立が宣言された。この独立はフランスの協力のたまものであった。リヴァロールはこの事実を熱っぽく語り、その書を次のようなことばで締めくくっている。「これ以後、アメリカの歴史は三つの時代にまとめられるだろう。スペインが搾取した時代、イギリスが抑圧した時代、そしてフランスが救済した時代である」。しかし現実には、その二〇年前に、もうひとつ別の決定がなされていた。ある意味で、上記のヴェルサイユ条約は、そのときのフランスの屈辱の埋めあわせであったが、二〇年前の決定の帰結を完全に取り消すことはできなかった。一七六三年のパリ条約は、北アメリカの支配をめぐるフランスとイギリスのあいだの血なまぐさい戦争に終止符を打ったが、この約束あふれる大陸におけるフランス語の運命を封じ込めてしまった。さらにそのあおりを食って、ヨーロッパ大陸での衰退まで招いてしまったことは、こんにち見られる通りだ。なぜなら、この条約でフランスは、カナダ、オハイオ渓谷、ミシシッピ川左岸、さらにアンティル諸島の大部分をイギリスに割譲したからである。こうしてフランス語は、ビジネスの世界的中心のひとつとなるはずの地から追い出されてしまった。かたやアメリカ合衆国、かたやイギリスという大西洋の両岸にささえられて、英語は大陸間の関係をとりむすぶ言語となった。ブリュノはこう書いている。「今度こそ『普遍性』という語の価値になんら恥じることのない本物の普遍性であった。この普遍性はわれわれの言語〔フランス語〕からは失われてしまった」（Brunot 1968, t. XI, Deuxième Partie, p.341）

たしかに、いまだ保守的な君主制が圧倒的な勢力を保っていたヨーロッパの体制批判的な知識人のもとで、フランス語はあらたな生息地を獲得した。おなじように、政治的な方向は正反対だが、フランスから国外への亡命者のうちには、異国の地で生活するためにやむなくフランス語を教えていた者もいたから、彼らもまたフランス語の普及に一役買った。その一方、総裁政府、執政政府、帝政とつづくフランスの軍事的征服はフランス語に有利にはたらいた。しかし、ナポレオン体制への反感は各国のナショナリズムを生み出し、スペイン、ドイツ、イタリアではフランス語の普及に歯止めがかかっただけでなく、その勢力の維持もむずかしくなった。さらには、一八〇五年にナポレオンがルイジアナをアメリカ合衆国に売却したことは、パリ条約の総仕上げとなった。この出来事はフランス語の外的な歴史のなかで最大の痛恨事のひとつといえるかもしれない。この低地ミシシッピの住民はもともとフランスからやって来た入植者であったが、しばらくすると彼らのまわりに〔フランス語の〕学校も本もなくなった。こうして、フランス語に深い愛着をもち、ヨーロッパの外でフランス語の威光を輝かせようとしたひとびとが、数世代のちには英語に移っていったのだった。十九世紀半ばに、個別言語の崇拝にもとづいて民族主義的な要求が高まり、さらにその後、さまざまなヨーロッパ諸国が政治的立場を堅固にするにつれて、状況はますますフランス語に不利にはたらいた。一八七〇年にフランスがドイツの前に敗北したことは、国の威信だけでなく、言語の威信にも傷をつけた。十九世紀の初めには、英語好きの作家――たとえば、『アンリ・ブリュラールの生涯』（一八三五）におけるスタンダール――に対抗して、フランス語の普遍性という考えを抱いていた作家がいないわけではなかった（Condeescu 1973, p.411 参照）。しかし、はじめはイギリス、ついでアメリカ合衆国の庇護のもとで、商業言語として英語の使用が拡大したこと、アメリカ合衆国が急速に成長し世界的大国としての地歩を固めたこと、カナダ東部を除いてアメリカ大陸の最後のフランス語圏の砦が消失したこと、これらの原因があいまって、十九世紀後半には、それをはっきりと意識するかしないかは別として、フランス語の普遍性という考え方がしだいにもたれなくなっていった。とはいえ、こうした変化は、思ったより早くからはじまっていた。イギリスの商業的・政治的勢力の拡大のありさまは、たとえば英語とフランス語の相互の借用語の割合を目印とするなら、はっきり見てとれる。すなわち、一六五〇年から一七八〇年までの間に、フランス語から英語への借用語は七五パーセント減少したが、それに対して、英語からフランス語への借用語は二〇〇パーセント増大した。

一五七九年にアンリ・エチエンヌはその著『フランス語の優秀性』のなかでイタリア語のひろまりを非難したものだが、当時のヴァロワ朝の宮廷とフランスの貴族のあいだでのイタリア語の流行は、かつて中世にフランス語の勢力拡張に直面したイタリアが抱いた欲求不満の裏返しでもあった。それとおなじように、第一次世界大戦後、英語を前にしたフランス語の後退がはっきりしてきたとき、フランス語を守ろうという反応がフランスで現われたのである。第二次世界大戦後に、フランス語の後退はますます顕著になった。それはヴィシー政権による対独協力的政策に不信の念が投げかけられたせいでもある。一九四五年には、尊大な威光を引きつぐ寒々とした低姿勢の徴候がA・シーグフリード〔フランスの政治社会学者〕の論説によって示された〔五月十三日付フィガロ紙〕。シーグフリードは、サンフランシスコでの国際会議の場で、フランス語が英語とともに作業言語として認められたことを「フランス的勝利」として歓迎したのである（François 1959, t. II, p. 299 参照）。

六〇年代になって、国際的な舞台でフランス語をおしのけてアメリカ英語の勢力が拡大している現実がはっきり意識されると、英語という競争相手、より一般的にいってアメリカ文明とそれがヨーロッパに対してくわえる圧力に対抗するキャンペーンの形をとるようになった。この流れを代表するのが『フラングレを話しますか？』の著者R・エティアンブルである〔「フラングレ」とは、フランス語を意味する「フランセ」と英語を意味する「アングレ」を合体させた造語。フランスにはびこる英語語法を指す〕。この本が刊行された一九六六年は、政権に復帰したド・ゴール将軍が、さまざまな試練――とりわけアルジェリア危機とアメリカの利益へのヨーロッパの服従――に抗して偉大さの理念を提示して、フランス全体に国民的熱狂をまきおこした時期と重なる（Hagège 1987, chap. IV 参照）〔ド・ゴールは一九六六年五月にフランス軍をＮＡＴＯから全面撤退させ、九月にはカンボジアのプノンペンでアメリカの対ベトナム政策を厳しく批判した〕。

こうして、フランス語がヨーロッパ規模の影響力をもったふたつの時期は、フランスはもちろん、親フランス的でフランス文化の伝統に忠実なその他の国々においても、フランス語には固有のヨーロッパ的・世界的使命があるという考えを作りだした。その結果、ひとびとの意識のなかに、慣れから来る一種の麻痺が生じた。フランス語が光り輝いていたふたつの時代は、そのつど特定の状況に結びついたきらめきとしてではなく、むしろフランス語の担う使命がありのままに現われたものと受け取られた。それ以来、フランス語以外の言語が普遍性の桂冠をフランス語から取り上げるように感じられると、まるで王位を簒奪されたかのような感情がまきおこるようになったのである。ただし、画一化に抗して多様性を擁護する情熱を生み出したという点では、良い面がなかったわけではない。というのも、すでに見てきたように、フランスに引きつけられたすべての文学者や学生たちが、フランス語という存在を通して、自分たちの言語が表わす文化への関心を呼び覚ましたからであり、その意味で、フランス語の勢力伸長が他の言語のためにもなったからである。こうしてフランス語は、ヨーロッパの共通語という使命をあたえられたと同時に、ヨーロッパの本質をなす多様性の保証人として姿を現わすのである。

## 過去のノスタルジーと未来のノスタルジーのはざまで

アメリカ英語がヨーロッパを席巻していることへの欲求不満は過去の栄光の記憶と結びついているのはたしかだとしても、だからといって、こんにちフランス語の地位が劣悪であるわけではない。いくつかの点から見れば、かつてよりは好転しているとさえいえ、そこにはさまざまな理由がある。第一に、フランスの少数言語は、それらの権利の承認に関してなすべきことがまだあるにせよ〔フランスは欧州評議会の定めた「欧州地域語少数言語憲章」をいまだに批准していない〕、もはやかつてのような権威主義的で中央集権的な政策に服従しているわけではないからである。フランス語がヨーロッパでの共通語の地位につくにふさわしいといくら主張しても、こうした政策があるなら、その説得力は弱まるしかない。たしかに、一六三九年のヴィレル・コトレの勅令は、それ以前の措置をさらに強化して、契約書類とあらゆる裁判所の手続きにおいて、ラテン語に代えて王の言語たるフランス語を採用することを命じた。ふりかえると、その十年前に創設された「三つの言語のコレージュ」、別名コレージュ・ロワイヤル――コレージュ・ド・フランスの前身――は、ラテン語に対抗してその独占的支配を切り崩すような方針を取った観がある。というのは、そのコレージュはラテン語のかたわらにギリシア語とヘブライ語を置いたからである。しかし、ヴィレル・コトレの勅令は、ラテン語だけでなく、地域言語の排除をも目指したのである。その一方、フランス語の歴史のなかで二番目に重要な言語法である革命暦二年テルミドール二日〔一七九四年七月二十日〕

の法令は、バレールとアベ・グレゴワールの有名な報告の結果であり、地域言語の使用を禁止した（Hagège 1987, pp.195–200参照）。しかし、次のことは念頭においておかねばならない。当時の農村の大部分はカトリック信仰に篤く君主制支持の立場にあったから、ジャコバン主義者の目には、司祭と貴族の影響のもとで、方言の使用を口実にして、共和国に敵対する演説をくりひろげる革命の敵の巣窟のように見えた。さらに、国家の言語を知らないことが、法律の適用を拒否する言い訳として利用される可能性もあった。最後に、革命の真最中にあっては、国外の脅威に直面して国民の統一を強固にすることがどうしても必要であった。しかも、さまざまな差異、とりわけ言語どうしの違いを平らにならすことは文句なしに正しいとするものの考え方が、君主制から引きつがれていたのである。

こうした言語的多様性が豊かな国民的ハーモニーをおりなす要素であることは、こんにちではずっと理解しやすくなっている。最初の回答は一九五一年にもたらされた。というのは、その年、バスク、ブレイス、カタルーニャ、コルシカ、フラマン、オクシタンの諸地域語話者、さらには（アルザス地方の）アレマン方言の話し手と（モーゼル地方の）フランク方言の話し手からの言語的要求に応えたデイクソンヌ法が制定されたからである〔ただし、デイクソンヌ法は、初等・中等公教育でのバスク語、ブレイス語、カタルーニャ語、オクシタン語の選択学習を認めたものである〕。この最後の二つの地方は、〔隣国スペインのカタルーニャ地方に連なる〕カタルーニャ語、トスカナ方言と半島南部の方言に結びつくイタリア語の方言であるコルシカ語、オランダ語に結びつく（ダンケルク郡の）西フラマン語とともに、すべて国境地域に属することに注意されたい。すなわち、これらすべての地方は、フランスにとって、隣国の大言語への貴重な架け橋を作っているわけである。欧州連合の枠組で見れば、ドイツ、イタリア、スペイン、オランダといった隣国との経済的・政治的結びつきはますます緊密になっている。しかも、地域語に頼ることは、たんなるコミュニケーションの必要をこえて、地域という集団との連帯感をもたらす。地域が同じ感受性をもつなら、国民のまとまりはさらに強固になるだろう。少数言語が〔フランス語の浸透を引きおこす〕都市化と幹線道路の危険から免れたとしても、長きにわたる他のマイナス効果と結びついて、国民的統一の脅威となることはありえない。少数言語を是が非でも守ろうとするなら、ヨーロッパの意見を証人として、ブリュッセルの裁定を仰ぐしかないような状態であってはならない。少数言語を保護することは国家の任務なのである。というのは、共産主義体制の終焉が地方の要求に道を開いて以来、ヨーロッパではこれまで以上に少数言語を保護する必要性に敏感になっているからである。

少数言語に対してオープンであろうとする姿勢は、フランス語にとっても、別の好ましい要因を付けくわえる。アイルランドにおいて英語は土着の言語ではなく、外から持ちこまれた言語であるが、ヨーロッパにおいてフランス語は、フランスだけでなく、ベルギーのワロン地方やフランス語圏スイスなど、古くからフランス語の使用を保っているさまざまな共同体に属している。しかもヨーロッパにおけるフランス語の地位は、カナダのフランス語系ケベックによって強化されているだけではない。アメリカ合衆国において、言語への愛着によって育まれた民族意識の再生が見られることもまた、好材料となっているのである。こうした現象は、こんにちのアメリカ社会に典型的な「ルーツの追求」という一般的な枠組のなかに置くことができる。とくにふたつの集団がこれに関係している。一方では、合衆国の東部と西部にスペイン語を話すヒスパニックがおり、他方では、連邦全体にひろがる黒人の共同体がある。後者の多くのメンバーはみずからを「アフリカン・アメリカン」として認識している。

フランス語話者の子孫のうち、かつてのルイジアナのフランス人の直接の末裔である者もおり、いくつかの州では無視できない集団をつくっている。七〇年代の数字をあげれば、州の総人口のうち、ルイジアナ州では二二パーセント、ミシガン州では一〇パーセント、ワシントン州では八パーセント、ミネソタ州では七・九パーセント、オレゴン州では七・九パーセント、ミズーリ州では七パーセントがフランス語系住民にあたる。それと異なるのが、仕事を求めてケベックにもっとも近い東部諸州にやって来た、カナダ出身の移民の子孫であり、そのひとびとはニューイングランドの「リトル・カナダ」と呼ばれるものを作っている。それは、ヴァーモント州（三二パーセント）、ニューハンプシャー州（三〇パーセント）、メーン州（二六パーセント）、ロードアイランド州（二一・八パーセント）、マサチューセッツ州（一七パーセント）、コネティカット州（一二パーセント）である（Louder et Waddell 1971 参照）。アメリカ社会の特徴である強力な同化の圧力にもかかわらず、これらの共同体の伝統と言語は実に粘り強く守られてきたので、こんにちの再生を、失敗を運命づけられた空中楼閣とみなすことはできない。多くのフランス語の新聞があるし、実際にフランス語を話す者の数（これは移住したフランス人の子孫の数と一致はしない）を見逃すことはできない。首位にあるのはマサチューセッツ州であり、三〇万人のフランス語話者がいる。メーン州、ニューハンプシャー州、コネティカット州、ヴァーモント州がそれにつづく（Vie francaise, 1984, p.137 参照）

ヨーロッパ大陸でフランス語が連合言語の使命を担うことばとして信頼されていることが、周囲をとりかこむアメリカ英語の同化の圧力に直面するケベックにおいて、フランス語を擁護するために払われた努力にも有利にはたらいた。有名な一〇一号法、すなわちフランス語憲章は、それが単一言語主義を定めていることに対して、強力な利益を保持する英語話者集団から絶え間なく撤回要求が投げかけられているにもかかわらず、依然として効力を保っている。この憲章が存在するということ自体が、法的措置による言語の維持は、やはり法的措置によって言語の地位上昇を図るのと同じくらい自然な出来事であることを証明している。たとえば、ヨーロッパの多くの国で、英語教育に優越した地位をあたえる教育法が実施されているのは後者の例である。ケベック人がフランス語を擁護したのは、フランスの地理的位置がたまたま西の大洋に向けてフランス語の通路を開くことになったからであって、そのことが、東に向けて、二三五〇キロメートルの地上の国境線を介して、フランス語がヨーロッパのほかの諸言語と隣り合わせになることを妨げるわけではない。フランス語が海に開かれていることは、フランス語が大陸全体に向かってひろがることを意味する。フランス語はもはや権力と切っても切れない関係にある言語として姿を現わすわけではない。古典時代にフランス語が一般大衆にあまりひろまらなかったために、フランス語は政治的権威を握る少数者に知られればそれで十分であると信じさせることにもなった。しかしこんにち、かつてないほど幅ひろい層にフランス語が浸透していることは状況を一変させた。おなじように、フランス語に肩入れするフランスの帝国主義に対する警戒感も、やはり説得力を失った。たとえば、ドイツ語で書く中央ヨーロッパのある言語学者は、こう述べている。

フランス人が悦に入って自分の言語を崇拝し、あらゆるヨーロッパの言語よりも上位におく様子を見ると、無用な不信感が呼び起こされ、疑いの念が強められる。しかし実際に理由のないことではない。フランス人がフランス語をヨーロッパの第二の共通語の地位に高めようと望むのは、長い目で見るなら、ヨーロッパのひとびとのフランス化を待ち望んでいるからである（少なくともＥＣの枠組の内部で）。（Déscy 1973, p.246）

フランスの意図を測る基準として、ほかの言語に払われる関心の度合いを見るなら、この意見が信を置くに足るものでないことがわかる。フランスの教育制度は、もっとも幅ひろい言語の選択肢を提供するもののひとつである。フランスの領土全体で一三の言語が提供されており、そのうち九つがヨーロッパの言語、後者のうち三つがロマンス語である（Hagège 1987, p.204-205 参照）。フランス語話者にとってロマンス語の知識は、イタリア語話者、スペイン語話者、ポルトガル語話者とのコミュニケーションにおいて、英語を迂回するよりもしっかりとした結束の道具となるように思われる。フランスのほとんどの上級管理職は英語しか勉強していないにもかかわらず、フランスの対外貿易の四分の三は英語圏以外の国々とのものである。さまざまな外国語にさらに大きく門戸を開くならば、こんなおかしな状況を改善するのに役立つであろう。こうした開かれた姿勢をますますひろげる必要があるのは、政治体制の民主的方向性との結びつきがあるからでもある。超国粋主義の立場にたつひとびとは、できるだけ多様な言語を受け入れる必要性も、それらの基礎を生徒たちに身につけさせる必要性も感じていない。体制がこうした勢力によって引きつがれるなら、多言語に開かれた姿勢が危うくなるのは確実である。また、外国語教育をさらに発展させるために努力を払うのは、現在の世界におけるフランス語の位置づけを保持するための前提のひとつでもあるように思われる。フランス語話者の数はスペイン語話者、ポルトガル語話者よりも少ないにもかかわらず、フランス語は五大陸にわたってよりひろく普及しているのである。

最後の理由がフランス語の普及に役立つのは、過去の栄光の時代よりもさらに大きな可能性をフランス語にあたえているからである。それは、言語への純化主義的要求が相対的に弱くなったこと、言い換えれば、フランス語がこれほどひろい地域で使われるようになったことで生まれた多様なことばへの寛容な姿勢である。フランス語に付着していた文学的規範の圧力と規範主義は、かつてはフランス語の拡大の妨げとなってきた。たしかに、社交界の流行と上流人士との会話の崇拝は、古典主義時代を通して、フランス語の知的威信のために大いに役立ってきた。たしかにそれはフランス語の歴史のもっとも輝かしいページのひとつである。けれども、それと同時に、フランス語はいろいろとやかましい言語のように感じられることとなった。そして、社会のエリート層のなかでは、フランス語のもっとも純粋な形式を守ろうとする絶え間のない関心の前で、フランス語の使用をもっと多くのひとびとにひろげようとする姿勢は影が薄くなっていた。最近になってもなお、規範からの逸脱を寛大にあつかおうとする態度はそれほどひろまっていないので、文法家から叱責を受けるのではないかという恐れが話し手に生まれやすい。それは、ことばに自信をもてない多くのひとびとの気を削いでしまうほどだ。こうしたことがまさにフランス語という言語——それを選ぶことが、コミュニケーションの基本的欲求を超えて、洗練された思考を反映する優雅な文体の追求を前提とするような言語——に威嚇となってのしかかっているのである。

この点で、アメリカ英語の普及はずっと簡単なことのように思える。というのも、すぐに役に立つ実用的な言語という民主主義的なイメージ——少なくとも平均的なヨーロッパ人に親しい英語のイメージ——が、英語の普及を後押ししているからである。ところが、フランス語の歴史を見るならば、教養人のための言語という性格が際立ってくる。その例を挙げるならば、中世以降、フランス語の語根にもとづいて作るのではなく、ラテン語から借用してできた派生語が山のようにあることである。たとえば、œil〔目〕père〔父〕という語は形容詞を作らない。だから、oculaire〔目の：ラテン語 ocularis より〕や paternel〔父の：ラテン語 paternus より〕という語を知ってはいるがラテン語を知らないフランス語話者にとって、聖職者が作ったほかの多くの派生語の意味が透明なままであるかどうかは、なんともいえない。こうして、二十世紀初めの評論家A・テリーヴは、単一の書きことばと多様な話しことばの対立が古くから確立され、古典主義時代にさらに強化されたことの重大さを大げさに誇張することで、『死語としてのフランス語』（一九二三）というひとの耳目をそばだてる題名の本を著わすことができた。テリーヴは、ラテン語の使用が消滅したあともヨーロッパ文化のなかに生き残ったラテン語の運命を文学フランス語の運命に照らしあわせたのである。しかしこうした見解は、こんにちの現実によって裏切られている。たしかに、ルーマニアやレバノンのような国では、古典主義時代のようなフランス語の洗練された形式を使うことが、いまだに話し手の知的ステータスを示す指標でありつづけている（とはいえ、アイデンティティの深刻な動揺に見舞われているレバノンでは、フランス語は安泰ではない）。けれども、フランス語使用圏のほとんどの国では、自由な用法に富んでいることが、フランス語の活力の印となっている。この状況こそ、フランス語の運命を変えたあらたな現象に結びついているのである。これからそれを詳しく見ていこう。

## フランコフォニーとヨーロッパ

驚くべき偶然の一致というほかないが、まずイギリス、つぎにアメリカ合衆国の経済的支配が英語にますます強大な地位をあたえはじめた時期、すなわち十九世紀初めの数十年の期間こそ、フランス語がその歴史上でもっともひろい地域への拡張を開始したときだった。はじめそれは、あらたな市場の開拓をともなう軍事的征服による植民地経営によるものだった。しかし、現在、母語としてであれ第二言語としてであれ、フランス語が用いられている国として、ヨーロッパ、アメリカ大陸、近東地域の国々に、マグレブ諸国〔アルジェリア、モロッコ、チュニジア〕、サハラ以南のアフリカ諸国などの国々が付けくわわっているので、世界でのフランス語話者の数は、かつてないほど大きなものになっており、フランス語がこのうえない影響力を誇った時代にもまさっているほどだ。統計の数値はさまざまであるし、わたしは別のところでこの点については論じたから（Hagège 1987, Chap. VII 参照）、ここで繰りかえすことはしない。ただ次のことを述べるに留めよう。「フランコフォニー」という考え方は、セネガルの作家にして政治家のL・S・サンゴールによって世にひろめられ、つづいて、カンボジア、レバノン、ニジェール、チュニジアなどの国々の傑出した人物によって取り上げられたのであって、もともとフランスから出てきた概念ではない。この事実は、フランス語がいかにフランスの外から収穫を得ることができるかを示している。この概念がひろめられた時期、すなわち一九六〇年代初め、フランス政府は脱植民地化の課題にかかりきりになっており、フランス語をよい口実にして新たな支配を確立しようとしているのではないかと思われないためにも、距離をとってながめていた。しかし、まもなく明らかになったのは、こうしてフランス語を盛り立てようとした国々は、彼ら自身のアイデンティティの一部を、フランス語への愛着によって定義することを選んだという事実である。たしかに歴史的に見ればフランス語はフランスの地に生まれたのだから、フランス人は彼らの言語の管理人ではあるにしても、もはや独占的な所有者ではないという考え方が、各方面から幅ひろい支持を集めるようになったのである。そのとき以来、フランス政府は「フランコフォニー」の事業に積極的に取りくむようになり、各国首脳が一堂に会して毎年宣言を表明するまでになった〔一九八六年に第一回フランコフォニー・サミット、その後八七年第二回以降は隔年で開催〕。

こうして、ヨーロッパ言語であったフランス語が、フランス語圏世界のいくつかの地域においては、これまでにない新たな相貌を獲得しつつある。それはとくにアフリカに顕著である。こんにちのアフリカでは、単一の公用語（ベナン、コンゴ、ガボン、ニジェール等）、あるいは他の公用語――英語（カメルーン）、アラビア語（モーリタニア、チャド）、アフリカの言語（ブルンジ、ルワンダ）、複数のアフリカ諸語（コートジボワール、セネガル、ザイール〔コンゴ民主共和国〕等）――とならぶ公用語としてフランス語が用いられている。アビジャン〔コートジボワール〕、バンギ〔中央アフリカ共和国〕、ダカール〔セネガル〕、ロメ〔トーゴ〕、ンジャメナ〔チャド〕、ヤウンデ〔カメルーン〕などの大都市の多くの地区では、フランス語のクレオール化された形態に出会う。それはさまざまな変化に富んでおり、言語学的に見てたいへん興味深い。しかしそれとともに、けっして統一されてはいないが、書きことばとして用いられるアフリカ・フランス語とでもいうべきものが存在しており、しだいにその地位を確立しつつある。一面から見れば、そのことばは植民地体制から生まれたものではあるが、優れた文学がそれを活用して、オーラルなことばとのきめ細かい連続性を回復することによって、フランスで何世紀にもわたって話しことばを文学語から分けへだてていた障壁を打ち破る方向が生まれた。フランス語の奪取の結果ともいえるこのことばは、パリのことばと比べて類を見ない独自の道を切り開きつつある。このフランス語は、創造的なやりかたでヨーロッパをアフリカに延長したともいえる。というのは、それはヨーロッパのフランス語話者にとってまだ理解困難になっていないからだし、それと同時に、別の土地に生まれたこのことばは、パリの規範を世界のすべてのフランス語使用者がしたがわねばならない参照枠とするジャコバン主義からの脱却の道を示しているからである。こうして、ヨーロッパの外で新たな寄与によって豊かになったフランス語の豊饒さが、白日のもとに現われてくるのである。

単純化を恐れずにいえば、アフリカ・フランス語と呼ぶこともできるこの言語は、借用の元となるアフリカの言語が異なるにしたがって、土地から土地へと、きわめて多様な姿をとるが、その語彙と文法には、ほとんどいたるところで見出せる特徴がある。数多くの研究（とくにDumont 1990を参照）が拾い上げてきた一連の語や表現は、アフリカ人が偉大なヨーロッパ言語の分け前を受け取って以来、その出生地の大陸に向けて、いかなるこだまを投げ返したかを示している点で、すべてのフランス語話者の関心を引いてやまないであろう。たとえば、次のような語がある。couloirdeuse《娼婦》〔couloir《廊下》より〕、échangère《娼婦》〔échange《交換》より〕、deuxième bureau《夫婦関係以外の親しい女友達》〔字義通りには「第二の事務所」〕、droguiste《祈禱師》（先祖伝来の習慣に結びついた意味を受け取ってアフリカ化された単語）〔標準フランス語では「薬品商」〕。さらにこんな語もある。ambiancer《雰囲気を盛り上げる》〔ambiance:盛り上がり〕、charlater《呪術師に診てもらう》〔charlatan：偽医者〕、amourer《性的関係を結ぶ》〔amour：愛〕、grèver《ストをする》〔grève：スト〕、cadeauter《贈り物を贈る》〔cadeau：贈り物〕、amender《罰金を課す》〔amende：罰金〕等々。これらは、自動詞であれ他動詞であれ、動詞を自在に名詞から派生させてできた語である。なにかを奪い去ることを意味する接頭辞の dé- は、たいへんひろく用法をもっており、ヨーロッパのフランス語よりもずっと造語力に富んでいる。しかも元の語にあたらしい意味が付けくわわることもある。たとえば、こんな具合である。déforcer《力を弱める》〔force：力〕、démarabouter《呪いから解き放たれる》（marabout は、ここでは崇拝されるイスラームの修道士ではなく、呪術師の意味で使われている）〔marabout：マグリブおよび西アフリカでムスリムの聖者を指す語〕、déconseiller《悪い忠告をする》〔conseil:忠告〕、détresser《三つ編みをほどいて髪を直す》〔tresse：三つ編み〕、dévierger《処女を奪う》〔vierge：処女〕。接尾辞の -erie もまた、多くの造語に活用されている。たとえば、essencerie《ガソリンスタンド》〔essence:ガソリン〕。複合名詞は融通無碍につくられている。たとえば、セネガルのフランス語やジブチ（ジブチはアラビア語話者に広大な周囲を取り囲まれたフランス語圏の島をなしている。ただし、学校制度の立ち遅れによる多くの困難にみまわれている）のフランス語での radio-bambou《世間の風説》〔「ラジオ＝竹」〕、bras-cassé《給料はあるが配属のない役人》〔「折れた腕」〕、maître-tuyau《補強したパイプで生徒をなぐる教師》〔教師＝パイプ」など。最後に、多くの表現がアフリカの諸言語の表現を下敷きにしてつくられている。たとえば、couper les lèvres《金で口を封じる》〔唇を切る〕、accepter la bouche《当局にしたがう》〔口を受け入れる〕、frère de case《ある者が特権的な関係を結んでいる人間》〔小屋の兄弟〕など。

フランス以外の地でフランス語がこれほど盛んに使われているということは、フランス、スイス、ベルギー、カナダ以外のフランス語圏の国々でも、フランス語という言語を通して、多様なアイデンティティを保持することが可能であることを示している。フランス語は、さまざまな言語から創造力の精気をもらい受けることで、その活力に養分があたえられているのである。したがって、フランス語の興隆は、ほかの言語の興隆と一致することになる。これは、かつてフランス語の普遍性が語られたときとは、まったく異なる方向の動きである。いまや多くの言語の話し手は、単一のコミュニケーションの道具〔としての言語、すなわち英語〕が自分たちの言語の個性を押しつぶすのではないかと恐れている。フランス語はそうしたすべての言語に対して、みずからがひとつの例となって、別の選択肢のモデルをあたえるのである。

最後に、ヨーロッパを地理的単位としてではなく、政治的観点から定義するならば、現時点ではフランスの法域に属し、フランスを不連続な国家としている海外県と海外領土について触れるべきではなかろうか。たしかに、ここには論争の材料がある。しかし少なくとも、これらの遠隔の地の言語的輪郭を思いおこすならば、それらの地域が、フランスへの結びつきを経由して、間接的にヨーロッパにもたらす人間的富を明らかにする可能性がある。というのは、そこには実に多様な言語が話されているからである。ニューカレドニア〔ロワイヨテ諸島を含む〕〔現在は特別共同体〕には約三〇の言語があり、フランス領ポリネシア〔現在は海外準県〕にも、タヒチ語やマルキーズ語、ガンビエ諸島・トゥアモトゥ諸島・オーストラル諸島のことばなど、ほぼ同数の言語がある。これらすべてのオセアニアの島々では、それに加えて、ニューカレドニア・フランス語やポリネシア・フランス語のさまざまな形態が話されている。それらのことばは、かつて文官武官を問わず植民地行政官が〔大西洋の〕アンティル諸島、〔インド洋の〕レユニオン島とモーリシャス島、〔太平洋の〕オセアニアを股にかけてもち運んで、彼らのあいだでひろめられた植民地フランス語と共通の特徴を示している点で、きわめて興味深い（Picoche et Marchello-Nizia 1991, p.108 参照）。また、レユニオン、フランス領ギアナ、グアドループ、マルティニークにはそれぞれのクレオール語が話されている。とくに、低地マロニ地方のガリビ語と低地オヤポク地方のパリクール語は、アンティル諸島でかつておこなわれたカリブ族とアラワク族の大量虐殺と強制移送から生き残った集団の末裔によって用いられている。なお、カリブ族は、スペイン人の到来以前から、アラワク族を排除しはじめていた。

これらの言語は、ヨーロッパの言語についての研究に名前をあげる資格のないものばかりであると思うひともいるかもしれない。しかし、たとえそうでああっても、フランス語を公的コミュニケーション手段の道具として採用した国々とフランスが、フランス語を通して結びついているという事実は変わらない。こうした回路を通じて、恵まれていない地球の部分に門戸を開いていくことは、おそらくヨーロッパにとってもためになることであろう。それはこれまで「第三世界」と呼ばれてきた地域のことであるが、もはやこの名称で呼ぶことはできない。なぜなら、共産主義の崩壊は、少なくとも政治的形態のうえでは、二つのブロックの対立に終わりをもたらしたからである。いまや富んだ国々と貧しい国々との不均衡は深刻化する一方である。この「第二世界」からの切実な訴えに耳を傾けることによって、ヨーロッパは、そうした不均衡が提示する緊迫した問題を解決する手段を手に入れることができるかもしれない。ただしそれには前提がある。あたりまえのことでありながら、そのことをもう一度思いおこさねばならない。すなわち、フランス語はヨーロッパで擁護されねばならないし、まず手始めにフランス本国において擁護されねばならない。ところが、いまやフランス語への支持を危うくしかねない状況がある。フランス語の未来の大部分は、サハラ以南のアフリカという広大な大陸にかかっているのだが、まさにそのサハラ以南のアフリカにおいて、フランス語に不利な状況が見られるのである。もし科学技術のような決定的な領域でいまの趨勢がつづくなら、そして、研究者の刊行物やさらにはフランスで開催される会議においてさえ、ますますフランス語が排除され、代わりに英語がとって替わるようになるなら、フランス語を選んだアフリカ人は、自分たちの選択が正しいものだったかどうかますます自信を失っていくであろう。こうした状況にくわえて、ナイジェリアやガーナのような英語使用圏のアフリカ諸国の人口動態のダイナミズムやそれらの国々がアフリカのフランス語圏諸国に対しておよぼす影響力のことを考えれば、最終的には、アフリカでフランス語が衰退することになってもおかしくないのである。

かたやヨーロッパではどうか。欧州連合発足にあたって、各国の法制度を欧州連合の方向に合わせて調整するための猶予期間が各国に認められたが、その最終期限が一九九二年十二月三十一日であった。九つの作業言語のうちのひとつであるフランス語は、単なる伝達のための翻訳言語ではなく、実質的な作業構築のための言語として、まだ特権的な地位を享受しているのだが、〔一九七三年に〕イギリスとアイルランドが欧州経済共同体に参加したことは、いま思えばフランス語の地位に影を投げかける出来事であった。これからあらたにスカンディナヴィア諸国と中欧諸国が加盟することになるだろうが、その利益を受けるのは英語とドイツ語である（Labrie 1992 参照）。ヨーロッパでのフランス語の地位が将来どうなるかは、一部にはフランコフォニーにかかっている。しかしながら、ヨーロッパでの連合的使命をもった三つの大言語（英語、フランス語、ドイツ語）には、ある種の運命によって課せられた果たすべき役割がある。ひたすら利益を追求する狂乱状態に直面して倦み疲れると、その反動として文化的要求が発展する。そのときこそフランス語に好機が訪れる。フランス語は、英語とドイツ語がまだそれほど存在感を示していないさまざまな領域において、調和のとれた相互補完性をつくることで、ひとびとの希求を連合化する三言語の均衡状態を支える柱になりうるのである。

# 第二部　ヨーロッパ諸言語の豊かさと錯綜

私が前章までにその特徴を素描した連合的な役割を担う三つの言語は、確かにヨーロッパの支柱である。しかし、これらは多数の言語のなかのわずか三つにすぎない。ヨーロッパはきわめて多様で複雑な言語世界を描いている。たしかに、そこで話されている言語の数とそれらの相互浸透の度合いの高さは、ヨーロッパだけに独占的な特徴とはいえない。こうした特徴はあらゆる大陸で見出せるからである。しかしヨーロッパにおいて、これらの特徴は、その領域の狭さゆえに独特の起伏をつくっている。この地理的な制約に対して、さらに歴史の偶然が加わった。世界への広まりという点では、いくつもの連合的中心をもつ広大なアジアの言語よりも、ヨーロッパの言語のほうが数でまさっている。その上さらに、ヨーロッパの言語の多様性は、ほかならぬヨーロッパにおいても著しい重要性を帯びている。この諸言語の多様性こそがヨーロッパの波乱に満ちた運命の原因のひとつであり、同時に結果のひとつなのである。本書の五章と六章では、ヨーロッパの言語的豊かさとそれらのことばが錯綜するさまを示していく。

# 第五章　多種多様な声の限りない誘惑

## 諸言語のヨーロッパとはどこまでなのか？

ここまで西欧の大言語について議論してきたので、今度はヨーロッパの言語的境界とはどこまでなのかを考えてみよう。

人間の社会が形成されて以来、人やモノをひとつにまとめる力は諸文化のちがいをならし、コミュニケーションの範囲をひろげつづけてきた。避けがたい矛盾ではあるが、そのことによって、一人一人の表現が押しつぶされるのと同時に、個々人が社会的存在たろうとする熱望が満たされるのである。しかしこの同じ統一力が、諸言語の隔たりを十分に縮めるには無力でありつづけた。この小さなヨーロッパのなかでは、他の地域においてよりも、交易の増加によって、無数の凹凸がならされてもおかしくはなかった。というのは、奇妙な行き止まりに道をふさがれたこの〔ヨーロッパという〕狭い回廊地帯は、東にひろがる〔ユーラシアという〕平原の端に突きでた突起物にすぎないからである。平原は、ここで大海とその大いなる沈黙によって際限なく浸食される最果ての地と化している。それなのに、多様性への欲動は同一性への欲動にあらがった。暴力的あるいは平和的な連合に向けた早くからの相つぐ試みも、この小さな空間の上で古くから絶えず混交している文明間のつながりも、千年にわたる各地の特殊性に打ちかてなかった。この特殊性を尊ぶ気持ちが強力な推進力となって、諸言語間の差異が作りだされたのである。

それでも、最古のテクストは、分散をこえたある種の均質性について、ひとびとがどのように思い描いていたかを表わしている。しかしさまざまな違いを包摂するとみなされた空間の正確な境界については、漠然としており、またたがいに矛盾してもいる。紀元前七世紀末の詩「アポロンの巫女へ」において、ヘシオドスの同時代人である作者は大陸ギリシアの一部を「ヨーロッパ」と呼んでいる。しかし紀元前五世紀になると、ヘロドトス〔『歴史』七巻五章、Durosell 1989, p.36 参照〕は、ギリシアによってアジアと結びついている大陸全体、または少なくともそのような配置から作られる理念に対してこの名称をつけている。教科書や地図は、この大陸の西と北の境界を定めることには、さして困難を覚えていない。西と北の境界は大西洋と北極海によって作られているため、それぞれ自明なものと思えるからである。しかし、東方の境界は、昔から不確かであった。基準はさまざまで、それぞれの結論には整合性がない。もし、十九世紀初め以来、歴史的な言語の類縁性にもとづくインド＝ヨーロッパ語族を規定してきた言語系統論を基準にとるとすれば、バングラデシュにヨーロッパの東方の境界線をおくことになる〔バングラデシュで話されるベンガル語はインド＝ヨーロッパ語族に属する〕。もし、言語の領域的ひろがり、つまりここではロシア語の領域までを基準にして、他をすべて除外したとしても、またしても困難にぶつかる。事実、古典的な著作は、慣例上、ウラル山脈をヨーロッパとアジアの境界線であると宣言するにとどめている。そうなると、チェリャビンスクやエカテリンブルク（一九九一年まではスヴェルドロフスク）などの大都市は、ほぼ完全にロシア人とロシア語話者の都市であるにもかかわらず、山脈の東側に位置しているため、アジアに属することになってしまう。ウラル山脈は実は乗り越えるのが容易であるので、ロシア語が極東のはてまでひろがる巨大な拡張の障害にはならなかった。共産主義政権下でそうだったように、ロシアはツァーリの帝国においても常に中心でありつづけた。こんにちでも、ソ連の解体にもかかわらず、ロシアはかつてのツァーリの帝国の大部分を保持しつづけている。そのため、ロシアの復興は、つまるところヨーロッパの定義の再考を意味することになる。

そんなわけで、二つの案がありうるが、どちらも重大な結果をもたらす。ひとつは、ウクライナ、ベラルーシ、バルト諸国の境界線をヨーロッパの東方の境界線とするというものである〔つまり、ロシアをヨーロッパとみなさない〕。しかし、この場合、ヨーロッパ大陸の面積は、一般的に割り当てられた面積のほぼ半分になる。もうひとつの案は、ヨーロッパにロシア全体を組み入れるというものだが、この場合その境界線は太平洋にまで至ってしまう。ロシアはみずからのヨーロッパ的使命を明言してはいるが、だからといってそのシベリア的性格を放棄することはできない。ウラル山脈の向こう側に位置するシベリア地域は十六世紀の終わりからロシア化されはじめ、極東の大河〔レナ河、アムール川〕にまでひろがる地域については十七世紀半ばからロシア化されてきた。一六三一年には、極東の大河の川岸にコサック兵の駐屯地が建設されている〔レナ河沿いのウスチ＝クート〕。アルタイ諸語の言語が話されている地方に取りまかれたイルクーツク、アムール川とウスリー川の合流点に位置するハバロフスク、日本海に面するウラジオストクなども、ロシア人の都市である。ロシア語はシベリアにおいて多数派の言語である。シベリアの地には、オスチャーク語からケット語、ラムート語を経てカムチャダール語へ至る、あるいはヴォグール語からユカギール語、ブリヤート語を経てヤクート語に至るウラル諸語、アルタイ諸語〔テュルク系、モンゴル系、ツングース系〕、古シベリア諸語に属する土着言語の名前が、かつての遊牧民の彷徨の跡を示すように、きら星のごとく輝いている。これらの言語を話す話し手の数は減少しており、語彙面でかなり強くロシア語に浸食されている。ロシアと西欧との関係がさらに緊密になれば、いつかこの状況がヨーロッパの形状を大きく変える可能性もないわけではない。しかしいまのところ、多くの人にとって依然として「ヨーロッパ」という用語が意味していることを尊重することは理にかなっているだろう。純粋に言語的な要素と政治的・経済的・宗教的要素を組みあわせなくてはならない。というのは、歴史のなかの出来事やそれが地理的把握に関して及ぼした影響を見るなら、「ヨーロッパ」という用語の定義に後者の要素を含めて考えざるをえないからである。したがって、本書ではウラル山脈の向こう側で話されている言語はあつかわないことにする。たとえば、アルハンゲリスクからタイミル半島までに及ぶ地で遊牧生活をしているサモエード人のさまざまなことばのなかで、ユラク人のことばだけを取り上げることにする。ユラク人の移動範囲は、いわゆるヨーロッパ・ロシアの北部を覆っているのでかなり広範囲ながら、東側はヴォルクタ〔ロシア連邦コミ共和国北部の都市、ウラル山脈の西側にある〕を越えないからである。

しかしながら、これでも、ヨーロッパの東の境界は完全に定まったわけではない。なぜなら、ものの本を調べてみても、南東部の境界についてはまったくはっきりさせていないからである。もし、同じ名前の山脈〔ウラル山脈〕に自然に続いていると思われるウラル川にこの役割をわりあてるとしたら、カザフスタンが二つに分断されることとなり、人間的な視点から見ても正当化できない。そこで境界は、もっと西のボルガ川、そしてそれが注ぐカスピ海にとどめておいたほうがよいだろう。こうなると、カフカース地方全体は、東をカスピ海に縁取られていることからヨーロッパとみなされ、その結果、そこで話されている諸言語もヨーロッパのものとみなされることになる。たしかに、この選択には議論の余地があることだろう。とはいっても、L・テニエールがA・メイエの著作の補遺で採用した選択よりは好ましいのではないだろうか。テニエールはこういっている（Meillet 1928, p.444）。

ヨーロッパとアジアの境界は何度も変わってきた。現在、ウラル地域の一部、すなわちキルギス自治共和国、北カフカースの一部と、ダゲスタン自治共和国とザカフカース地方（アルメニア、グルジア、アゼルバイジャン）全体がアジアのものとなっている。われわれは、カフカース地方を除いては、この分割にしたがいたいと思う。

テニエールが認めるような図面の絶え間ない変動を頼りにする代わりに、カスピ海を限界としてはっきり認めるならば、少なくともこれ以上迷わずに議論を終わらせることができる。この選択のもう一つの利点は、カルムイク語〔カスピ海の北西部地域で話されるモンゴル系の言語〕をふくめることが可能になる点である。東ヨーロッパの歴史は、ロシアの歴史を通じて、比較的最近になってウラル川の西側にやってきた中央アジアの諸民族の移動と結びついてきたことを思いおこすべきだろう。

この地域の言語的様相を作りあげるにあたって、もうひとつ比べるべき動きとは、トルコのそれである。シベリアの森林とアルタイ山脈に始まり、まさにユーラシアというしかない草原地帯を通って、カザフスタンとウズベキスタンから、オスマン帝国としてバルカン半島に到達し、そしてついにはウィーンの城門にまでせまった（一五二九年）トルコ人の拡大の歴史を見れば、昔もいまもトルコの政治的中心であるアナトリア半島、いわゆる「アジアのトルコ」を、ヨーロッパにふくめてもかまわないのではなかろうか。しかし、地理的配置からみて、トルコの西側はほとんどウクライナと同じ位置であるにもかかわらず、トルコは伝統的にヨーロッパから排除されてきた。伝統的な見方によれば、いわゆる「ヨーロッパのトルコ」である東トラキア地方、ギリシアとの国境から先、アドリアノーポル（現在のエディルネ）からコンスタンティノープル（イスタンブル）に至る突起部分だけが「ヨーロッパ」に含まれることになる。それでも、この突起部分によってオスマン語（トルコのトルコ語）（ただし普通オスマン語とは、オスマン帝国時代に用いられた、アラビア語とペルシア語の影響を大きく受け、アラビア文字で書かれたトルコ語を指す）をヨーロッパの固有語として数えるには十分であろうし、したがってトルコ語は、カスピ海とボルガ川下流の西側で話される他のテュルク系言語とともに、ヨーロッパの言語としての姿を見せることになるだろう。これらを数に入れることは、もしかするとひとを苛だたせるかもしれない。うかがいしれない語根から引き出されたこれらの言語の名称がひとびとの想像力をかきたて、ヨーロッパとアジアの覇権を争った時代の激動の歴史の記憶をよみがえらせるからである。これらのテュルク系言語のおもなものをあげれば、タタール語（カザン、アストラハンだけでなく、ブルガリアやクリミア地方でも話されている（一九四四年に強制移住の対象になった）クリミア・タタール人は四七年間の追放後に、その一部がクリミア地方に戻ってきている）、チュヴァシュ語、バシキール語、ノガイ語、アゼルバイジャン語や、カフカースにあるその他の言語（バルカル語、カラカルパク語、カラチャイ語、クムク語、トルクメン語――最後のものは隣国トルクメニスタン共和国の言語と同一）などである。さらに、モルダヴィアにはガガウズ語があり、最後にさらに北にはカライム語がある。

以上のように、アジアからやってきた諸民族は、スラヴ世界やそれ以外の地方と密接な関係をとりかわしてきた。こうした関係が読みとれる言語の深い痕跡を目印にして、ヨーロッパの東側の境界を定義するなら、何もかもがさらにいっそう複雑で興味深いものとなる。その一方、海は自然な境界をつくるように見えるが、それを疑わせる二つの特殊な事例を取り扱う際にも、言語的な論点もふくめて、政治的かつ文化的な基準を取り入れることになるだろう。それは、どちらも中央から離れた土地にあるために、かなり特異な形で形成されてきた言語、すなわちひとつはアイスランド語で、もうひとつはマルタ語である。アイスランドの純粋に地理的な位置は、スコットランドよりグリーンランドに近く、言語の側面を考慮にいれなければ、ヨーロッパとして数えるのに少々ためらいを覚えるほどである。それでも、アイスランド語は典型的なスカンディナヴィア系のことばで、疑う余地なくゲルマン語派に属する。一方マルタ語は、イタリア語の強い影響の混じったアラビア語の方言であり、そこにはマグレブ文化とヨーロッパ文化の豊かな対峙を読みとることができる。先史時代から、地中海は絶え間ない通行の場であり、マグレブ文化とヨーロッパ文化のあいだを結びつけただけでなく、さらにはそれを中東、すなわちアジアの玄関口へと結びつけた。最後に付けくわえるなら、もし地理を考慮に入れずに政治的あるいは行政的な基準だけをとったならば、いまの議論のなかに、イギリスとフランスがこんにちも領有しているヨーロッパ以外の大陸に位置する言語もふくめねばならないだろう（本書150～151ページ参照）。

## 大きな集合

ヨーロッパの歴史は、その歴史のなかで、三九五年のローマ帝国の東西分裂以来、次第にはっきりと分化していった二つの文化的世界を対立させてきた。ヨーロッパの言語の歴史もそれを物語っている。言語と宗教を互いに結びつける関係モデルが、この対立の主要な根拠である。キリスト教の文柱ともいえる福音伝道こそが、東ヨーロッパのインド゠ヨーロッパ系諸言語において知られる最初の記念碑的文書を生産したのであった。

聖書のゴート語への翻訳は、四世紀に、キリスト教に改宗したゴート族出身の司教ウルフィラによっておこなわれた。〔異端である〕アリウス派であったために追われていたウルフィラは、モエシア（東ブルガリア）に居を定めていた。このウルフィラ訳の聖書によって、ゴート語という言語が記録にとどめられるとともに、ゴート語を記すためにウルフィラが作りだした特別なアルファベット文字が定着した。このウルフィラ訳聖書は新約聖書にあたる章がほぼ完全に保存されており、数世紀に渡って使用された。一方、九世紀には、キリルとメトディウス兄弟は、ギリシア語からヒントを得て彼らが考案した、いわゆるグラゴール文字を用いた。これは今日でもイストリアのいくつかのクロアチア教会で使用されている。グラゴール文字は、これとは別のアルファベット、すなわち兄弟のひとりの名をとってキリル文字と呼ばれるアルファベットのたたき台ともいえる（といってもかなり異なるが）。キリル文字は、発明されるとすぐにスラヴの正教世界にひろがっていった。事実、この二人の伝道師はモラビア滞在の間に福音書、使徒行伝、詩篇、そして一部の旧約聖書を翻訳したが、その後、彼らの弟子たちは、九世紀末にはブルガリアに居を定め、シメオン一世の宮廷でひろい支持を獲得した。このように、彼らはセルビア、ワラキア、モルダヴィア、さらにはキエフ大公国全体に、後に正教世界の象徴となるキリル文字の書記法だけでなく、その文字が表記したことば、すなわちテッサロニキ出身であったキリルとメトディウス兄弟のことばであったブルガリア＝マケドニア語を普及させた。こうして、このことばは、教会スラヴ語の基礎として使用されることになった。スラヴ族は、その当時はおそらく互いに理解し合えていたのではないだろうか。しかし私たちは、共通スラヴ語で書かれた文献は一切もっていない。共通スラヴ語なるものは、研究者によって資料から再構されたものだからである。当時すでにいくつかのスラヴ諸語がばらばらに生まれつつあった。そんなわけで、キリルとメトディウスの聖書翻訳は、スラヴ語文献の礎石といえるが、それは教会スラヴ語というたったひとつのスラヴ語にもとづいていた。しかもこの文献はまずなによりもキリスト教伝道のためであったのである。

これと同じ特徴が、東ヨーロッパの他の文明においても観察できる。たとえばアルメニア人は、証拠となる文献はもう少し遅いものの、聖書をかなり早く、おそらく五世紀には翻訳していた。伝承によれば、聖メスロプは翻訳をおこなっただけでなく、現在でも用いられるきわめて正確なアルファベットも発明し、アルメニア語によるキリスト教文献の基礎を作りあげた。聖典の翻訳を可能にするための文字の支えを発明するとともに、その聖典をひろめる書記言語を確立するというプロセスは、やはりグルジア語にも見られる。グルジア語は十世紀頃、アルメニア語と同様に、当時の規範に完璧に適合した書記体系を備えるに至った。

この種の発展は東ヨーロッパに限らない。ヨーロッパの向こうの近隣の諸民族においても、学術言語の創造を促したのは宗教に関する議論であった。〔エジプトの〕コプト語やシリア語の文章語、さらに東に進めばパフラヴィー語の文章語がそれにあたる。三世紀頃、ゾロアスター教がササン朝ペルシアにおいて国家宗教となったとき、聖典『アヴェスター』がパフラヴィー語によって翻訳されたのであった。さらにアジアでも、つづく時代の三言語について同様のことがおこった。まずサンスクリットの後期の段階であるパーリ語によって仏教が説かれ、次に、仏教が中央アジアに普及したころ、東部中世イラン語を代表するソグド語がその地で重要な地位を占めていたが、その後消滅した。そして最後にクチャ（中国新疆ウイグル自治区）地方で資料が発見された古いインド＝ヨーロッパ語であるトカラ語がある。このような宗教の布教活動と書記言語の構築の間のつながりこそが、東ヨーロッパがアジアと共有する文明の特性である。現代史の驚くべき事実がこの伝統の持続性を裏づけている。すなわち、ソ連政府は数多くの少数民族の言語を育成したが、もちろん正教の信仰をひろめるためでなく、いかなる形であれ国家の基礎となるイデオロギーをひろめるために、これらの言語を利用したのであった。

正教が典礼の基礎としたのは、古代ギリシアの古典文学とは異なるギリシア語のキリスト教文献であった。スラヴ諸教会はそれをふまえて彼らの聖なるテクストを作りあげた。さらに、スラヴ諸教会はひとつの共通語を保持しなかった。最初の翻訳者による古代教会スラヴ語は、確かにすべての教会においてほぼ同一であるが、その後は分化の過程にあった民族語に合わせて、それぞれ異なるやり方でキリル文字をあてはめなくてはならなくなった。これらの言語が後には民族別キリスト教の文明語となるのだが、それらはそれぞれ非常に自立的で、あきらかに独立教会までをも指向する強い傾向をもっていた。今日、モスクワ、ブルガリア、セルビアの各総主教は、十六世紀末以来、（正教の総主教座のあった）コンスタンティノープルから切り離されており、それぞれが異なる選挙によって選ばれている。他方で、東ヨーロッパのスラヴ系民族における書記言語の時代は短く、民族語の再興は、さまざまな衝撃によって見直しをせまられた。そのなかでも、とくにトルコによる征服がもっとも激烈なもので、文化的伝統が断絶するほどだった。

このような言語と文明の関係において、東ヨーロッパと西ヨーロッパの特徴は大きく異なる。西ヨーロッパでは、聖なる文献が大言語を固定したのではない。古英語の現存する最古の記念碑的文書は『ベオウルフ』であり、これは十一世紀初めごろ完成した叙事詩である。ドイツ語の最古の文献は、七六〇年にフライジングで刊行されたラテン語とゲルマン語の対訳語彙集で、『アブロガンス（Abrogans）』（語彙のリストの最初の単語がそのまま本の名称となっている）と呼ばれている。フランス語の出生証明書とみなされている『ストラスブールの誓約』（八四二年）は政治的文書で、（西フランク国王と東フランク国王という二人の君主のあいだの同盟条約である。これは方言横断的な書記形態で起草されており、ポワトゥー語、ピカール語、さらにはいくらかのオクシタン語の特徴すら見られる。この言語はまだ中世フランス語とはいえないが、もはやラテン語とはいえないほど遠く隔たってしまっている（Cerquiglini 1991）。

他の西ヨーロッパの諸言語においても、時期とやり方はちがえども、同じことがおこった。たとえばイタリア語は、ダンテとペトラルカが十四世紀にその近代的形態をあたえた。しかし、西ヨーロッパにおいて、諸言語、とりわけラテン語から派生したいわゆるロマンス諸語が、中世の間にしだいにはっきりと国民語としての優先権を確立していったのは事実であったとしても、ラテン語も、教会言語かつ学術言語としてあいかわらず維持されており、そのことでかなりの凝集力を手にしていた。この力はキリスト教が徐々に普及していった中央ヨーロッパや東ヨーロッパの一部にまで及んだ。スロヴェニア人はイタリア人とドイツ人によって、ハンガリー人はスロヴェニア人によって、スロヴァキア人はハンガリー人によって、そして北では、リトアニア人がポーランド人によってキリスト教化されていった。十一世紀には、ローマカトリック教会の言語であったラテン語は、こうした「ロマニア〔ローマ帝国領〕」に属さない国においても学術言語であった。

これらの国々では、いくつかの西ヨーロッパの国々と同様に、母語の防衛は学術言語としてのラテン語を排除することによってではなく、教会そのものと立ち向かいつつ、教会言語としてのラテン語の使用を縮小させていくことで進められた。この点で興味深いのは、十六世紀から十七世紀初めにかけてのキリスト教世界の分裂がもろもろの国民語に大いに役立ったことである。改革派はラテン語聖書の翻訳を推し進めることで、それぞれの国民語を聖化したのだし、プロテスタントの根絶に余念のなかった〔カトリックの〕対抗宗教改革も、改革派と同様の武器を用いたのであった。中央ヨーロッパと北ヨーロッパの数々の言語の興隆は、たとえその地方に限ったものだとしても、プロテスタントとカトリックの二つの競合する聖典の翻訳版が、時をおかずに次々に刊行されたこの時期にさかのぼることができる。ハンガリー語のプロテスタントの聖書は一五九〇年に、カトリックの聖書は一六〇四年に刊行された。リトアニアでは、一五九〇年にプロテスタントの聖書が刊行され、十七世紀にはそれにカトリックの聖書がとってかわった。スロヴェニアでは、対抗宗教改革がもっとも急進的におこなわれた。プロテスタントの聖書は焼かれ禁止され、言語の点で改善が進んだとされたカトリックの聖書が、それにとってかわった。ルターが、彼曰く神をドイツ語で崇拝するほうがラテン語で崇拝するより好ましいとして、これらすべての試みのモデルを提示する以前から、J・フスはその道を示していた。フスはとくにその著作といわれる『ボヘミア語正書法（Orthographia bohemica)』（一四一〇頃）で書き言葉の形式を定めた。この著作はその時代にしてはきわめて先進的なもので、のちにハンガリー語やポーランド語で模倣されることになる巧妙な補助記号を提案している。フス派の宗教改革や、その後のウトラキスト派（フス派穏健派）やターボル派（フス派急進派）とカトリック教会との論争の結果、ボヘミアにおけるチェコ語は宗教教育で使用されうる言語という権威があたえられた。そしてこの例はスロヴァキアとハンガリーにもひろがることになった。

これらの国民語の確立にもかかわらず、ラテン語は学術言語として驚くべき連合力を保ちつづけた。宗教的表現の領域においてはこれら国民語の後塵を拝したとしても、ラテン語はローマ教会との強い結びつきゆえに、それのみが二つのヨーロッパ、すなわち、カトリック（ときにはプロテスタント）の西と、正教の東という分割軸を引くことのできるだけの威信をもっていた。この軸は同じ言語を話す人々の住む地域を二つにわけることもある。例えばウクライナ人は、西部はカトリックで東部は正教であり、ベラルーシ人も同様である。さらにもっと北に目をやると、バルト地域の一部と同様にルター派であるフィンランド人は、正教徒であるカレリア人とは区別されており、東側で彼らと対峙している。書記体系はこの点で象徴としての大いなる価値を帯びている。結合の象徴ともいえるラテン文字は、それ自体がことばを書き写す方法となった。そこで、ゲルマン人やアイルランド人、いくつかのスラヴ民族など、ローマ帝国には属していなかった民族は、明確な意図をもってラテン文字をみずからのものとした。この書記体系の選択は、ポーランド人、チェコ人、スロヴァキア人や、スラヴ系でもなくインド゠ヨーロッパ系言語ですらないマジャール人など西の周辺を形成していた諸民族を東ヨーロッパの文化から引きはがすことで、スラヴ世界を分裂させた。ハンガリーのカルヴァン派、チェコやそれほど数は多くないがスロヴァキアのルター派など、対抗宗教改革をもってしてもカトリックに戻すことのできなかった少数民族とカトリック勢力との対立は、言語によるものではまったくなかったにしても、マジャール人の言語、すなわちハンガリー語も、宗教的対立の恩恵をこうむったといってもよい。

カトリック教会とその象徴としてのラテン文字によって、ヨーロッパの東の文化から分断された南スラヴ民族がある。スロヴェニア人とクロアチア人である。セルビア人とクロアチア人は、一九九二年までセルボ゠クロアチア語という統一された書記言語を使用していた。十九世紀半ばまでは、クロアチア地方の北部、とくにアグラム、すなわち現在のザグレブで話されるカイカヴィア語〔カイ方言〕、南部、すなわちボスニアの一部とダルマチア、とくにドゥブロヴニクで話されるチャカヴィア語〔チャ方言〕など、地方ごとにばらばらの話しことばしか存在しなかった。チャカヴィア語はセルビア・クロアチア地域でもっとも保守的なことばとみなされている。さらにセルビア語とクロアチア語そのものも、古いスラヴ語の特徴のもっとも重要な部分を保っているとされる。とはいえ、セルビア、ボスニア、ヘルツェゴヴィナのセルビア語には、十五世紀から十九世紀にかけてトルコ語の語彙が大量に流入した。しかしながら、もっとも輝かしい運命をたどることになったのは、これらとは別のことばであるシュトカヴィア語〔シュト方言〕である。シュトカヴィア語は、中世後期以来、クロアチアの文章語に取り入れられ、十九世紀以降はセルビア人の文章語に取り入れられた。三つの音声的変異形があるものの、少なくともそのうちのひとつの形式についていえば、セルビア人、クロアチア人の大部分、ボスニア＝ヘルツェコビナの住民やモンテネグロの住民に共通することばであるシュトカヴィア語は、セルビアの偉大な文献学者V・カラジッチの編纂した辞書の土台を提供した。シュトカヴィア語は彼の母語だったからである。カラジッチは啓蒙主義の時代に始まったセルビア語の地位向上の企てをさらに推し進め、一八一三年から一八一八年にかけて『セルビア語辞典』編纂の作業を進めた。それは言語ナショナリズムに絶好の機会であった。というのも、ちょうどそれは、トルコの支配に反抗するセルビア人の蜂起を生んだ動乱の時代だったからである。その後カラジッチは、「イリュリア主義」と呼ばれる運動に参加していたクロアチア愛国主義者の文法家ガイの活動に合流し、スロヴェニア人、ブルガリア人、マケドニア人とともに南スラヴ民族を再建しようとした。これら愛国的文献学者の団結の望みに応える適切な方言の選択として、セルボ＝クロアチア語の基礎とされたのがシュトカヴィア語であった。こうして、一八五〇年にウィーンで開催された文学会議で統一言語についての議決がなされ、さらにはるか後、一九五四年のノヴィサド協定によってその点が確認された。この二つの出来事は、政治的に重要な日付、一九一八年十月を間にはさんでいる。このとき、南スラヴ民族の願いに応え、第一次世界大戦の結果解体したオーストリア・ハンガリー帝国の一部分が、セルビア＝クロアチア＝スロヴェニア連合王国という形でまとめられたことが宣言されたのであった。

一九二九年以降、ユーゴスラヴィア王国〔「南スラヴ人の国」の意〕と呼ばれるようになったこの新たな連合体のなかで、セルビア人とクロアチア人は数の上で優位を保っていたが、たがいに異なる二つの文化世界を代表していた。彼らは同じ教会に属しておらず、そして、これだけで十分に意味のあることだが、同じアルファベットを使用していなかった。すなわち、クロアチア人はローマ教会に属しローマ字を採用したが、それに対してセルビア人はビザンチン文明に属し、正教徒でキリル文字を使っていた。セルビア語はとくにロシア語とトルコ語、クロアチア語はとくにドイツ語、チェコ語、最近はフランス語という、異なる借用語の源泉をもっていたにもかかわらず、両者はもともとひとつの言語であることが意識されないわけではなかった。そうはいっても、セルビアとクロアチアは、十二世紀にわたってそれぞれ異なる勢力の影響下で分離していたため、両者の間には深い亀裂が走っていた。早くも一九二〇年代初め、クロアチアの分離主義と大セルビア中心主義のあいだに、ほとんど和解不可能な対立が生じた。一二一九年以来独自のセルビア正教会を授けられたセルビア帝国の威信ある伝統によってはぐくまれた大セルビア中心主義は、とりわけ〔クロアチアの〕ザグレブ議会の側からは、排外主義的な脅威として感じられた。セルビア帝国は十四世紀後半に最盛期をむかえ、とくに文学の面でそういえるが、その後オスマン帝国の征服によって、セルビア人は南へ、とくにコソヴォへと押しやられた。そういうわけで、セルビア人はこのコソヴォ地方をセルビアの歴史的領土とみなすようになったが、後で見るように、それはアルバニア人の反発を招かずにはいられなかった。

こんにち、セルビア語とクロアチア語は、少なくとも書記言語の形態としては、きわめて近いがそれでも別々の二つの言語とみなすことも可能である。たしかに、この二つのことばのあいだには、とくに派生語が異なる基盤から作られたことによる語彙の違いがかなりあるだけでなく、さらに顕著なものとして、統語論的規範の違いや、いくつかの点では形態論的な違いさえある（疑問代名詞・所有の指示・不定形容詞の形態、いくつかの名詞の性の分割、条件従属節で使われる時制、いくつかの動詞の格支配、「ある」を意味する前接助動詞の位置などに違いがある。これらの点はすべてフラノリッチ教授との個人的な会話による。Franolić 1972, p. 39 n.55 参照）。

類型論的基準をとれば、セルビア語とクロアチア語は、三つの方言的変種にもとづく横断的システム、すなわちネオ・シュトカヴィア語（新シュトカ方言）の二つの構成要素とみなすこともできるけれども――この横断システムにはボスニア＝ヘルツェコビナやモンテネグロの変種も含まれる――、社会言語学的視点から見るなら、このふたつの言語のあいだの違いはさらにはっきりしてくる。そうはいっても、上で述べたような語彙的あるいは形態論・統語論的な相違点が、口頭でのコミュニケーションに深刻な障害をもたらすようには思えない（他の多くの国と同じように、地理的・歴史的に非常に離れた方言話者どうしの場合はのぞく）。このような状況は、純然たる政治的な理由以外の部分で、統一言語としてのセルボ＝クロアチア語という概念の認知度を高めるのに貢献したといえる。

いずれにせよ、セルビア人とクロアチア人の文化があまりに異なるので、両者が完全に同一の言語を使っているとはいえないことがわかる。両民族の反目は、第二次世界大戦中の、クロアチアの親ナチ政党ウスタシャ政権によるセルビア人大虐殺を招くことにもなる。

セルビア人の怨恨を前にして、チトー（クロアチア出身）の威信と権力はなんとかバランスを保ってきた。しかし一九八〇年にチトーが死んでから一〇年後、この二つの民族の対立はついに激烈な紛争へと至った。欧州共同体は早くも一九九二年一月にスロヴェニアとクロアチアの独立を、四月六日にボスニア゠ヘルツェコビナの独立を認めたし、アメリカはこの三つの共和国を同月七日に認めた。もしこの方向で万事が進んでいたなら、内戦は避けられたかもしれなかった。しかしそうはならなかった。二〇日後、新しいユーゴスラヴィア連邦共和国が生まれた。この新生国家はどの共和国の独立も認めず、セルビアとモンテネグロで形成され、クロアチアとボスニア゠ヘルツェコビナにいるセルビア人マイノリティを含めた大セルビアを再構築することを目指していた。こうして、十九世紀のクロアチアとセルビアの愛国者の連合は、宗教と文字という文明軸がほぼ必然的に引きおこす分解力に抗することができなかったのである。私たちの目の前で起こっているユーゴスラヴィアの分裂は、今日でもなお心をゆさぶるやり方で、スラヴ世界の解体と、さらに一般的にいえばヨーロッパが二つの世界に解体するさまを描いているといえるだろう。

しかしながら、中間的な状況もある。ルーマニアはその典型例であろう。辺境に追いやられたラテン系民族が「西洋」に対していだくノスタルジーに憑りつかれたルーマニア人は、十七世紀以来のあらゆる政治体制において、ラテン性への愛着を表明しつづけてきた。彼らの言語は疑いもなくその保証であるが、ダキア地方がローマ帝国領としてローマ化されたのは一〇六年から二六一年までの一五〇年間しかなかったことを考えると、これは驚くべきことである。六世紀と七世紀にスラヴ民族が侵入した後、ルーマニア語の語彙の一部はかなりスラヴ化された。たとえば、アーデルングが作成した世界中の言語の一大総覧である『ミトリダテス(Mithridates)』(一七七一―一八〇六)では、ルーマニア語はスラヴ語に属するとされている。ルーマニア人は、その大半が正教徒で、スラヴ語の宗教的文書を使用してきたが、それはまずキリル文字で書かれ(とはいってもも十五世紀末とかなり遅いが)、その後一八六八年になってようやくラテン文字で書かれるようになった。さらに他のさまざまな影響が付けくわわって、この言語に他に類を見ない混合的な様相をあたえている。それはまるで二つのヨーロッパが出会ったかのようだ。長いあいだオスマン帝国に服属していたルーマニアには、十八世紀以降、〔ほぼ現在のルーマニアにあたる〕モルダヴィア・ワラキア太守として、ギリシア人のファナリオット（イスタンブルのファナル地区に住むギリシア系官僚貴族）が任命された。その結果、トルコ語とギリシア語の単語が多くもたらされたが、それは一八六〇年から一八七七年にかけて〔の純化運動によって〕一部除去された。また、ハンガリー語はルーマニア人にとって西欧文化の乗り物であったため、多くの借用語のもととなった。最後に、とくに十九世紀末以降、パリの威信とみずからの起源の探求によって、フランス語愛好の流れが生まれた。そのために多くのフランス語の単語が取り入れられ、その傾向はますます強まっている。G・カリネスクは、このラテン系言語の枝に芽生えた東方的影響の数々について、以下のように述べている（Călinescu, 1985, pp.8–9）。

この言語が、その構造と語彙の根底部分においてラテン系であること、それは明白な事実である。しかしながらスラヴ語からの影響は、もし文献学的な知識がなかったら、ロマンス語を話す外国人をとまどわせるほどであろう。〔…〕ハンガリー語はマジャール民族の独特な生気的態度に結びつく豊かさをもたらし、思考の偉大さ、崇高さ、気高さを示すような単語の供給源となった。〔…〕東方的な内装やバザールで売られる商品などにトルコ語の影響が見られ、表現に色とりどりの雰囲気をあたえている。ギリシア語の影響は常に繊細でユーモアのある効果をもたらし、繊細な感情、文化へのあこがれ、気取りなどを映し出している。この非常に多様な起源をもつ単語の混合は、ルーマニア語に並はずれて豊かな色合いを与えている。

二つのヨーロッパの間には、もうひとつ別の相違点があり、これも歴史的な断層と結びついている。西ヨーロッパの国々においては、国家に対応しないマイノリティの諸言語は、英語、フランス語、スペイン語といった、ロマンス語系あるいはゲルマン語系言語――これらはすべて古くから強固に確立されていた政治権力の表現媒体であり、その聴衆は全世界にひろがっている――に立ち向かって、みずからの完全な承認を求めて困難な闘いをくりひろげている。それに対して、ヨーロッパの東では状況は異なる。独自の国家を構成していない民族の固有語は、もちろん支配的な公用語と同等の特権には恵まれていないが、その重要性は大きい。これらの諸言語は、東からやってきた民族によるスラヴ世界への恒常的な侵入や、逆の動き、すなわちロシアの東への進出にさらされた他の民族のいだくナショナル・アイデンティティの永続性の生きた証となっている。波乱に満ちた歴史のなかで、ロシア人、ウクライナ人、ベラルーシ人には、ちょうど中華帝国のように、他の民族を吸収しうるほど強固な政治的構造をつくるだけの十分な時間があたえられていなかった。中華帝国において、モンゴル人と満洲人は、元朝ともっとも長続きした王朝のひとつである清朝（一六四四―一九一二年）という二つの王朝を生みだすほど、言語や文化の面で「中華化」されていたのであった。西ヨーロッパの歴史的運命は、ある程度は中国のそれに似ている。たとえば、のちにシャルルマーニュと呼ばれることになるフランク族の指導者は、キリスト教に改宗して自分の利益のためにローマ帝国を再建した。外国からの侵略者が住民を同化しないこともある。しかしその場合、政治的・文化的な栄光がどんなに長く続いても、その後追放されると影響はほとんど残らない。スペインを支配したアラブ人の例がこれにあたる。アラブ人が追放された後、スペインは再征服〔レコンキスタ〕され、カスティーリャ語の地となった。東ヨーロッパの国々の言語的モザイク状況は、西ヨーロッパの国家の言語的まとまりと対照的であるが、必ずしも住民のそれなりに自発的な移動の結果としてそうなったわけではない。大陸のこの地域は、ギリシア・ローマ文明のようなあらゆる領域を垂直的に覆う文明によって形成されなかったので、いくつかの国家は援助者の必要を感じ、それを自分たちの隣人に求めたのであった。

たとえば、十二世紀頃のリトアニアはベラルーシの書記官を呼び寄せたので、彼らを通じてリトアニア語に数多くのベラルーシ語が導入された。現在リトアニアの首都であるヴィリニュスは、リトアニア語領域の東の端の向こう側に位置しており、ベラルーシ語を話す農村に囲まれている。リトアニアやポーランド、さらにもっと南の中産階級を持たなかった東方の国々では、外国人を呼ばなくてはならなかった。ドイツ出身のユダヤ人がその必要に応えた。ゲルマン系言語に属するイディッシュ語が、第二次世界大戦前に、スラヴ系諸語やバルト系諸語、あるいはルーマニア語と共存していたこれらの土地の雑多な言語的様相はこのことからきている。たしかに、アルメニア人の商人たちは、タタール人から逃がれてベッサラビア〔ほぼ現在のモルドヴァにあたる〕に落ち着いたが、彼らはその後同化して自分たちの言語を使用しなくなった（Meillet 1928, p. 194 参照）。しかし、このような状況はヨーロッパ大陸の東の世界ではまれである。

このように、民族的マイノリティの言語とマジョリティの言語の分布のあり方の違いが、西と東のヨーロッパの対比を際立たせているのだが、その違いは国ごとの状況を調べることで、もっとはっきりと浮かびあがってくる。西において、ほとんどの国家はほぼ完全に言語的に均質になっている。すなわち、とくにアイスランド、ポルトガル、ノルウェー、デンマーク、オランダ、ドイツ、オーストリア、イタリア、連合王国などでは、少数言語は人口の一〇パーセント以下によってしか話されていない。かたや東では、大部分の国家において、自分の母語を日常的に使用する民族的マイノリティが総人口の一〇パーセントを超えている。たとえば、ルーマニア、ブルガリア、ウクライナ、リトアニア、なかんずくエストニアとラトヴィアがそうである。ラトヴィアでは、異言語話者の割合は七〇年代には四〇パーセントを超えていた。首都リガの人口の半分以上がロシア語話者であったほどだ。この数字（Haarmann 1975, pp.42–66 より）は近年変わったかもしれないが、それほど大幅な変化ではないだろう。現在のところ、バルト諸国の独立以来、ロシア語話者にかかっている圧力にもかかわらず、報道では彼らの大規模な国外流出は伝えられていない（本書336ページ参照）。一方、西を見ると、ベルギーの総人口のうち、オランダ語話者のフランデレン人が五六パーセント、フランス語話者のワロン人（ブリュッセルを含む）が四三パーセントであるが（残り一パーセントはドイツ語話者）、これは（ヨーロッパ西部の国家における言語的均質性の）反例とはなりえない。というのは、ベルギーは、過去の偶然によって複数の民族が並置することになった民族の十字路ではなく、意図的に作られた政治的結合の所産だからである。少なくとも、最近〔一九九三年〕になって、ベルギーが三つの自治共同体に分割されるまでは、そういえる。そんなわけで、ヨーロッパの東部は西部に比べて言語の観点から見れば、より均質性が低い。

ヨーロッパを二つのグループに大きく分けるこの区分は、系統関係によって語族を分類する場合とは一致しないことに注意する必要がある。アラビア語のみならず、孤立語のバスク語、モンゴル系の言語、数多くのテュルク系諸語、そしてカフカス諸語もヨーロッパで話されている。話者数の点でもっとも大きい他のヨーロッパ諸言語が二つのグループをつくることになるのだが、わたしはここで採用している、系統関係にもとづかない基準でヨーロッパの諸言語を区分するやり方とは直接関係がない。この二つのグループの分布はかなり偏っている。インド゠ヨーロッパ語族は大陸のほとんどを占めている。ウラル語族は人の移動に伴って移動してきたが、はるかに狭い範囲にしかひろがっておらず、ヨーロッパの空間の一一分の一しか占めていない。

インド゠ヨーロッパ語を話すひとびとがそのおそらくその揺籃の地（この概念が十分に確立されたものかははっきりしないが）から離れたのは、紀元前五〇〇〇年紀の終わり頃から三〇〇〇年紀の始めごろである。ドイツの歴史家の仮説によれば、それはヴェーザー川とオーデル川の間に位置するとされるが、近年の理論によると、それはさらにずっと南東にある。すなわち、ドナウ川の河口や黒海の北岸、あるいはカフカース、さらにはアナトリアあたりであるという（Remfrew 1987 参照）。これらの土地に住んでいた民族は、さまざまな方向に彼らのことばをひろめていった。一方は南東方向で、そこでインド゠イラン語派とアルメニア語派を形成した。他方は南で、その領域では彼らの子孫がギリシア人、トラキア人、イリュリア人、ヴェネト人、イタリック人と呼ばれる民族を作りあげた。また北では、ゲルマン人の祖先となり、東ではスラヴ人とバルト人になり、そして最後に西では、彼らの子孫がケルト人になっていった。したがって、ヨーロッパ古代史とは、ある大陸が次第に根本的にインド゠ヨーロッパ語化されていく過程であるとみなすことができるだろう。

一方、ウラル語族の民族は、その一部が紀元前三〇〇〇年代の半ば頃――つまり、サモエード人などいくつかの部族が西シベリアに向けて出発した後――、ウラル山脈のふもとにあった彼らの歴史的すみか、すなわち、ボルガ川やその支流のカマ川、ペチョラ川などの河川網が樹木を生い茂らせた丘陵地帯とそれらの河川が横切る平原地帯を離れた。しかしながら、ウラル人の大部分が、自分たちの土地にとどまり、現在も住みつづけているだけでなく、そこから離れた者たちも、別々の二つの地域を越えて足を進めなかった。一つはドナウ川中流の平原で、現在のハンガリーにあたる。もう一つがバルト地域で、現在は、フィンランド、スカンディナヴィア半島北部のラップ人地域、エストニア、カレリアとドヴィナ川の間にひろがる地帯を占めている。その他のあらゆるところでは、東の部族の移動は、インド＝ヨーロッパ系であるスラヴ人や、特にその主要分派であるロシア人の拡大によって抑制されてしまった。

このように、ヨーロッパの諸言語を系統関係の観点から検討することは、民族の移動の歴史に光を当てることができるため有用ではある。しかし、二つの大きな文化的グループの区別とは一致しないため、語族への帰属だけを基準にするよりも、もっと機械的でない基準による区別のほうがむしろ有効であることが間接的に確認できる。たとえばハンガリー、フィンランド、エストニアは、インド＝ヨーロッパ語族ではない言語の国であるが、もちろんいくらかの微妙な差はあるとはいえ、文明の観点から見て西のグループに入れることができる。一方でロシア、ウクライナ、ベラルーシはインド＝ヨーロッパ語族の国であるけれども、これらの国はアルメニアやグルジアと隣接していることもあり、東のグループに結びつけるべきだろう。

こうしたことから、結果は明らかである。言語と文明（宗教を含む）の関係のタイプ、多数派の言語と少数派の言語の分布のタイプなどから、ヨーロッパには二つの大きなグループが存在するといえる。歴史のさまざまな有為転変はふたつの顔をもつひとつの世界を作りあげた。東では分散へと向かう傾向、西では統一へと向かう傾向があるように見受けられる。しかし文化のさまざまな現象は、最初に感じられるほどなめらかでも透き通ったものでもない。統一はいつまでも脅威にさらされた理想として達成され、分散は望ましい統一への長い道のりの一時的な段階である。今日、西ヨーロッパでは、欧州共同体がたしかな足取りで進んでいるが、それは長い準備期間のはてにようやく実現したのである。ヨーロッパ諸国の長い歴史を見ればわかるように、ヨーロッパでは、ばらばらのアイデンティティが各地で熱烈に維持されてきた。にもかかわらず、こうしたアイデンティティへの希求に支配されてきたひとつの大陸が連合への熱情をもつためには、なんらかの現実的な関心に目覚めることを前提とするからである。一方、ソヴィエト連邦は確かに解体したが、一九九一年十二月、その死亡宣告と同時に独立国家共同体に置きかえられた。この連合を未熟で脆弱であり、すでに死に瀕しているとすらみなすひともいる。しかし、獲得したての自由を絶対に手放すまいとした加盟国の解放の陶酔が鎮まっても、この政治体はわれわれの眼下で生き残っている。

この共同体が持続しようがすぐに消滅しようが、もし言語を指標として、言語が純粋に言語的なものを超える象徴であることが認められるなら、ここには奇妙な状況が確認できる。統一が加速しつつある西では、過去の威信を背負った複数のことばが共通語としての使命を担っている。そして、多くの領域で英語の優位が明らかではあるが、すべての人の賛成を得るには至っていない。その反対に、東では、ロシア語というただひとつの言語がひろく普及している。ロシア共和国内だけでなく、旧ソ連のさまざまな共和国においても、ロシア人でない数多くのひとびとがロシア語を第二言語、あるいは第一言語としてさえ使っている。したがってロシア語は、他に類を見ない力をそなえた結合要素となっているのである。もしかするとこの状況は、注意深い観察者が関心を寄せずにはいられない自然現象の言語への反映のように見えるかもしれない。ヨーロッパの東部は、北はフィンランド、南は東部ブルガリアまでが平原である一方で、西は曲がりくねった山脈によって分割され、他の大陸のような巨大な平坦部分を持っていない。ヨーロッパは西から見ると、ロシアの平原にたどり着くまでは細分化された地理的空間である。この自然の地形は、はるか昔から、一定の政治的特徴をつくりだすのに力を貸してきた。欧州共同体の建設は、まさにこの種の政治的特徴に立ち向かってきたのである。その反対に、東部の地形は、いつか新しい基盤のもとで政治的・経済的な統合を目指すにあたって助けになるかもしれない。諸言語の語る証言が、この運命をはっきり知らせることはないまでも、少なくともちらりとほのめかしてくれるのは、特筆に値するのではなかろうか。

# 第六章　錯綜するコード

## 輪舞する諸言語

本書はヨーロッパ言語の一覧表ではないので、言語をひとつひとつ数え上げて記述するつもりはない。むしろ、それぞれの言語をさまざまな角度から論じることで、叙述のまとまりをつけていきたい。しかし、あまり知られておらず、さまざまな場所で話されている言語からいくつかの例を選んで取り上げることで、ヨーロッパの諸言語がいかに多様であり、どのような社会的地位にあるかを理解することができよう。ただし、その議論にはいる前に、重要な用語の意味を定めておこう。

### 言語と方言

純粋に言語学的な意味では、ひとつの方言とひとつの言語はたがいに区別がつかない。いうまでもなく方言も、独自の音声体系、文法、語彙を備えているからである。したがって、言語の概念と方言の概念の違いは、言語学的観点とは別のレベルにある。方言は、ある言語の口語的な使用域、あるいは、理解困難になるほどかけ離れていないことばとして特定された変異体であるとふつうはみなされている。他方で、この変異体は、権力の地理的な場に結びついた政治的選択によって奨励されることはなく、公的な規範化によって固定されてもいない。これらの要素を検討すると、言語と方言を分かつ対立は常に可能であるとはとてもいえないことにすぐ気がつくだろう。

言語をとりまく状況は複雑であるし、言語と方言の区別はたしかに役に立つこともあるので、柔軟なものにしておかなければならない。ここで見てまわる諸言語のなかには、場合によっては方言と呼ぶほうが適切なことばもあるし、さらには、よりひろい範囲をおおう言語に帰属させられる方言としてはっきりと浮かび上がってくることばもある。しかしこのような事例は、ここヨーロッパではアフリカやアジアより少ない。ここに、ヨーロッパの言語的風景を描きだす特徴の一つがある。この大陸は、ときにはかなり規模の大きなものであったとしても、諸方言の変異をできるかぎり縮小させ、多くの場合、排除してきたのである。たとえば、スロヴェニア語やエストニア語がかつてそうであったし、いまでもある程度そうであるように。この状況を引きおこす主な原因は「共通語」の威力であった。その威力は、共通語がますますひろく普及するにつれて、さらに強められた。しかも、その使用者が社会的特権を享受するのであればなおさらである。これはフランスに典型的な状況だが、ドイツやイタリアのような国でも同様である。これらの国では方言がきわめて豊富であるが、単一の文章語が重きをなしている。また、スウェーデンのように、民主的な産業社会が高い生活水準を実現した国では、狭い地域に特有の言語的特性や地域的変異が中和される傾向がある。

その結果、たしかにことばは多様であるにもかかわらず、ヨーロッパは世界の他の地域と比べても諸言語がそれほど密集した例にはなっていない。ヨーロッパでは、一〇二〇万平方キロメートルの広さの土地に六億二〇〇〇万人の話者がいて、約六〇の言語が話されているが、たとえばインドや中国とは比べものにならない。インドでは、三三〇万平方キロの広さに六億八四〇〇万人の話者がいて、約二〇〇のことばが話され、そのうちの四〇ほどは数百人の話者しか有していない。中国では、一〇億の住民が九七三万六千平方キロの土地に住み、そのうち七億六二〇〇万人は母語として中国語かその一変種を話しているが、それ以外に五〇ほどの民族語があり、そのうち四〇〇万人以上に使用されているのは四つにすぎない。ヨーロッパとそれ以外の地域との大きな差は、三〇〇〇万人以上の話者をもつ八つの言語——すなわちロシア語、ドイツ語、英語、フランス語、イタリア語、ウクライナ語、ポーランド語、スペイン語——のうちの一つを話しているヨーロッパ人が七八・五パーセントにのぼることを考えれば、より明瞭になるだろう。

この状況は歴史的諸条件の結果であり、そのことがヨーロッパ大陸に独特な輪郭をあたえている。共通の言語規範を打ちたてる企てはヨーロッパの専売特許というわけではないが、それがもっとも早くからもっとも広範におこなわれたのは、ヨーロッパにおいてである。この企てはひとびとの明確な意志を反映している。というのは、諸言語は、きわめて複雑なレベルにおいてではあるが、生き物でもあるからである。言語は無限に増殖する傾向をもっている。そこには無秩序を組織化するような一貫した計画はないように見える。多様化は言語の本性に根ざしている。ヨーロッパにおいて特別の幸運に恵まれた諸言語とは、経済的活力に支えられつつ、知的権力あるいは政治的権力、またはこの両方によって作りあげられたものである。この場合、言語の自然な多様化は、できるだけ多くのひとびとに共通の道具を役立てようとする人間の努力によって、意図的に妨げられる。こうした努力を通して、みずからを意識した文明が持続しうるのである。しかしこの企ては無償ではない。言語様式が変化するために、共通の文章語や正書法を定期的に調整する必要があるが、早すぎる音声変化にはどうしてもついていけない。さまざまな方言変種にかぎりなく細分化されている言語がそういう状態になったのは、歴史の偶然の結果、政治的に統一され独立した国民国家に結びつかなかったためである。バスク語やオクシタン語は、後述するヨーロッパの周縁にある諸言語と同様に、その顕著な例となっている。

中央集権国家の政治的支持、言語計画、学校での早期教育――これらが、さまざまな方言を使うことから自然に生まれる多様化に抗して、共通語を作りだし強化していく凝集力である。他の要因の側面からの作用もそこに加わるが、その方向は一定でなく、ときには正反対の結果をもたらすこともある。そのうちのひとつが集団の流動化であり、これは方言の差異化にとっては不利な条件となる。この点については、後にロシア語をとりあげて論じたい。

一方で、キリスト教の布教活動も、一様なものではない。なによりも布教の効果を重視している宣教師たちは、共通語が住民の実際の慣用に対応するときには、共通語に関心をもつ。さもなければ、場合によっては、聖書翻訳を通じて、宣教師自身がほとんど独力で共通語を作りだすこともある（先に見たルターの例がそれにあたる。ルターは後の多くのひとびとの手本となった）。後者の場合、宣教師がもっともよく知っている言語形態、たとえば自分の方言に幅ひろい読者層を確保することになる。しかし生きた母語が住民の実際の慣用を体現している場合、聖職者たちは、それらのことばに非常に注意深くなる。というのも、そのことばこそ彼らの仕事道具になるからだ。こういうわけで、人類史のなかでもっとも翻訳された本である聖書が、地球上でたやすく近づきえないほど僻遠の地の言語に翻訳されていることや、もっとも熱心な方言学者が宣教師のなかからしばしば現われたことは、なんら驚くべきことではない。

言語と方言の概念についてふりかえったので、これからは、ヨーロッパのさまざまなことばの響きをめぐって、西から東へと、足早に旅をしていこう。ここでは本書の他の箇所ではほとんど言及されないいくつかの言語、すなわち二つのロマンス語、五つのゲルマン語、北方のことば、南バルカンのことば、移動するひとびとのことば、そして、最後は南東に向かって、カフカースの諸言語へと、気の向くままに挨拶していくことにしよう。

## ロマンス語の国で――ポルトガル語のきらめく色合い

ポルトガル語は、ルネサンス人文主義者の庇護の下で、学術用語をラテン語の文構成と語彙から取り入れたにもかかわらず、十五世紀後半から、大航海者の航跡にしたがって、アフリカ、アメリカ先住民、そしてアジアの諸言語から多くの語彙を借用した。そのため、ポルトガル語は西ヨーロッパではもっともエキゾチックなことばになった。ムーア人の長期にわたる支配の一方で、ポルトガル人は北部においてはその土地の支配者であり続け、南部を再征服するために絶え間なく攻撃をしかけていた。その結果、多くのアラビア語の単語がラテン語の基礎に合流することになり、この言語の異国情緒が増大した。

十六世紀にはイタリア語が、十七世紀、特に一六四〇年まではスペイン語が取り入れられた。一六四〇年は、スペインから分離してブラガンサ家のもとに独立国家を創設した年であるので、自立したポルトガル語の発展にとって重要な日付である。十八世紀後半からは、フランス語が借用語の重要な供給源となった。しかしこれらロマンス諸語からの影響があったとしても、ブラジルからもたらされる非ラテン的要素の増加を押しとどめることはできなかった。すなわち、黒人奴隷が話していたアフリカの言語、アメリカ先住民の言語、とくにポルトガル語が媒介語としてとってかわることになったトゥピ語などの要素である。二十世紀における英語からの借用語の増加は、他のヨーロッパの諸言語と比べて特別なことではない。しかしポルトガル語のもっとも重要な特徴は、このヨーロッパのいくつかの言語によく見られる世界的——「第三」世界的というべきか——彩りにある。船乗りや商人たちは、あちこちの場所に征服の夢の文化的痕跡を残したが、ポルトガル語の場合、それが一段とはっきりしている。つまり、ヨーロッパやアメリカ大陸の外で、ポルトガル語は数多くの国、とくにアフリカ諸国（アンゴラ、モザンビーク、ギニアビサウ、その大西洋の沖合のカーポヴェルデ、ギニア湾にあるサントメ・プリンシペ）の公用語である。ただし、住民たちはポルトガル語にもとづくクレオール語を話している。いずれにせよ、ポルトガル語は、スペイン語と同じように、ヨーロッパの世界語のうちのひとつなのである。

## 四散するロマンシュ語

よくスイスの〔ドイツ語、フランス語、イタリア語につづく〕四つ目の言語として紹介される言語集団、すなわちロマンシュ語には、同じようなダイナミズムを見出すことができない。一九三八年以降、この言語集団に認められたのは公用語としての地位ではなく、単なる国民語（langue nationale）としての地位であった〔一九九九年の国民投票にもとづく二〇〇〇年施行の新憲法では、一定の公用語としての地位が認められた〕。これは、きわめて分裂した方言複合体とみなしうるこの言語に対して、州と連邦の財政的支援が認められたことを意味するが、それ以上の特権はあたえられないということである。その上、このことばはドイツ系言語の伸張の前にどんどん後退しており、それがさらにこの言語の不安定さを増大させている。

レト＝ロマンス語という名のもとにまとめられるのは、紀元後三世紀、ディオクレティアヌス帝がクール〔現在グラウビュンデン州の州都〕の周辺に定住させた、おそらくリグーリア族出身と思われるライティア人という集団の子孫のことばである。これらのことばは一九七〇年代にはまだ約五万人に話されていたが、その話者集団はさらにかなり異なる三つのグループに分けられる。イタリアのトリエステ、ゴリツィア、ウーディネ周辺などフリウーリ＝ヴェネツィア・ジュリア自治州のフリウーリ語、〔イタリアの〕南チロル地方ドロミティ渓谷のラディン語、そして〔スイスの〕グラウビュンデン州のロマンシュ語である。さらにロマンシュ語は、高エンガディン語、低エンガディン語、スルシルヴァン語〔カトリックとプロテスタントの二変種がある！〕、そしてスルミラン語に分かれる。

これらの言語名には、高地アルプス渓谷の森林地帯の環境や、古い用法が保たれているこれらのことばの古風さが反映している。たとえば「教会」を表わす語はbaselgia（フランス語のbasiliqueと同語源）であるが、もうひとつのロマンス語の中心から離れたことばであるルーマニア語がbisericăという以外は、ほかのすべてのロマンス語ではecclesiaにさかのぼる語形が使われている（フランス語église、イタリア語chiesa、スペイン語iglesia）。たしかに、十五世紀から二十世紀にかけて一連の詩人、作家、文献学者に受け継がれたたゆみない努力、一九一九年の「ロマンシュ・リーグ（Lia Rumantscha）」の設立、近年のレト＝ロマンス語共通語を創設しようとする試みには、見るべきものがある。さらに、ロマンシュ語話者が多数派である村で、ドイツ語を優遇する学校教育規定も廃止された。ロマンシュ語は、いわば古代ヨーロッパの伝統をかかえて山高い共同体のなかにひっそりと生きる古きラテン文化の島ともいえるが、それでも、たとえばスルシルヴァン語とラディン語の間にきわめて大きな違いがあることからもわかるように、方言が分散しており地域ごとにかなり違いがあることや、グラウビュンデン州のロマンシュ語を取りかこむドイツ語系方言の圧力などが、ロマンシュ語の効果的な防衛に対する障害となっていることに変わりはない。

## 北極のことば

デンマーク語はグリーンランドの公用語になったことはない。現在、グリーンランドは自治領であり、二名の議員をデンマーク国会に送り、知事がデンマーク政府代理を務めている（実際には、一九七九年に自治権獲得、二〇〇九年の法改正によりグリーンランド自治政府が発足した)。しかしその一方、隣のアイスランドでは、一九一八年までデンマーク語が公用語、行政語でありつづけた。ようやく一九四四年になって、アイスランドは、長くつづいたデンマークとの連合から独立した。しかしアイスランド語は、実際には、九世紀半ばから独自の発展の道をたどりはじめていた。

古ノルド語からつづく西スカンディナヴィア諸方言の子孫のなかでも古い形を残しているアイスランド語は、中世には吟遊詩人の洗練されたことばであった。アイスランド語は、島の孤立によってあらゆる接触から免れてきたため、こんにちヨーロッパのどの言語よりも保守的な語法が意識的に要求されることが特徴であり、かつてはデンマーク語の影響に、現在ではアメリカ英語の影響に対抗することが目指されている。

他のスカンディナヴィアの地域では、その反対に、ヨーロッパ諸国のなかでも際だった特徴がある。デンマーク人、ノルウェー人、スウェーデン人はそれぞれの言語を話しつつ、たがいにほぼ問題なくコミュニケーションをとれるのである。もし十二世紀末にはまだなんとか統一を保っていたスカンディナヴィアの状況がそのまま変わらなかったら、そしてもしその後の一五二三年にグスタフ・ヴァーサの行動によるスウェーデンの独立が三つの王国の同君連合——ただし事実上は当時最強国であったデンマークに有利なように仕組まれていたが——に終わりをもたらしていなかったら、これらの言語は今日北ゲルマン語に属するただひとつのことばだと思われていただろうし、アイスランド語とも区別されなかっただろう。一八一五年に結ばれたノルウェー王国とスウェーデン王国の同君連合は、ノルウェー語のデンマーク語からの解放の序曲を告げることとなった。

〔アイスランド語、デンマーク語、ノルウェー語、スウェーデン語につづく〕五つ目のスカンディナヴィアの言語は、シェトランド諸島とアイスランドの間にある島々で話されるフェロー語である。フェロー諸島は、自治領としての地位を有してはいるものの、一三八〇年このかたデンマークの主権下に入っている。この年、フェロー諸島は、アイスランドとグリーンランドとともにデンマークに併合されたのだが、それは当時この三地域を支配していたノルウェーがデンマークに併合されたためであった。このことから、フェロー語は、この小さな島々に住みついたヴァイキングの出身地であるノルウェーの西部方言がもとになっているにもかかわらず、四万五〇〇〇人の住民はほぼ全員がバイリンガルであり、デンマーク語の強力な圧迫を受けている。事実、デンマーク語は一九三八年まで唯一の公用語であった。この年に、ノルウェーとアイスランドの自治主義者の手本に触発されたそれまでの努力が実を結び、学校教育においてフェロー語にデンマーク語と同等の地位をあたえる決定が下された。現代に入っても、言語運動家たちは、フェロー語からデンマーク語式の表現を追いはらうための努力をたえずつづけている。その結果、フェロー語はデンマーク語の方言とみなされることが次第に少なくなり——実際にフェロー語はそうではないのだが——、ヨーロッパの独立した言語とみなされるようになってきている。

こうしたアイデンティティを確立しようとする傾向は、これらの言語の正書法にも現われている。ひとつにまとまろうとする努力が何度も払われたにもかかわらず、スカンディナヴィアの諸言語の正書法はそれぞれ別個のものにとどまっている。このような正書法の多様性はスカンディナヴィアの諸言語に多彩な色あいをあたえており、このヨーロッパ大陸の言語的多様性に貢献している。しかし同時に、これらの言語にはラテン語、ドイツ語、フランス語からの借用も多く、その意味でヨーロッパに十分統合されているといえる。たしかに十八世紀と十九世紀には純化主義的反動が生まれたが、これらの借用語を大幅に減らすまでには至らなかった（Karker 1983 参照）。

北方の地の先住民の言語は、同時に公的な地位をもたない唯一の言語でもある。この言語は一般的にラップ語と呼ばれているが、彼ら自身はサーミ語と呼んでいる言語であり、バルト＝フィン諸語（フィンランド語、エストニア語など）と同じくフィン＝ウゴル語派に属する。ラップ語は、ノルウェー（一九七五年時点で一万八〇〇〇人のサーミ人がおり、三国で最大である）、スウェーデン、フィンランドという三つの国家の極北地域で話されている。また、ロシアでも、コラ半島での一九七五年の調査によると、調査者のラップ人一九〇〇人のうち一〇七〇人がサーミ語母語話者であったという。こういう状況であるので、サーミ語は隣接する言語から非常に多くの借用をおこなっているし、四万五〇〇〇人の話者の大半はバイリンガルである。かつてサーミ人は第二次世界大戦によって多くの命を奪われ、こんにちでは生活環境の過酷さから来る貧困に苦しめられている。それでも、この民族の若い世代は、自分たちの言語を守ろうと努力している。一方では、純化主義的傾向がなくもないが、豊かな接尾辞を柔軟に適用することで語彙を刷新し、他方では、統一化された言語形式にもとづいた学校教育によって方言の分裂を避けようとしている。事実、この言語形式は、一九四七年以降、スウェーデンとノルウェーのサーミ人に共通であり、授業で使われる教科書は同一である。この共通語は、サーミ語の音声的複雑さを忠実に反映した正書法によって書かれている。

バルカン、古くからの相互干渉の場

わたしたちの旅は、北極圏の針葉樹林とツンドラから、知らず知らずのうちに地中海のそよ風の吹く地域へとたどりつく。そこは、北緯四一度線がアルバニアの南部を通っている。バルカンというこの地域の名前を聞くと、よく惨禍や抑圧を連想しがちだが、ここには国民語を意識的な選択によって作りだそうとしたひとびとが、思ったよりも数多く存在した。そこには、大きなまとまりを切望する気持ちが反映していた。

十四世紀末から始まるオスマン帝国の征服は、大多数のアルバニア人のイスラーム化をもたらした。しかし、ベルリン会議（一八七八年）の余波のなかで、独立を求める意識の目覚めがあらわれると、イスラーム学校への激しい反対を呼びおこした。当時そこでは、イスラームの基本言語であるトルコ語、アラビア語、ペルシア語が教えられていた。そして、一八八七年には、アルバニア語の最初の学校が開校されたのだった。

アルバニア語には二つの変種がある。アルバニア北部とマケドニア北部、コソヴォなどではゲグ語が話されている。コソヴォはセルビアに帰属する地域だが（二〇〇八年二月に独立を宣言）、その住民の大部分がアルバニア人で、隣国アルバニアへの合併を望んでいる。コソヴォの首都プリシュティナは、その大学とともに、アルバニア文化の輝かしい中心地となっている。もう一つの変種であるトスク語は、アルバニア南部とイタリア（アブルッツォ、カラブリア、プーリア、シチリア）やギリシア（アッティカ、エペイロス、エウボイア、ペロポネソス半島）にある移民共同体で話されている。

北部アルバニア語話者のほうが多数を占め、一九一二年のオスマン帝国からの独立以降、ゲグ語はトスク語とともに文章語の基礎となり、ゾグー王（一九二四―一九三九年）のもとでは公用語の基礎となったにもかかわらず、一九四四年に〔アルバニアを占領した〕ドイツが敗北した後、採用されたのはトスク語であった。これは、この国の知識人たちが驚くべき熱意をもって言語の問題に介入するさまを映し出している。こんにち、アルバニアは非常に不安定で陰鬱な生活を強いられているが、一九七二年の会議はこの選択を確認し、その方針を正書法にまで拡張したのであった。この決定は、国外のアルバニア人も含めて、アルバニアの文化的全体をひとつにまとめようとする姿勢を反映しているものである。借用語の分野においては、アルバニア語は、伝統的な供給元であるトルコ語とギリシア語に代わって、イタリア語ととくにフランス語から借用しようとする傾向がある。いずれにせよ、どちらの側から借用語を求めたとしても、アルバニア語のヨーロッパ的性格は変わることがない。アルバニア語は、(Drettas 1989参照)。現代に生きる言語のただなかで、土着的な語根にもとづく語彙の創造性は注目すべきはるか昔に消滅した古イリュリア語やトラキア語にさかのぼるとされることもある。

しかしアルバニア語のほかの側面も、この言語の歴史にヨーロッパ的凝集力が刻みこまれていることを証明している。十九世紀半ば以降、バルカンの諸言語に〔系統関係をこえて〕共通の特徴が見出されることに注意がはらわれるようになり、この現象は文献学ついで比較言語学のなかで、特別に一章を割いて論じるに値するものとなった〔バルカン言語連合を指す〕。たとえば、不定形はギリシア語でほとんど消失し、トスク語ではほとんど見られず、ルーマニア語の話しことばではほとんど使用されない。複合未来形は、ギリシア語、トスク語、ルーマニア語、ブルガリア語、マケドニア語、セルボ＝クロアチア語に見出される。「あいつ見たよ、あの子（je l'ai vu, l'enfant）」のように目的補語を人称詞で先に示す形はフランス語の話しことばに見られるが、このやり方は、ギリシア語、アルバニア語、ルーマニア語ではずっと頻繁に用いられる。とくに、目的補語を主題化したいときにはそうである。これらの文法的特徴は、バルカン人を数世紀にわたって支配してきた政治的権力のことば、すなわちトルコ語のなかには見られない。つまり、トルコ語の影響はたしかに大きかったが、語彙の面に限られていたのである。

その反対に、バルカンの諸民族の文化はビザンチンの伝統に結びつくものとみなされている。その伝統は、オスマン帝国の到来までの一千年以上にわたって厳然と存在してきたギリシア正教会に根を下ろしており、彼らの言語のなかにも、やはりギリシア語が源であるような特徴を残している。ギリシア語は中世初期まで教会スラヴ語やバルカンのスラヴ系言語、とくにブルガリア語とマケドニア語において借用語の基礎となった。文法的特徴はバルカンの諸言語全体にひろがっているが、もっとも影響を受けていないのはセルボ＝クロアチア語である。このように、アルバニア語とその周辺の言語は、古くからの共通の運命の痕跡を背負っており、それがヨーロッパの言語世界のうちでバルカン半島をとりわけ魅惑的な場所としている。

### 流浪の民のことば

〔「ジプシー」という俗称で呼ばれていた〕ロマ人の言語であるロマニ語あるいはロマ語は、ヒンディー語や他の北部インドのことばと同じく、インド＝ヨーロッパ語族インド＝イラン語派に属するが、この語派の言語のうちヨーロッパで話される唯一の例である。ロマ人の先祖はインドでヒンディー語を話していたが、移動生活がはじまって西に進むと、その途中でペルシア語の単語をどっさりと取り入れた。ロマ人は自分たちが「ロマ」と呼ばれることを好む。この名称はサンスクリットの「ドンバ（domba）」（大道商人のカースト）に由来する。ロマ人の西のグループに与えられた「ジタン」という呼称は、スペイン語の「ヒターノ(gitano)」、英語の「ジプシー(gypsy)」と同様に、「エジプト」を語源としており、このグループがエジプトに長期間とどまっていたことを示している。他のグループはボヘミアからフランスにやってきた。「ボヘミアン」という名前はそこから来ている。

ロマニ語は話しことばだけに用いられるわけではない。一〇〇年以上前から、教科書、聖書の部分訳、とくにソ連やユーゴスラヴィアにおける政治的文章、さらには文学エッセイなどもロマニ語で書かれている（Courthiade 1989 参照）。その表記法は、ロマ人自身が多くの国に分散していることもあり、場所ごとにまちまちである。

ロマ人は民族集団として認定されないことが多いが、一九六一年のハンガリーの決定を信じるとすれば、それは彼らの社会統合を進めることが目的であるようだ。民族的ブルジョワジーというものは、住民のほとんどが定住化している国家のなかで形成されるものだが、ロマ人にはそうした固有の国家は存在しなかった。ロマ人のことばが細分化し、土地のことばから強い影響を受けているひとつの原因は、そのことにある。事実、すべてのロマ人は周囲のことばも使っており、集団全体にバイリンガリズムが行きわたっている。ロマ人は、セルボ＝クロアチア語、アルバニア語、ブルガリア語、ルーマニア語、ハンガリー語、スロヴェニア語、チェコ語、スロヴァキア語、ドイツ語、ポーランド語、バルト語、ロシア語、ウクライナ語地域のなかでそれぞれ暮らしている（ここでは周辺的な言語を計算に入れていない）。彼らはポルトガルとスペインではイベリア＝ロマ、またはカロであり――ロマはポルトガル国内で唯一の民族的マイノリティでもある――、他の国では、〔イギリスでは〕アングロ＝ロマ、〔フィンランドでは〕フィン＝ロマ、〔アルメニアでは〕アルメニア＝ロマなどになる。それでも、諸方言があまりに異なる形をとることで、集団どうしのコミュニケーションを阻害するような結果をもたらさないように、近年、ロマ語の統一形を制定するための努力がはらわれるようになった。また同様に、サンスクリットやヒンディー語からの借用語によって、インド起源を再確認しようという試みもなされている。インドは、このような立場を支持してユネスコの援助を要請し、すべてのロマ人がいつかそのことばによって互いにわかりあえるような共通語の必要性を喚起した。このように、言語が統一性と多様性という矛盾した訴えの対象となって議論がかわされているのを見ると、ロマのひとびとがヨーロッパの言語的豊かさにいかに大きく貢献しているかがわかる。

### 諸言語の山

間にいくつもの小さな平原をはさみつつ、黒海とカスピ海を分かつ山脈の頂上は、ロシア、グルジア、アゼルバイジャン、アルメニアという四つの共和国によって占められている。このうち初めの三つは、最近でもまだ自治共和国または自治州と呼ばれている行政体を含んでいる。これらの行政体のもとにあるのは、文化的識別要素、おおざっぱにいえば言語である。土地が起伏のある地形で細分化されていることは、こうした言語的分化と無関係ではない。カフカースは十世紀のアラビアの地理学者たちから「諸言語の山」と呼ばれていたし、小さい空間にもっとも多くの言語がひしめいている地域の一つでもある。

インド＝ヨーロッパ語族に属しているのは、アルメニア語、それとタート語とオセット語という二つのイラン系言語だけである（本書313ページ参照）。グルジア語とアルメニア語は古くからの文化言語であり、その書記資料は、グルジア語は六世紀に、アルメニア語は十世紀にさかのぼる。アルメニア語は古くからの近隣語であるペルシア語、トルコ語、グルジア語の影響を受けてきた。一方グルジア語は、そのうちのひとつの変種が〔現在はグルジアに帰属する〕アジャリア自治共和国のムスリムによって話されている。グルジア語自体も、やはりカフカース諸語に属するメグレル語、ラズ語、スヴァン語などの近隣の言語と同様に、インド＝ヨーロッパ語族やセム語族から語彙の供給を受けた。

アルメニア語には西と東に二つの変種がある。西の変種はアルメニア共和国で用いられており、東の変種はイスタンブルからギリシア、ブルガリア、ルーマニアを経てマルセイユにいたるまでの移住者コミュニティで用いられている。さらにアルメニア語は、アゼルバイジャン共和国のなかの飛び地になっているナゴルノ・カラバフ自治州でも話されている（「ナゴルノ」は〔ロシア語で〕高地を意味する）。この州の住民とそれをとりまくアゼルバイジャン人との間の深刻な紛争には、それぞれの民族の言語への愛着が関わっている。アゼルバイジャン人はムスリムで、そのことばはヨーロッパ南東部のテュルク系言語、とくにカフカースの言語や東部トラキアのトルコ語に非常に近い。〔アルメニア語の話されるナゴルノ・カラバフがアゼルバイジャン内の飛び地になっているのと〕釣り合いをとるかのように、アゼルバイジャン語が話されているナヒチェヴァンは、アルメニア内の飛び地になっているのだ！

カフカースの北西部では、かつてウビフ人が暮らしていた。ロシア人に追いやられて、彼らは十九世紀後半にトルコに避難した。その地でウビフ語は、そのことばをまだ知っている最後の老人たちとともに息絶えようとしている〔一九九二年十月に最後の話者が亡くなった〕。カフカースのうちグルジアやロシアに統合された自治共和国や自治州においてまだ生き残っている言語としては、まだ報道や出版においてかなり使用されているアブハズ語があり、さらにはチェルケス＝カバルド＝アディゲ語としてまとめられることばの諸方言がある。

カフカースの残りの地域には、まずチェチェン・イングーシがある。そこは一九九一年に独立を一方的に宣言しているが〔一九九二年にチェチェンとイングーシは分離、現在は両者ともロシア連邦に所属〕、たいへん近い関係にあるチェチェン語とイングーシ語が話されている。その一方で、ロシアに帰属するダゲスタン共和国がある。多くの山々によって細分化されたダゲスタンの地ではじつに多様な言語が話されており、話者数の点でも、数百人から数十万人と大きな幅がある。これらのことばはたいへん豊富な子音の響きが特徴であるが、その言語名も、まるでそれらの子音のようにきらめいている。すなわち、アヴァル語、バット語、ダルギン語、ヒナルク語、ラク語、ルトゥル語、タバサラン語などである。イスラームがひろく行きわたっているため、アラビア語やペルシア語、さらにはトルコ語の数多くの単語が取り入れられた。しかし行政や政治の語彙は、おもにロシア語からの借用である。

これで、ヨーロッパ大陸が響かせることばの大地の駆け足の横断を終えよう。ことばがこれほど多彩であることは、多様性がけっして統一性をそこなわないような文化のあり方を反映している。ヨーロッパが文明の歴史に貢献できる本質的な部分はここであろう。このようなことばの開花を前にすれば、諸言語を愛する者たちが自分たちの貴重な証言を残したいと願う気持ちはよく理解できるのである。

## 双子の名前の象徴性

土地はしばしばその主人を替える。そして名前も変わる。ひとつの土地に二重あるいは多重の名前が付けられることは、人文地理学の普遍的現象である。ヨーロッパの長い歴史は激動に満ちているので、おそらく、このような例がアフリカやアメリカよりもさらに顕著に見られるであろう。

〔アドリア海に面する都市〕ラグーサ（Ragusa）はかつてビザンチン帝国の支配下に置かれていたが、その後、一三五八年まではヴェネツィア共和国の宗主権下に入り、第一次世界大戦終戦以降はクロアチアのドゥブロヴニク（Dubrovnik）になった。ヴェネト地方のフィウーメ（Fiume）は、一九一九年に詩人ダンヌンツィオ率いる義勇軍の大胆な行動により、しばらくの間イタリア領にとどまったが、一九四七年にユーゴスラヴィア（クロアチア）に割譲されて以来、そこはリエカ（Rijeka）と呼ばれている。ただし、名前は変わったが意味は変わらないままである（前者はイタリア語で、後者はクロアチア語で「川」の意）。スロヴァキアのブラティスラヴァ（Bratislava）は、長く続いたハンガリー王国時代はハンガリー語でポジョニ（Poszony）、ドイツ語話者にはプレスブルク（Presburg）と呼ばれてきた。オーストリアの至宝ウィーンは、九世紀にバイエルン辺境伯領とともにマジャール人の手から取りもどしたのだが、ハンガリー語ではベーチュ（Bécs）、スロヴェニア語ではドゥナイ（Dunaj：「ドナウ川の」の意）と呼ばれている。

このように、中央ヨーロッパの大地は、何世紀にもわたって諸民族のあいだの激しい係争の場となっており、それぞれの民族が思い思いに独占的な所有権をもつものと信じこんできた。ルーマニア北西部は、まさにその縮図である。それはトランシルヴァニア地方のことだが、ルーマニア人にはアルデアル（Ardeal）またはトランシルヴァニャ（Transilvania）であり、ハンガリー人にはエルデーイ（Erdély）ドイツ人にはジーベンビュルゲン（Siebenbürgen）となる。その首都は、ルーマニア人にはクルジュ・ナポカ（Cluj-Napoca）だが、ハンガリー人にはコロジュヴァール（Koloszvar）、ドイツ系入植者の子孫にはクラウゼンブルク（Klausenburg）である。その地方の多くの町はルーマニア語とドイツ語の二つの名前をもち、いくつかはそこにハンガリー語の名前も付けくわわる。シビウ（Sibiu）／ヘルマンシュタット（Hermanstadt）／ナジセベン（Nagyszeben）、シギショアラ（Sighisoara）／シェースブルク（Schässburg）／シェゲシュヴァール（Segesvar）、ブラショヴ（Brașov）／クロンシュタット（Kronstadt サンクトペテルブルクの近くのバルト海に面したロシアの港町と同名）などである。このような名称の二重性は、この地方にザクセン人が古くから住んでいたことを意味する。さらに西のバナート地方に進むと、ルーマニア人のティミショアラ（Timișoara）はハンガリー語でテメシュヴァー（Temesvár）と呼ばれている。

ガリツィアの最大の都市の名前も、この町の数奇な運命を物語っている。ウクライナ人の町リヴィウ（Lviv）は、十四世紀にポーランド人に占領されるとルヴフ（Lwów）と呼ばれ、そして一七七二年にオーストリアの手に渡るとドイツ語でレンベルク（Lemberg）という名前がつけられた。一九一四年にロシア人がこの町を攻略するとリヴォフ（Lvov）となるが、翌年にはそれを失った。一九三九年にソ連はポーランドからこの町を奪取するが、一九四一年にはドイツ人によって占領され、一九四四年にはソ連軍に占領された。しかし、一九九一年のウクライナ独立以降、この町はソ連のものでなく、再び完全にウクライナの都市となっている。

ブレスラウ（Breslau）という名前のもとで六〇〇年以上にわたってドイツの支配下にあった下シュレージエンの首都ヴロツワフ（Wrocław）は、ドイツ系住民を強制退去させることによって再びポーランドのものとなった。それはヨーロッパの様相を一変させたもっとも大規模な住民移動のひとつで、ナチスの強制収容に対する揺りもどしのようなものであった。このナチスの政策それ自体が、スターリンの収容所への大量移送のような、この大陸の容貌をずたずたにした他のやり方とよく似ているのだが。ケーニヒスベルクは、十三世紀以来ドイツ化され、カントが教えた都市でもあるが、一九四五年にソ連軍によって攻略されると、カリーニングラードという名前をあたえられた。現在、この町はロシア共和国の飛び地の都市となっている。一九九一年にリトアニアが独立して以降、かつてのソヴィエトの一体性は消滅し、カリーニングラードに行くにはリトアニアを通るしかなくなっているからである。

バルト海に面した都市メーメル（Memel）は、一九一九年にドイツから切り離され、一九二三年にリトアニアによる占領を経てクライペダ（Klaipeda）という名前をもつようになり、一九三九年から一九四五年の間の数多くの戦闘によってこの二つの名前の間を何度も行き来したあげく、戦争末期にクライペダに戻った。フィンランドの町トゥルク（Turku）はスウェーデン語の名前オーボ（Åbo）ももっている。

このような例はまだまだいくらでもあるが、これ以上リストを長くする必要はないだろう。双子の名称、または多重の名称は、その地名学を通してヨーロッパの運命を語っている。こうした現象の検討は、言語の相から見た諸文化間の深い相互作用を論じるに先立つ序文となりうるだろう。

## 相互浸透

諸言語の錯綜状態はヨーロッパに限ったことではないし、そこから生じる時として激しい対立にしてもそういえる。しかしこの大陸の狭さがこうした現象をより切迫したものにしている。ヨーロッパの諸言語はたがいに緊密に混じりあっているのだが、その第一の理由は、狭いひろがりの同じ領域上にいくつものことばが共存していることにあり、第二の理由は、そのうちの多くのことばのなかで、その歴史のさまざまな時期に対応する層が相互に干渉しているからである。

第一の事例は豊富にある。西ヨーロッパでは、イタリアの例を挙げるにとどめたい。イタリアのアオスタ谷やドーラ・リパリア川流域の高スーザ谷、ピエモンテのヴァルドー派地域ではフランス語話者に出会い、グレッソネイ谷などではドイツ語話者に、レジア谷や北東部カルニッシュ・アルプス地域ではスロヴェニア人に出会う。南部に行けばアルバニア系移民や、セルビア人、ギリシア人の村落共同体があり、そして最後にサルデーニャ島にはカタルーニャ人がいる。

東ヨーロッパを見てみよう。(コソヴォと同様)自治州となった後、一九九〇年のセルビア憲法制定以来セルビアに統合されたヴォイヴォディナは、オーストリア゠ハンガリー帝国のかつての領土である。一九一八年にセルビア゠クロアチア゠スロヴェニア王国に併合されたヴォイヴォディナは、五七パーセントのセルビア人以外に、多くのマイノリティを抱えていた。国境を接するクロアチア人、ハンガリー人、ルーマニア人だけでなく、モンテネグロ人、スロヴァキア人などもいた。こうした諸民族が行き交う場所の雑駁さは、中央ヨーロッパに典型的なものだが、一部はオーストリアのとった政策によるものである。トルコからこの土地を奪いかえした際に、オーストリア帝国は、奪ったばかりのこの豊かなドナウ川流域の農地用平野にさまざまな民族を再入植させようとしたのだった。近年になって、マイノリティたちは、セルビア政府に対して、とくに学校における言語的権利の承認を含む連邦的な地位を求めた。なぜなら、一九一八年以来、支配者は多数派の言語であるセルビア語を優遇していたからである。ところが、現在、セルビア政府からの返事はマイノリティたちの大量の強制退去であり、ヴォイヴォディナ地方からクロアチア人とハンガリー人を追い出して、セルビア人だけの土地にしようとしている。もしそうなったとしたら、——二十世紀におけるドイツ系住民の追放を別とすれば——この地は十八世紀以来の豊かな相互浸透の場であることをやめてしまうだろう。

言語の絡まりあいのもうひとつの例は、ウクライナのザカルパチア地方である。かつてルテニアと呼ばれていたこの地は、一九四五年にスロヴァキアから取り上げられてウクライナに併合された。この狭い地域のなかに、ウクライナ系、スロヴァキア系、ハンガリー系、ポーランド系、ルーマニア系の民族が混ざりあって住んでいる。この地の知識人層はこれらのほとんどの言語を話し、さらに〔「カルパート・ウクライナ」の独立が宣言された〕一九三九年以前には、それに加えてドイツ語も話していた。この地域をこえて北東に向かうと、あるたった一つの町がきわめて雄弁に、この地での言語の堆積がいったいどういうものかを鮮烈に表現してくれる。それはビャウィストクである。

現在ポーランド領でワルシャワの北東部にあるこの町は、十九世紀後半にはリトアニアのバルト地方の中心都市であった。ここは抑圧され、大国の激しい争奪戦の対象となった地であり、第三次ポーランド分割によってプロイセンに一二年間支配された後に、一八〇七年以降ロシア帝国に併合された。もっとも、第三次ポーランド分割によって、ポーランド王国の残りの部分もすべてツァーリの支配下に置かれていた。こういうわけで、一八五〇年ごろのビャウィストクの住民は、ポーランド系をはじめ、ロシア系の官僚、プロイセン系植民者、そしてユダヤ系の商人と従業員によって構成されていた。しかし、本書の描く見取図のなかで、この歴史的時期にとくに関心が引かれるのは、一八五九年に、まさにこのビャウィストクで、のちに諸言語間の対立を克服しようとしてエスペラント語を発明したザメンホフ医師が生まれたからである。以下に示すザメンホフの書簡には、彼の思いのありかがはっきりと描かれている。

私は、グロドノ県のビャウィストクに生まれました。生まれ育ったこの町が、わたしの一生の道を決めたのです。ビャウィストクには、ロシア人、ポーランド人、ドイツ人、ユダヤ人など四つの民族が住んでいました。それぞれが言葉も違い、たがいに対立していました。〔…〕一歩家を出ると、「人間なんかいない。いるのは、ロシア人やポーランド人やドイツ人やユダヤ人などだけだ」と、いたるところで思い知らされました。〔…〕ユダヤ人ほど、人間的に中立で非民族的な言語の必要性を強く感じる者はいないでしょう。なぜならユダヤ人は、久しく死語になった言語で神に祈らなくてはならず、ユダヤ人を拒否する民族の言語によってすべての教育を受け、そして世界中に苦悩する仲間をもっていながら、たがいに理解しえない状態にあるからです。（ボロフコ宛書簡〔一八九五〕とミショー宛書簡〔一九〇五〕、Janton 1973, pp. 29–30より引用）

〔上述の現象が言語外的なものであるのに対して〕二つ目の現象は言語内的なものである。それは、個々の言語の歴史を構成する複数の層のあいだの相互作用である。その結果、時代に応じて異なる起源からくる借用によって語彙が豊かになった。とくにロシア語は、十七世紀以降、しばしばこの手段に頼った。しかしこのやり方が行きすぎると、二十世紀初めの一部の文筆家の流行の文体に見られたように、著者の一知半解のさまを示すものとして、多くの者の眉をひそませることとなった。とりわけレーニンは「ロシア語の純化について」（一九一九）という論説のなかで、いくらかのユーモアを交えてこのような借用語の濫用を嘲笑している（Vinokur 1947, p. 139より引用）。そこでレーニンは、よりわかりやすく、より民族的で、より借用語にまみれていない言語を支持した。このような言語純化は、のちにもっと遠隔の言語において、しかし同じような政治的発想をもって、別の有名な指導者、毛沢東によって実施された。しかしロシア語はさまざまな時期にそれぞれ異なる言語から数多くの借用語を行きすぎにならない程度に同化吸収しており、それはこんにちロシア語の語彙に欠かせない要素となっている。かくして、言語どうしの影響の相互浸透は、個別言語のレベルにおいて多声的なひろがりを作りだしている。

## 大いなる模写

豊富な借用は、ヨーロッパの諸言語の語彙のなかに、言語の壁をこえた同語反復のひろがりを作りだしている。ヨーロッパ以外の大陸の諸言語についても同じことがいえる。たしかに、ヨーロッパ以外の諸言語は、語彙を豊かにするために古典的基盤に頼り、つねにそこから語彙の源を汲んでいる。たとえば、ヒンディー語、タイ語、ビルマ語などの東南アジアの諸言語にはサンスクリットとパーリ語、日本語には古典中国語や訓読漢字語、テュルク系言語やモンゴル系言語には古トルコ語と古モンゴル語がそれにあたる。しかし、これらすべての言語はまた同様に、専門用語を作りだす必要に答えるために、英語にも頼っている。そしてこの英語も、多くの学問用語をラテン語、ギリシア語の語根から形成しているのである。

その結果、多くのヨーロッパやその他の地域の言語がギリシア・ラテンの系統に属さないとしても、専門用語は全般的によく似ていることになる。このような相同性が言語の習得を容易にしたり、少なくとも受け身の理解をしやすくしているとしたら、メイエが強調するように（Meillet 1928, p. 241）、諸言語はそれぞれがたがいの巨大で忠実なコピーとなってしまうのだろうか？　各言語の単語がたがいに異質な諸文明のはてしなく多様な支柱ではなくなり――その場合には翻訳はしばしば甘美な難行となる――、すべての文化に共通な概念と対象をいつも同じように表わすできあいの鋳型になっていたのであれば、このような単語の有用性はとくに実用に資するものとなり、経済的に正当化されるであろう。そうなれば、新しい言語の獲得が精神を豊かにするなどとは、見なされなくなるであろう。しかし実際には、ヨーロッパの諸言語内での大幅な模写は、きわめて専門的な語彙でしか起こっておらず、その意味で語彙の特定の部分に限られている。残りの部分はもとの状態のままであり、とくに慣用表現などがそうである（とはいえ、慣用表現の分野でも収束現象が見られないわけではないが）。そして何よりも、ひとつの言語の本質を形づくる文法構造は、それぞれに特有の形でありつづけている。そうである以上、多数の言語が繁茂することは、無機的で取り替え可能な道具が大量に存在するのとはわけがちがうのである。専門的な分野の語彙に統一に向かう傾向があるのは、このような生命の開花と矛盾するどころか、その正当な限界を記しづけているのである。

## 普遍的なるものの伝令者たち

ひとつの多言語国家の内部であれ、言語の異なる国家間であれ、多様な言語の使用者どうしの関係が増えれば、ほぼ必然的に、複数のことばにまたがる言語能力をもつ個人を醸成するものである。これは言語社会学の一般論だが、ヨーロッパもその例外ではない。

アフリカやアジアの多言語状況は、農村共同体の場合であれ、都市に移住した後に農村の社会構造を複製した場合であれ、共同体どうしが隣接していたり、経済関係を結んだり、部族間結婚がおこなわれていることからくることが多い。しかしヨーロッパの多言語状況は、そうした共同体どうしの関係の所産だけではない。住民を避難所から避難所へと追いやる戦争や条約締結に引きつづいて起きた移民の動き、そして領土の交換や新たな配分の結果であることも多い。また別のケースでは、就職のためだったり、別の文化への好奇心にかられた選択の結果であったりさえする。多言語に通じる者は、フランス、イギリス、ドイツ、スペイン、ポルトガルなど、多言語が使用される地域が量的に比較的限られている西ヨーロッパの国々より、とりわけ中央ヨーロッパや東ヨーロッパで出会うことが多い。それらの国々では、一九三九年〔ドイツのポーランド侵攻による第二次世界大戦勃発の年〕までは、多言語使用者こそが知性の輪郭を形づくっていたからである。

母語が所属国民の言語あるいは国家の公用語と一致する話者を単一言語話者と定義すると、これらの西ヨーロッパの国々の人口が多いことから、ヨーロッパの単一言語話者の割合は八〇パーセントを超えることになる。このことは、多言語国家においては、この連立方程式〔母語＝民族語あるいは母語＝公用語〕によって定義された人々はマイノリティの言語を学ぶ必要はほとんどないが、その逆に、マイノリティのメンバーのなかには、二言語話者以外に、もとの民族語ではなく国家語を母語としている単一言語話者が存在するという事実からも説明できる。たとえば、ロシアがそうである。古くからロシア語が浸透したために、ロシア語に特権的な地位があたえられることになった。たとえば、八二パーセントのユダヤ人、六七パーセントのポーランド人、三三パーセントのバシキール人、二二パーセントのモルドヴァ人、二〇パーセントのベラルーシ人、一五パーセントのウクライナ人、一三パーセントのチュヴァシュ人、一一パーセントのタタール人が、ロシア語を母語としている〔数字は

Haarmann 1975, p. 31より）。他方で、ロシア語は概してロシア人以外のマイノリティにもよく知られており、彼らはロシア語を第二言語として使用している。セルビアでは、セルビア人の母語は支配言語のセルビア語であるので、セルビア人はハンガリー語やアルバニア語を必要とみなしていない。それに対して、ヴォイヴォディナのハンガリー人やコソヴォのアルバニア人はセルビア語を身に着ける必要を感じている。ヴォイヴォディナでもコソヴォでも、これらのマイノリティの言語は地域公用語の地位を有しているにもかかわらず、である。

西ヨーロッパのいくつかの国家の二言語主義や多言語主義に対しては、幻想を抱くべきではないだろう。というのは、これらの国で必ずしも個人の多言語能力が一般化しているわけではないからである。ベルギーの〔南部の〕ワロン人が〔北部で使用される〕フランデレン語を話さないのと同様に、フランス語圏スイスのフランス語話者はドイツ語を話さない。ベルギーの二言語主義は、ロシアや旧ソ連のほかの共和国でおこなわれている二言語主義とは反対に、〔領域ごとに言語を割りふる〕領域主義的なものである。すなわち、ブリュッセルだけが公式のバイリンガル地域であり（ただしフランス語話者が多数を占める）、ワロン地域ではフランス語だけが、残りの地域ではオランダ語だけが法的に認められた言語である。この点ではフィンランドも同じである。フィンランドでは、四〇程度の自治体が（スウェーデン語とフィンランド語の）バイリンガル、さらに四〇程度がスウェーデン語話者で、残りのすべて、すなわち四三三の自治体はフィンランド語のみを用いている（数字はHaarmann 1975, p. 109より）。こうしたことから、西ヨーロッパ——西ヨーロッパと文化的結びつきをもつほかの地域の国々も付けくわえたほうがいいだろうが——の大国では、単一言語主義が統計的に優勢であり、したがって当然のことながら、もっと小さい国々もそうである。サンマリノやヴァチカンはイタリア語、モナコはフランス語、リヒテンシュタインはドイツ語の単一言語状況である〔モナコにはそのほかに、ジェノヴァ語に近いことばであるモナコ語もあるが、いまや消滅寸前である〕。多言語状況は孤立した例でしか見られない。三言語共同体は、とくに〔スイスの〕グラウビュンデン州や〔イタリアの〕南チロルなどで見られるが、そこでは住民が母語としてロマンシュ語のひとつを話し、第二言語としてドイツ語、第三言語としてイタリア語を話している。また、ベルギー南東部のドイツ語話者たちも、フランス語とオランダ語を話している。コソヴォのトルコ人は、トルコ語の知識のほかにアルバニア語とセルボ゠クロアチア語の知識をもっているし、スロヴァキア南部のハンガリー人は、ハンガリー語に加えてチェコ語とスロヴァキア語を用いている。一九三九年以前、中東欧の都市のユダヤ人共同体のなかには、四言語を話す者も見られた。ユダヤ人共同体のただなかで文学の道を志すことは、彼らの運命が託された諸言語の分散についての思索と無関係ではなかった。さらにまた、他の地域と同様にヨーロッパでも、複数の言語を使いこなせる能力は、ほかの階層よりも教養階層で多く見られる。少なくとも、話す言語の数を問題にするのではなく、どのくらい深くそれらの言語を知っているかという点から見れば、そういえる。

こうした複数言語に通じた知識人は、ヨーロッパでは少数派で、しかも今日ではかつてよりもますます少なくなっている。多くの場合、みずから選んだにせよ、必要に迫られたにせよ、彼らは大いなる遊牧民である。彼らの生きざまは次のことを教えてくれる。教養人というのは、ある場合には、人生のなかで何度かみずからの言語を代えつつも、そのたびに以前のことばの使用を保持しつづける者のことをいうのである。複数言語使用というものが十分に内面化されて、その場の間に合わせの道具のように実務用のことばを大慌てで習得する以上のものとなっているならば、ことばのペテンから精神を守ることで、観念に対する鋭敏な意識を形成するちからとなる。というのは、単語は概念が偶然にまとう衣服のように見えることがあるからである。ひとつひとつの概念内容に複数の形態をあたえることに慣れているならば、微妙に変化するその内容をみずから積極的にとらえることができる。変異は無意味なものではない。多くのモノの名前はもちろんのこと、抽象的な概念の名前に関しても、異なる言語のあいだの意味の相同関係は、さまざまな文化の変異にさらされているので、単語どうしを単純に等号で結ぶことはできないほどだ。しかし、言語を本当に「マスターする」レベルにまでいたった二言語話者であれば、ひとつの言語のある単語が別の言語のある単語の翻訳語として差しだされるような場合であっても、その二つの単語の意味のあいだの微妙な違いを認識することができる。それと同時に、二言語話者は、二つの単語の形態の違いにまどわされることなく、それらの意味の共通部分にも気づくことができる。このような二重の能力によって、多言語話者は錯綜する言語コードをときほぐしつつ、普遍的なるものの伝令者として現われるのである。

# 第三部　ヨーロッパの諸言語とナショナリズムの挑戦

「各民族に一つの国家、民族全体がその国家の中に」。このように表現された民族自決の原則は、十九世紀終わりのヨーロッパの多民族帝国（オーストリア＝ハンガリー、オスマン、ロシア）のなかで、反乱の恐るべき誘発剤とみなされた。なぜなら、この原則はこれらの帝国がよってたつ基盤のひとつ、すなわち、ひとつの統一された領土にひとつの公用語が強制されることで確立された政治的支配に対して、あからさまに異を唱えたからである。公用語という用語で指していたのは、多数派民族の言語であり、多数派民族とは多くの場合権力を握っている民族のことであった。公用語とは一般的には書きことばの規範として示され、行政、教育、裁判、公的サービス、軍隊で用いられる言語である。学校と同様に、軍隊は言語的統合のための強力な手段となりうることがよく知られている。それが彼らの母語であたえられようとそうでなかろうと、新兵は上官の指示を理解しなければならないからである。

たったひとつの民族によって構成された単一言語国家においては、公用語と民族語が一致する。しかしそうでない国においては、公用語はいくつもの民族語のうちのひとつにすぎない。その結果、他の民族語の使用者は、もしみずからの土着のことばに執着するならば、自分たちが絶え間のない抑圧の犠牲者であるとみなすことになりやすい。そして、彼らは暴力を含むさまざまな方法で自分たちの言葉の使用を守ろうとする欲望にとらわれがちである。

民族のアイデンティティの鏡としての言語は、ヨーロッパにおいては、ほとんど常に民族独立のための戦いにおいてもっとも重要な役割を果たしてきた。ここまで、こうした現象の例をばらばらに見てきたが、第三部ではより詳細に扱う。第七章では言語と民族の間のさまざまな関係を示す。第八章では、言語ナショナリズムのもっとも驚くべき事例をいくつか紹介し、その意味を解釈していきたい。

# 第七章　言語からの号令

## 言語の運命への人間の介入——私的な道と公的な道

言語を愛するひとびとは、彼らのアイデンティティの表現としてのことばに対する激しい情熱に駆りたてられて、彼らが愛するもの、すなわち言語の運命に直接介入することがよくある。ヨーロッパのすべての言語において、歴史のどの時点かは違いがあるが、あらたにあらわれた技術や概念や行為が呼びおこす要求に応えるために、その表現手段が刷新されてきた。この巨大な企ては、あるときは自然発生的におこり、あるときは専門家の手にゆだねられたが、この二つのやり方は必ずしも排他的ではない。彼らの言語の運命を自発的に担う者は、作家や文献学者であったり、方言の多様性に魅せられた民俗学者であったりすることもあるが、特別な専門をもたず、自分の母語への愛着以外の動機をもっていない愛国者であることもある。

国家は専門家を公的に任命し、言語への手入れをするよう命じることがある。その専門家は、言語学者や文法家のこともあれば、その用語法が新しい時代の要望への対応を迫られているさまざまな学問分野の代表者であることもある。彼らは専門委員会を構成し、そこでの決定は法的な効力を帯びる。もちろん、公的な委任を受けたわけではないが、世のひとびとを説得しうるだけの重みをもつ個人の介入も、それに劣らぬ影響力を及ぼす場合もある。この二つの私的、または公的な道のりによる活動は、以下のようなさまざまな分野に及ぶ。規範化、すなわち公的な規範となるべきひとつの方言を選択すること。これは、多くの場合、複数の方言が競合しているときに生じる。書きことばの形式の固定。ほとんどの場合、これは上述の超方言的な規範に対応する形でおこなわれる。新語の樹立。つまり、多種多様な分野において（科学、産業、法律、医学、経済・政治など）新しい用語を選択し採用する。二言語主義、場所によっては多言語主義の法制化。学校制度の整備、文字表記の改良、場合によってはその創造などである。ここでのはっきりとした特徴は、ヨーロッパは、正書法が長いあいだ多くの国で継続的な関心事となっていたために、すべての言語がひとつは書記法をもっている、またはこんにちもはや口承文学としてしか場をあたえられていない言語を数に入れるなら、少なくともひとつはもっていたことのある唯一の大陸であるということである（この点についての詳細は、他の著作で論じた。Hagège 1983 参照）。

これらの分野のなかで、本章の議論の点から見て、もっとも興味深いのは新語の作成である。新しい「用語」――もし使用者が合意してそれを受け入れるなら、登録された「単語」となるだろう――を創造するための主要な方法は、借用である。すでに述べたように、ヨーロッパのすべての諸言語は、直接的であれ間接的であれ、ヨーロッパ文化の結合素であり、豊かな腐葉土であるギリシア語・ラテン語の基盤に源泉を汲んできた。バルト世界に属し、ローマ世界からはかなり離れているラトヴィア語でさえも、ラテン語の語根から派生した国際語の導入に余念がなかった。

借用は元の言語の用語をそのままもちこむこともあれば、受け入れ側の言語の音韻に適応させることもある。借用に対しては、しばしばナショナリズム的態度によって拒否されることがある。その際、改革者たちは土着の語根や、それらの語根の組みあわせからなる複合語に依拠することを好む。そうすれば、その言語の大多数の話し手にとって、意味に沿って単語が分解可能になるからである。このようにして、輸入された単語のグローバル的な不透明さと土着の単語のナショナリズム的透明さが対立する。後者の選択の例としては、ドイツ語では Fernsprecher（電話：fern［遠く］＋sprecher［話す人］）が、ギリシア語起源の二つの要素からなる同義語 Telephon（tele［遠く］＋phon［音］）より好まれたことがあげられよう。ナショナリズム的な解決は、より透明な用語を作る点ではより有利であるように思われる。

しかし、不都合さも明らかである。既知の語根にたやすく結びつく用語は、あらぬ連想を喚起して、求められる意味をゆがめてしまうかもしれない。その一方、意味が不透明な国際的用語は、土着の事物を指し示すことがないからこそ、適切な道具になる。意味との結びつきに動機づけがないからこそ、正確な対象あるいは概念を指し示すことができるのだ。それでも、意味の透明さを求めるナショナリズム的解決法は、より民主的であるように思える。ラテン語やギリシア語、あるいは英語を知らないふつうの話し手にとって、その新しい用語が理解しやすくなるからである。愛国主義的な試みというよりも、受け入れ言語の特性がこのナショナリズム的選択を正当化することもある。たとえば、アイスランド語やフィンランド語は、それぞれまったく別々の形式のもとで、独自の音節構造と音韻体系をもっているので、国際的用語はそのことで形を損なうことになる。

しかし、たとえこうした制約が存在しなくても、言語改革を志した者たちの多くは、ナショナリズム的な態度を採用し、借用語を制限したり土着の語根に依ることを好んだ。たとえばチェコ語、ハンガリー語、リトアニア語、ラトヴィア語、現代ギリシア語などの場合がそれにあたる。ときには、特別な状況のもとで蓄積された多くの借用語が、純化主義的方針によって追放されてしまうことさえある。それが後述するバルカン諸国の公式な選択の場合である。また、スロヴェニアからボヘミア、スロヴァキア、スウェーデンを通ってリトアニアまでにいたる地域の多くの場所では、中世以来、ドイツ語が広大な征服の歩みにともなって社会の特権層に浸透しただけではなく、ドイツ語がその土地の言語のなかに深く浸透した。しかしそうした地でも純化主義的動きがあちこちに見られた。

借用はもちろん非常に重要だが、それだけが新語作成の方法ではない。翻訳借用（カルク）という方法を用いて、当の言語の内部の要素にもとづいて複合語や派生語をつくることもあるし、あるいは、既存の土着の単語の意味を拡張するというやり方もある。これらの手法のうちでも翻訳借用は、言語との関係がいかにさまざまなやり方で具体化されるかをよく表わす事例として、取り上げることができるだろう。翻訳借用による語は、外国語の単語を、土着の構成要素を用いて言い換えることでつくられる。土着の構成要素は、そのひとつひとつが元の外国語の用語の構成要素に対応する翻訳となっている。別の言い方をすれば、構造は外来のものであるが、素材は土着のものなのである。

たとえば、古典時代以降、フランス語・ドイツ語・英語の著作がロシア語に翻訳されると、直接の借用語（амфитеатр［半円形劇場］、атмосфера［大気・雰囲気］、формула［公式］、инструмент［道具］など）が取り入れられたが、それとは別に、そもそもこれらの言語のなかの多くの用語がラテン語やギリシア語の翻訳借用であったこともあり、多くの翻訳借用語が生まれた。そのおかげで、ロシア語は西欧化したスラヴ語となった。たとえば、пред-рассудок（偏見〔пред［前に］＋рассудок［判断、分別］〕）、со-держать（保持する・含む〔со［共に］＋держать［もつ、とどめる］〕）は、フランス語の pré-jugé や con-tenir の翻訳借用である。この傾向は、十八世紀半ばに、熱狂的なフランス崇拝の時代には他にも多くの単語がつくられた。十九世紀半ばごろ、ドイツ観念論が詩人で文法家のロモノーソフの勧告によって多少は緩和された。十九世紀半ばごろ、ドイツ観念論がロシアの教養層の興味の的になりはじめたときには、とりわけ学術用語のなかに、新しい翻訳借用が現われた。たとえば Welt-an-schauung に対する миро-воз-зрение〔мир［世界］、воз＝［上方へ］、зрение＝視覚〕、すなわち「世界観」といった単語などである。

上述のすべての現象は、借用語についての論争のなかで取られる態度として、翻訳借用に頼ることが、みずからの言語に対する話し手のナショナリスティックな愛着の程度を示す指標となっていることをよく示している。

## 言語が民族をつくる

### 十九世紀のヨーロッパにおける革命と言語

親から受けとり子どもに伝えようとする言語への愛よりも自然なものはあるだろうか？　たとえまごうかたなき二言語話者であっても、少なくとも生活のいくつかの領域においては、一方の言語が優勢になり、その言語に愛着をもつものである。この愛着が、多様性を生みだし強固にしているのは明らかである。ヨーロッパでは、言語の多様性は、絶えず刷新される民族的アイデンティティの確立を反映している。メイエは一九一八年に、ある種の逆説をこう言いあらわしている。「世界は単一の文明だけを所有しようとする傾向にある。それにもかかわらず文明を担う言語は増大している」(Meillet 1918, p.10)。文明の単一化傾向についてのメイエの断言は、多少の行きすぎもあるだろうが、ものの輸送の速度、映像やことばの伝達速度が増大したことによって、いまや世界各地のさまざまな相違は、メイエの文章が書かれたときよりもさらに小さくなっている。それでもなお、かつてもいまも、ひとびとは自分たちの言語の相違性を通して自分たちの相違性をはぐくもうとしている。

一八四八年の爆発によって、絶対主義国家がそのこだまを忘却の彼方に追いやろうとしていた古びたことばが再び姿を現わした。諸民族がつぎつぎと発する声はうねりとなってヨーロッパを揺るがした。それは、中欧や東欧の少数言語にとって、もうひとつの彼らの運命を決定づけた時代、すなわち宗教改革と比することができるほどの希有な時期であった。この二つの時期にこそ、粗末な道具に過ぎなかったことばが、書きことばとしての尊厳を勝ちとったり、民族アイデンティティの不可欠な要素として認められたりすることで、光をあてられるようになったのである。フランス語、イタリア語、英語、ドイツ語、スペイン語などの言語は、中世の写字生や作家たちの粘り強い努力によって文章語の地位をすでに獲得していたのだが、十九世紀半ばのヨーロッパでは、愛国的な言語改革者や文献学者が、低い地位にあったこれらのことばを文章語の地位にまで高めようと努めた。どのような行動が取られたかは、具体的な地域を見るとはっきりする。たとえば、バルカンを見てみよう。

古い社会構造のもとでは、文章語を作りだすことができるのは貴族層であったが、オスマン帝国によるバルカンの征服は、この貴族層を存続させはしなかった。したがって、言語に身を捧げる者たちの態度は地域ごとにかなり異なっている。スラヴ諸国における言語改革者、とくにセルビア語におけるカラジッチは、話しことばに文字をあてることで教会スラヴ語の勢力を削ごうとした十八世紀末のロシアの文法学者と似たところはあるが少々異なるやり方で、話しことばの慣用を基準にした。しかしながら、ある一点については、ナショナリズム的方向は話し手のあいだでひろまっていた慣行を廃止しようとした。それはトルコ語からの借用である。オスマン帝国時代の数世紀にわたって日常生活に溶けこんだトルコ語の単語や、トルコ語がアラビア語やペルシア語から借用した単語は、十九世紀末から二十世紀初めにかけて追放されたために、かつての時代と比べると、いまや激減している。とくに、ブルガリア語とセルボ＝クロアチア語でその傾向が著しい。

スラヴ系の国とは逆に、もうひとつのバルカンの国家ギリシアは、一八三〇年にオスマン帝国から独立したときに、話しことばではなく、支配者に対して堂々と対抗できるひとつの文化モデル、すなわち古典ギリシア語の形式を促進させる道を選んだ。ただし、他の国と同様、数世紀に及ぶオスマン帝国の影響の痕跡を注意深く取りのぞくことを忘れなかった。この威信あるモデルの主唱者たちは、すべてのギリシア人にこのことばを課そうとした。彼らは後に、トルコとのローザンヌ条約〔一九二三年〕によって故郷の地〔アナトリア〕を追われ、ヨーロッパへ向かわなくてはならなかった同胞たちによって援助されることになった。この住民移送によって、三〇〇〇年前に小アジアの各地でギリシア人の先祖らが作りあげたきわめて古い伝統が壊滅したのであった。そしてこれらのアナトリアのギリシア人共同体では、言語の変化は本土より遅かったのである。

そんなわけで、ギリシアではつい最近（一九七六年）まで、二つのレベルの言語が共存していた。一方にはカサレヴサ（「純粋な言語」）がある。これは（西洋中世の知識人が作りだした言語と同様に）、話しことばからはかけ離れた形態であり、たえずギリシア性の強調と擬古的表現を心がけることで、人工的ともいえるやり方で古典ギリシア語に近づけようとした。他方には、現代ギリシア語、すなわちディモティキ（「民衆の言語」）と呼ばれることばがある。このことばは、古代ギリシア語からの自然な変化によってできたもので、多くの点で古代ギリシア語と異なっている。

「ダイグロシア」といわれるこのような状況では、文章語が話しことばと対立しているのだが、話しことばも文学と決して無縁ではない。ディモティキ擁護者は、そのことばを使って作品を書く詩人、エッセイスト、小説家からの支持を得た。とくにY・プシカリスは、一八八八年の『私の旅』という著作において、ディモティキの使用を称揚した最初のひとりである。これに対立する陣営では、いうまでもなく、古典的形式の崇拝はヨーロッパと全世界に文明的価値観をもたらした時代としての古代ギリシアに対する崇拝と結びついていた。いまでも古代ギリシアに誇りをもちつづけるギリシア人にはこと欠かない。二十世紀初め、現代ギリシア語による聖書の翻訳は、「俗語主義者」に対する激しい暴動を引きおこした。この衝突は政治的な問題でもあった。近代ギリシアの歴史において、政府が権威主義的であればあるほど、カサレヴサの使用を、学校、行政、教会、軍隊など多くの領域にひろめようとする努力を惜しまなかったのであった。ディモティキがギリシアの公用語になったのは、ようやく〔一九七四年の軍事政権崩壊後の〕一九七六年になってからであった。

こうした状況を見ると、一方にスラヴ世界、他方に西ヨーロッパという対比が際立ってくるように見える。ギリシアは地理的には東方に位置するが、その文化基盤においては西方に位置づけるべきであろう。しかしながら、それが話しことばに近い言語であろうと文章語に近い言語であろうと、ひとつの言語をつくりだすという点については、どこでも同じように、民族を立ち上げるためのプロジェクトであることに変わりはなかった。

中央ヨーロッパでは、政治的支配者は、こうした民族の言語的要求にいつも反対したわけではなかった。というのは、マイノリティのそれぞれの「失地回復」をあおることで、マイノリティどうしを分裂させることができる場合もあるからであった。たとえばオーストリア帝国政府は、第一次世界大戦前に、南スラヴ系の言語のなかでスロヴェニア語の文章語をほかの南スラヴ系の言語とははっきり異なるものとして承認し、学校の創設や基本文献の出版などを支援していた。ただし、中心都市であるライバッハにおけるドイツ語の地位の重要性はあいかわらず保たれた。この都市は六世紀以来スロヴェニア人が住みついており、十九世紀にはリュブリャナという再発見された名前のもとでスロヴェニア民族運動の中心地となった。この文化政策は実を結んだ。一九二〇年の〔スロヴェニアの帰属を決定するための〕住民投票の際、ケルンテン（オーストリア）のスロヴェニア人たちはオーストリアへの帰属に賛成票を投じたからである。南スラヴ連合〔セルビア＝クロアチア＝スロヴェニア王国〕の内部でも、それを引きついだユーゴスラヴィアにおいても、スロヴェニアの個別主義が崩れることはなかった。最終的にそれは、一九九一年のスロヴェニアの分離独立にまで至ることになる。この個別主義は明確な言語的基盤にもとづいていた。たしかにスロヴェニア人知識人の多くはバイリンガルで、自分の母語であるスロヴェニア語だけでなくセルボ＝クロアチア語も話す。しかし、スロヴェニア語は、スラヴ系言語のなかでも特異な地位を占めている。スロヴェニア語は十五世紀にようやく文字に記されるようになった。この言語はおそらく七世紀ごろにセルボ＝クロアチア語から分離したとされ、古い痕跡をよく残している（スロヴェニア語は、ソルブ語とならんで、スラヴ系言語のなかで動詞活用や格変化に双数形を残している唯一の言語である。双数形は二人の人間や二つのものを指示するものであり、単数からも複数からも形式上区別されている）。

大国の支配者は、言語の類縁性を通して諸民族が接近する動きを妨げようとするものだが、それはいつもかならず少数民族への支持と見せかけた分割戦略をとるわけではない。たとえば、ハンガリー政府は、一八六七年のオーストリアとの妥協（アウスグライヒ）後、スロヴァキア独自の学校や出版の発展を妨害した。スロヴァキア民族は、十一世紀初めのマジャール人による征服によって、チェコ人からほぼ一〇〇〇年にわたって引き裂かれてきた。十九世紀半ばのヨーロッパにおける、言語にもとづいたナショナリズム間の対立は非常に複雑なもので、自治要求の利害は一致してしかるべきだったのに、食いちがってしまうこともある。ハンガリー政府のスロヴァキア人に対する敵対心は、スロヴァキア人に対する復讐でもあった。なぜなら、スロヴァキア人は、一八四八年に反乱に立ち上がったマジャール人を鎮圧しようとしたオーストリアを支持したからである！　そして、ハンガリーがスロヴァキアに言語的自治を与えることを拒否したことに対して、次にはスロヴァキア人が反撃することになった。

つまり、ヨーロッパの言語史、とくに波乱の運命を背負ったバルカン地域の言語史においては、つねに政治的要因が言語の次元に介入することをわきまえておく必要がある。それは、独立を願う民族の旗印という言語の機能――それはときには承認され、ときには拒否される――についての議論だけでなく、これらの言語の純粋に内的な定義についての議論にまでおよぶ。なかでもマケドニア語の事例は激烈である。かつてアジアを征服するに至ったアレクサンドロス大王の名高い王国の末裔であるマケドニアは、まずギリシアに支配され、次にローマに制圧され、そして六～七世紀にはスラヴ人によって占領され、九世紀にはブルガリア王国の一部となった。十四世紀半ばにはセルビア王国に支配されたが、その後、十四世紀末にはオスマン帝国の属領となった。

ここでは概略しか追うことができないが、このような歴史を見れば、なぜギリシア、ブルガリア、セルビアの各政府がマケドニアに対する占有権をそれぞれ正当なものとして主張するのかが理解できるだろう。ブルガリアは、一九一三年にギリシアおよびセルビアと戦った第二次バルカン戦争に敗北したが、その後のブカレスト平和条約においても、ブルガリアはまだエーゲ海へ抜ける狭い通り道となるマケドニアの地をかろうじて保持していた。しかし、〔第一次世界大戦後の〕ヌイイ条約（一九一九年）によって、ブルガリアはその通路を失い、マケドニアはギリシアとセルビアのあいだで分割された。ギリシアに割譲された部分には、先に述べた小アジアのかつての入植地から移送されたギリシア系住民が住み着いた。セルビアに割譲された部分は、一九九一年までユーゴスラヴィアを構成する六つの共和国のうち最南部に位置する共和国を構成するようになった。一方、ブルガリア政府は、スターリンと対立していたチトーに対する敵意と同時に、エーゲ海への通路を取りもどしたいという思惑から、セルビアに対してマケドニアを要求しつづけた。

どちらの側から見るにせよ、中心となる論拠のひとつは言語に基づくものである。というよりも、言語に基づくものであるかのように主張される。ブルガリア政府の公式見解によれば、マケドニア語はブルガリア語の方言にすぎない。一方、ユーゴスラヴィア政府側は、文化的吸収政策の名のもとにマケドニア語をセルボ＝クロアチア語の方言とみなし、セルボ＝クロアチア語の習得を奨励したが、結局はマケドニア語をマケドニア連邦共和国の公用語として認めるに至った。しかし現実には、どちらの政治的立場にも強弁のきらいがある。たしかにマケドニア語はセルボ＝クロアチア語よりはブルガリア語に近いが、マケドニア語とブルガリア語は別々の言語である（マケドニア語もブルガリア語も、同じようにスラヴ語的格変化を失っているが、少なくとも以下の三つの点で、両者は異なっている。第一に、定冠詞は近くのもの、遠くのもの、その中間にあるものという三つの形態をとる。第二に、目的語名詞に先行する形容詞に接尾辞として接続する男性単数形に対する特別の標識がない。第三に、haveの意味の助動詞と受身を表わす過去分詞から成る複合過去がある。ちなみに、現代ギリシア語にはこれに対応する形式があるが、これは古典ギリシア語の不定過去アオリストの名残りである）。

一方、ギリシア政府やギリシア世論は、「マケドニア語」という言語の名称、そしてこの言語が話されている「マケドニア」という国の名称に対してさえも、激しい異議を申し立てている。マケドニア共和国は、ユーゴスラヴィア崩壊の過程で、クロアチアとボスニア・ヘルツェゴビナを血に染めた一九九一〜一九九二年の紛争のような暴力を引きおこすことなしに分離独立を果たした。しかし、一九九二年初めに西ヨーロッパ各国は、この独立共和国を承認するよりは、マケドニアという名称の放棄を求めたギリシアの意見に従った（現時点でマケドニアはいまだに欧州連合に加盟できていない）。ギリシア政府によれば、「マケドニア」という名称は古代ギリシアの栄えある構成要素なのであって、スラヴの侵入者とはいかなる共通点もない。それればかりか、この名称はギリシア人にとって非常に危険であるとみなされた。というのは、「マケドニア」という名称は、ことの性質上、ギリシア国内にいるマケドニア系「同胞」の「解放」戦争や、海への通路を確保した大マケドニアを作りだすような動きにマケドニア政府を向かわせることになりかねないからである〔ギリシア北部にはテッサロニキを中心とした「マケドニア」地方がある〕。一方、マケドニア人側は、自分たちの平和主義と小国としての弱さを強調して、そのような目論見はもっていないと主張している。今後の進展がどうなるかはさておき、この事例は、言語や場所の名称についてさえ、ナショナリズムのあいだで敵対が生じうることを示している。

## スラヴ世界、言語の燃え上がる場

一民族の経済力はその言語の勢力の拡張を保証するには必ずしも十分ではないとしても、古くから強力な言語的要求があった場合、なんとか達成した経済的自立を確立しようとする熱烈な姿勢が、言語的要求の貴重な支えとなることもたしかである。かつてオーストリア帝国では、長いあいだドイツ語の優位は官僚制度と貴族の広大な権力によって支えられてきたが、二十世紀初め、帝国が衰退すると、スラヴ民族全体にドイツ語を押しつけることがもはやできなくなったのは、この理由から説明できる。スラヴ民族がかつての貧窮状態から脱して物質的ゆとりを増大させるようになると、自分たちの文化を究め、自分たちの母語の使用やその教育を推進し、異言語のくびきをふるい払おうとする気持ちをいだくようになった。

一九一六年、帝国内のスラヴ系議員は、戦争開始以来はじめて集結し、それぞれの民族語で表現する権利を高らかに宣言した。中央議会に付属した州議会の存在が、オーストリア帝国に支配されたスラヴ民族の言語、すなわち、チェコ語、スロヴェニア語、ガリツィアのポーランド語、ルテニア語の使用を後押しした。この動きはハンガリー帝国の側にも及んだ。クロアチアは一一〇二年以来、同君連合によってハンガリーと結びついていた。この連合は不平等なものであったにもかかわらず、ヨーロッパ史のなかでもっとも強固であった。そしてそのおかげで、その後セルビア人に起こったこととは逆に、クロアチアは少なくともオスマン帝国の支配のあいだも比較的被害から免れることができた。しかし、もっと古くからハンガリーの属領であったスロヴァキアと同様に、クロアチアは、〔オーストリア帝国からの独立を目指した〕一八四八年のハンガリー革命の際にウィーンを支持したのであった。

一八六七年にオーストリア゠ハンガリー二重帝国体制が成立すると、ハンガリー政府はクロアチアに対して、スロヴァキアに対する措置とおなじやり方で報復した。クロアチア語の使用は許されたが、その発展は抑えられた。このハンガリーによる反クロアチア・反スロヴァキアの圧力が呼びおこした結果は、スラヴ世界のなかでも、この地域の言語史を作りあげる矛盾した緊張を示すものとして検討に値する。軍隊や行政のハンガリー語化に対する抵抗は、独立への欲望や、スラヴのかつての連帯を復活させようとする欲望をかきたてた。そのため、一九一八年にオーストリア゠ハンガリー帝国の廃墟の上に打ちたてられることになる諸国家のなかでは、きわめて長期にわたる分離のあいだに歴史が刻んだ民族間の大きな相違が目に入らなくなっていたほどである。この相違は、こんにち再び姿をあらわし、連邦体制を崩壊させている（本書172〜177ページ、237〜240ページ参照）。

それでもこうした相違は、かつての統一を忘れさせることはできなかった。まさに言語はこの統一の生きた証である。数世紀にわたる分離にもかかわらず、スラヴ系言語は共通の要素を保ち、ヨーロッパのなかでもきわめて特異なグループを作っている。そのなかでとくに際だっているのが動詞体系である。スラヴ諸語の動詞は、抽象的な時制概念――それは純粋な物理的現象としての時間を極限化し単純化する――にもとづくのではなく、より具体的でもあれば、より定義しにくいアスペクトの概念に基づいており、行為の達成程度に対する主観的な評価に結びついている。構造上のいくつかの古い痕跡からすると、スラヴ諸語はほかのインド゠ヨーロッパ系言語よりも、インド゠ヨーロッパ語の古い段階に忠実であるとみなせるだろう。その点は、ほかの西欧言語を観察すればわかる。ドイツ語はかなり、ロマンス諸語はもっと、そして英語は完全に、古い痕跡が摩滅している。スラヴ系の語彙については、確かに大幅な借用によって西欧化してはいるが、スロヴァキア語やクロアチア語の語彙の基盤は、いまだにスペイン人やイギリス人には縁遠いままである。ポーランドでは、ローマ教会がかなりの西欧の単語を取り入れたが、ポーランド語はあいかわらず西ヨーロッパ人の目や耳にはエキゾチックに映る。

このことは現代チェコ語にもいえる。チェコ語地域はかつて輝かしい時代を経験した。九世紀後半、モラヴィアの君主がビザンチンの皇帝に宣教師キリルとメトディウスを派遣するよう依頼した。この二人がスラヴ系言語とスラヴ教会に果たした役割は先に見たとおりである。十四世紀、カール四世の名高い治世において、かなり前から中央ヨーロッパの大都市に普及していたドイツ語は、チェコ語とも調和的に共生しており、チェコ語はその黄金時代を迎えた。たとえば、一三四八年にはプラハに大学が設立され、ドイツ文章語に最初の推進力をあたえることになったのである。チェコ語は、十三世紀にはすでに規範化され、中央ヨーロッパのなかではもっとも輝かしい国の言語であったが、宗教改革の進展を阻止しようとしたハプスブルク家が、かの有名な白山の戦い（一六二一年）でボヘミアの貴族階級を撃破したことによって、チェコ語の拡張は突然阻止された。これは対抗宗教改革の激烈な動きの発端であり、この国の政治史と言語史にとって深刻な亀裂を引きおこした。チェコ語はそのために、ほとんど二〇〇年のあいだ忘れられた言語となった。しかし、ヨーロッパのなかでもとくに力強かった都市階層の民族の言語を守ろうとする意志と、十五世紀初めにチェコを席巻したJ・フスの教えに鼓舞された農村住民の粘り強い支持のおかげで、チェコ語はエルベ川地域やバルト海地域の諸言語がたどった運命を逃れることができた。先に見たように（本書76～77ページ参照）、これらの言語はドイツ語の台頭によって完全に消滅してしまったのである。チェコの愛国者たちは、一七七〇年のドイツ語の全般的使用令を頂点としたドイツ化政策に抗して戦いつづけた。彼らは特に文献学者J・ドブロフスキとJ・ユングマンの業績をよりどころとすることになる。ドブロフスキは一八〇九年にチェコ語の規範化のモデルとして、十六世紀の言語に近いものを提案した（『ボヘミア語大系』）。ユングマンは一八三五年から一八三九年にかけて、記念碑的大著であるチェコ語‐ドイツ語辞典を刊行した。彼はそこでほかのスラヴ系言語、とくにポーランド語の富をできる限り活用しようとした。

事実、ポーランド語はチェコ語とは異なり、古くからつづく文学文化伝統という有利さをもっていた。この言語と文化の伝統は、統一の強烈な感情を呼びおこすものとして、第一次世界大戦後に現われたポーランド文化の復興に大いに寄与した。そのときポーランド人は、十八世紀末のたび重なるポーランド分割〔とくに一七九三年の第二次分割と一七九五年の第三次分割〕の影響を払拭するとともに、一八一五年のウィーン会議の結果〔ウィーン会議により旧プロイセン領ポーランドにポーランド立憲王国が成立。事実上ロシアの支配〕や一八三〇年の反ロシア蜂起の帰結〔独立運動は鎮圧され、ポーランドはロシアの属領となる〕などが後世に残した影響をなんとか消し去ろうとした。ポーランド語の使用は、しばしば半非合法状態のなかであっても、可能なところであればどこでも大事に維持されていた。その結果、第一次世界大戦後すぐに、全面的にロシア語だけが使われていたワルシャワ大学や、プロイセンによって完全にドイツ語化されていたポズナニ大学に、ポーランド語を取りもどすことができたのである。一方、当時〔オーストリア領であった〕ガリツィア地方だけはそれに比べれば自由で、オーストリア帝国の行政はクラクフに知的生活の中心地としての役割をあてがっておいた。

ポーランド人のような連続性という歴史的優位をもたなかったチェコ人は、一八四八年の〔民族再生の〕運動に熱烈に取りくんだ。先述した文献学的な仕事がチェコ語の復権を準備していた。たしかに、政治的覚醒は言語的覚醒によって支えられていた。チェコの伝統的な言い方では、民族復興に力を注いだ者たちは、ずばり「目覚めさせる者」と呼ばれている。彼らはみな多かれ少なかれ言語に興味を抱き、彼らの時代の学問をボヘミア化させることを望んでいた（Millet 1983 参照）。しかし、プラハ大学がドイツ語からチェコ語に戻ったのはようやく一八八二年のことであった。

規範化の努力のもっとも主要な特徴は、ドイツ語に由来する語や表現の追放であった。たしかに、ドイツ語起源の語の多さは、いまなおスラヴ諸語のなかでチェコ語に独特の様相をあたえている。貴族層がドイツ語話者であった国のなかで、一八〇〇年ごろには、ドイツ語の影響が深くまで浸透したチェコ語が、農村のひとびとにも話されていた。ドブロフスキはドイツ語でチェコ語の価値を称揚しようとしたのである！　しかし愛国主義的文献学者たちは、こうした現実のチェコ語とはほとんど共通点のないようなひとつの言語を立ち上げるに至った。彼らはドイツ語化への反動として、チェコ語に古代スラヴ語の単語を導入したが、そのなかにはロシア人やポーランド人にはそれと理解できないようなものもあった。たとえば、ほかのスラヴ語系の言語が西欧と同様にteatr〔劇場〕で表わすものを指す語として、divadloを使用することなどである。少なくとも、改革者たちの活動は、語彙の複雑さを増大させ、文法的には不透明になるという犠牲を払ったとしても、目指す成果に到達した。すなわちチェコ語の復興である。このおかげで、チェコ人は政治的にも文化的にもみずからのまとまりを自覚し、立ち並ぶスラヴ諸語の仲間のなかで、全体の強力な均質性を構成する一要素としての確固たる位置があてがわれたと感じられるようになった。

スラヴの二つの民族〔チェコ人とスロヴァキア人〕の連合によって一九一八年十月に樹立された若いチェコスロヴァキア共和国の民主主義は、よくある歴史のいたずらで、今度は自分たちの内部のマイノリティの言語的要求に直面しなければならなかった。すなわち、スロヴァキアにおけるハンガリー人（現在でも人口の一〇パーセントを占める）、ルテニアのウクライナ人、そして一九二〇年からはシレジア、いわゆるチェシンのポーランド人である〔ヴェルサイユ条約締結後、シレジアのチェシン公国がポーランドとチェコスロヴァキアに分割される〕。さらに、かなり経済的に発展した地域で、カトリックが多数を占めるものの、少数派であるルター派と自由思想家が力をもっていたボヘミアに比べると、スロヴァキアは相対的に貧しく、カトリック聖職者に支配されていた。そのスロヴァキア人は、早くも一九一八年にチェコ中心主義を告発している。その歴史が始まって以来国家なき言語であったスロヴァキア語が自立性を保てていたのは、まったく驚くべき状況のおかげである。というのも、スロヴァキア語はハンガリー語とチェコ語のあいだにはさまれて身動きがとれなくなっていたが、実はそれが功を奏したのである。スロヴァキア語は、スラヴ系言語としてのチェコ語との連帯によってハンガリー語から守られると同時に、ハンガリー語の非常に長期間にわたる浸透によってチェコ語から距離をとることができたのである。

スロヴァキアの中心都市であるブラチスラヴァは、ハンガリーの地の大部分がオスマン帝国の支配下にあったあいだにも、さらにそれにつづく期間にも、つまり一五四一年から一七八四年までのあいだ、ハンガリーの首都であった〔一七八四年に首都はブダに戻る〕。スロヴァキアの貴族層の大部分は、みずからを民族的にも文化的にもハンガリー人であるとみなしていた。デーチイによれば（Décsy 1973, p. 95）、ペテーフィ〔詩人、一八二三―一八四九〕やコシュート〔政治家・革命家、一八〇二―一八九四〕といったハンガリーの英雄ともいえる人物は、スロヴァキア系だったのではないかという〔ペテーフィの母親はスロヴァキア人、コシュート家の祖先はスロヴァキア系〕。スロヴァキアの農村は、オスマン朝との戦争によって荒廃したハンガリーの地に人口を取りもどすための備蓄地として長いあいだ利用されていた。そして、新たに到着したひとびとは徹底的にマジャール化された。

しかし十九世紀に、司祭たちが、農村地域で言語保護運動を起こし、スロヴァキアの民族意識は言語のなかにその土壌を見出した。十八世紀終わりには、すでに文献学者ベルノラークがスロヴァキア語をチェコ語から解放することを目指して書記規範を固定していたが、この「ベルノラーク語

bernoláčina」はカトリック教徒にしか使用されず、西スロヴァキア語がチェコ語と対立していた対抗宗教改革の伝統が繰りかえされていた。文献学者シトゥールの庇護のもとにプロテスタントがチェコ語への対立姿勢を見せたのは一八三〇年代に入ってからである。シトゥールは西部方言よりはチェコ語から遠い中央方言を基本として採用している。「シトゥール語（štúrovčina）」は、ほかの文献学者達の支持を得て、一八五一年のブラチスラヴァの会議の際に、カトリックとプロテスタント両方をふくむスロヴァキア全体に認められるに至った。一九八九年には西欧的な民主主義に戻ったチェコスロヴァキアは、現在二つの独立国に解体しつつある〔一九九三年一月一日にチェコとスロヴァキアは分離独立〕。スロヴァキア語は、かなり似ているとはいえチェコ語とは別の言語であるということは思い起こしておくべきである。これはかなり専門的な話になるので、二点だけを説明するにとどめておきたい。まず、スロヴァキア語はロシア語と同様に、そしてチェコ語とは異なり、対格と属格の複数形は人間を指示する男性名詞においては同一の形態になる。そして、否定の動詞の補語を属格には付けない。この特徴は、かなり後退しているとはいえ、書記チェコ語においては失われていない。

第二次世界大戦後には、国民アイデンティティを脅かすかに見える、マイノリティに関係する別の問題がチェコ政府につきつけられた。ボヘミア地方北東部の山間地域を征服し、この地に長いあいだ住んでいたズデーテン地方の二九〇万人のドイツ人のことである。政府は、彼らを追放することでこの問題を解決した。一九九二年二月にプラハとボンのあいだで結ばれた友好条約は、彼らの子孫がその家族の所有地を取りもどすには、彼らがボヘミアに最終的に帰り、そして国籍と言語を取得しなくてはならないとしている。

## バルト地域の言語とアイデンティティ

ヨーロッパの多くの民族は、みずからのアイデンティティに疑義がはさまれると、言語をある種の最終通告状として振りかざしてアイデンティティを主張しようとして、たがいに争ってきた。なかでもバルト海沿岸地方の諸民族は、狭い領域を舞台にしてくりひろげられた争いの激しさをよく物語っている。リトアニア語とラトヴィア語の祖先が西フィン系言語（フィンランド語、エストニア語など）やボルガ川流域の言語にもたらした借用語を見れば、バルト系言語の話者たちは、ドイツとロシアというたがい覇権を競い合う二つの文化に締めつけられる前は、もともとの領域を超えて対外的に影響をおよぼしうるほどの文明を作りあげていたことがわかる。

この地域はきわめて多様な言語と民族の交差点である。はるか昔から、バルト海沿岸に定着しようとした民族は数多い。デンマーク海峡は狭いので、こんにち巨大タンカーが通過するのは簡単ではなく、西からきたタンカーの多くはロッテルダムより先には行かないことは確かだとしても、年間の半分以上凍らないバルト海が、中欧や東欧の広大な平原に住む諸民族にとって西ヨーロッパへの唯一の海の出口であったことには変わりがない。こうした事情から、バルト海の諸民族は長いこと羨望を集めることになった。

近代になるまで、リトアニア語、ラトヴィア語、エストニア語は文字に書かれた形跡がない。ようやく十六世紀半ばになって、ドイツ語の教理問答書――プロテスタントのもあればカトリックのもある――の翻訳が出版されるようになったのは、宗教改革と対抗宗教改革の対立が、長いあいだ忘却のかなたにあった諸言語への注目を促すことになったためである。バルト人たちはかつて輝かしい時代を誇っていた。リトアニア人は十三世紀から十四世紀にかけて意気揚々たる戦士であり、リトアニア公国はヨーロッパの列強のひとつであった。事実、リトアニア公国は、ロシアの君主にもタタール人にもドイツ人の圧力にも抗して、その版図はキエフにまで及んだ。しかし一三八六年にポーランドとの同君連合が成立し、その後、一五六九年のルブリン連合によって両国はひとつの国家となり、その状態は二世紀つづくことになる。この連合によって、十四世紀末から十五世紀にかけて、リトアニア人はドイツ騎士団による支配を免れることができたのは確かだが、リトアニア貴族はポーランド化し、リトアニア語は農村においてのみ保持され、しかもポーランド語から大量の借用語を採り入れた。

一方、ラトヴィア語は、クロニア語、ラトガリア語、セミガリア語、セロニア語など、多様なバルト系のことばが錯綜する地域を占めていた。ラトヴィアの主要地域であるリヴォニアとクールラントは、十三世紀にはその地に定住したバルト貴族といわれる地主層のドイツ人に支配され、十六世紀末にはポーランドの宗主権下に入り、そして十八世紀末にはロシアの支配下に入った。このように異民族による支配が絶え間なくつづいたため、西からにせよ、東からにせよ、言語への影響は断続的なものであった。何世紀もつづいた強力なドイツ語の圧力にも、それには劣るがロシア語の圧力にも負けることなく、ラトヴィア語が維持されてきたのは、そのためでもあった。

ラトヴィア語の維持に都合がよかったもうひとつの要素は、民族と社会的地位のあいだにたえず厳密な対応関係があったことである。そして、民族への所属は、言語によって表わされた。貴族の地主層や高位聖職者はドイツ人しかいなかったが、農民と町の職人はほとんどすべてラトヴィア人であった。さらに、一九一八年までのロシア支配時代が、土着の言語に間接的に幸いしたことも付けくわえるべきだろう。農奴解放は勤勉で有能なラトヴィア人ブルジョワジーの成長を促した。彼らはラトヴィアをロシア帝国のなかでもっとも高いレベルの学校教育を備えた地域にしただけでなく、近代的な文章語も生み出した。ブルジョワジーたちはもうひとつ別の好都合な条件によって助けられていた。それは、十九世紀後半のロシアの官僚制は、競合する言語の影響を減らすことに腐心していたため、民族主義運動に対して、相対的に見れば寛容な態度をとっていたことである。

かくして、ラトヴィア語はドイツ語に抗して、リトアニア語はポーランド語に抗して、みずからを確立することができた。十九世紀後半の愛国運動である青年ラトヴィアは、ドイツ語系の語彙を排除して、その跡を埋めるために、古い特徴を残すバルト地方の方言や、なかんずくリトアニア語から語を借用することを推奨した（Rūke-Draviņa 1990 参照）。それは、古くまでさかのぼるバルト地方のつながりを再び強固なものにするためであった。もっとも、ラトヴィア語の改革者たちは、国際用語を締めだそうとしたわけではない。その後ラトヴィア語は、一九六〇年代に、しばしばロシア語経由でアメリカ英語の単語の大量の供給を受けた。いずれにせよ、十九世紀のラトヴィアの文献学者たちは、あらゆる分野のどんなにむずかしい作品でも翻訳しうるような近代的な道具を鍛えることに専念し、ほぼ成功を収めたといってよい。

一方、リトアニア語の解放への努力は、一八六〇年から一九〇四年にかけて、ロシア政府がキリル文字の使用を強制しようとしたことで一時的にストップをかけられたが、むしろそのことが作家やジャーナリストの愛国的反発を引きおこし、間接的には改革者J・ヤブロンスキの不断の努力に対する支持を増やすことにつながった。リトアニア語はたいへん古い特徴を残すことばであり、ほとんどが農民からなる社会のなかで農村での使用が刻印されていた。そうした状態のリトアニア語から近代語を作りだすために、ヤブロンスキはその著書『リトアニア語文法』（一九〇一）において、西部地方のことばを土台にすえた。ヤブロンスキは、数多くの外国起源の語、とくにポーランド語の単語を取り除いたが、行きすぎた純化主義的態度はなかった。また、新語の必要を満たすためには、土着のことばの貯えから汲みとった。このようにして、リトアニアとラトヴィアが第一次世界大戦後に独立したときには、二つのバルト系言語がコミュニケーション手段としてすぐさま使用できるお膳立てができていたのであった（Rinholm 1990 参照）。

エストニア語は、バルト語派ではなく、フィンランド語とおなじ語族〔ウラル語族フィン゠ウゴル語派〕に属しているのだが、厳密に系統的な基準だけでなく、歴史的・文化的状況もあわせて考慮するなら、エストニア語はバルト世界の一員としての資格を十分にそなえている。エストニアは十三世紀初めにデンマークとドイツによって分割され、十四世紀を通してドイツ騎士団の支配下にあり、ラトヴィアと同様に抑圧されていた。その時代のエストニア語は、ドイツ語で書かれたばらばらの記述でしかその存在を知ることができない。都市住民の一部はドイツ人であったため、当時ドイツ語は都市社会の言語であった。十七世紀になると、エストニアはスウェーデンによって支配された。スウェーデン王グスタフ・アドルフは、ドルパト（エストニア語でタルトゥ）大学の創設者であるが、エストニア人農民をルター派に改宗させようとして彼らを保護した。しかしエストニアは一七二一年にロシアの手に落ちた。一八一六年のアレクサンドル一世による農奴解放などの自由主義的措置はあったものの、ドイツ化政策の次にはロシア化政策がつづくといった状況が、十九世紀後半のナショナリズムの爆発を引きおこすことになる。

一九〇五年の第一次ロシア革命の際に、青年ラトヴィアをモデルとして、青年エストニアのグループが設立された。その運動の影響を受けて、さまざまな言語の改革者があらわれ、ついには現代エストニア語の建設者とみなされているJ・アーヴィックを生み出した（Tauli 1983–1984 参照）。アーヴィックによれば、時代の要求に応えられる言語を確立することは、すぐに取りかかるべき民族的事業であった。とくに、あまりにも長いあいだ自分の文化から切り離され、支配者の文化に迎合してきた民族にとって、言語の問題は未来にかかわることであるだけに、その緊急性はいっそう切実であった。こうしてアーヴィックは、言語改革の企てをひとびとのあいだにひろめるのに成功した。たとえば、アーヴィックは、文のなかでドイツ語をなぞったような語順を排除し、廃れていた語根や接尾辞（とくに名詞の複数形に対して）をよみがえらせ、姉妹語であるフィンランド語からの借用語を増大させた。さらには、言語改革者としてはかなりまれな方式をも導入した。音が意味をなんとなく連想させるような形でこしらえた、人工的な単語を量産したのである。

このような単語のなかには、世の信頼を勝ちえて、こんにちふつうに使用されているものもあり、辞書にも区別なく登録されている。これほど造語がうまくいったケースは、トルコやハンガリーの言語改革推進者や、ヘブライ語復興に一生を捧げたE・ベン・イェフダの活動に比することもできるだろう。ベン・イェフダは、聖書の言語であり、その古典的な形態のままではイスラエル国家の現代生活の要求に応えることができなかったヘブライ語の語彙を大きく増大させたのである。アーヴィックは、言語とはまず道具であるとみなしていた。少々狭いきらいのあるこの考え方を認める者にとっては、結論は論理的に導き出せる。もし道具が不完全であるなら、改良することができるというわけである。アーヴィックによれば、エストニア語の不完全さは言語と文化の自然な関係が断絶したことに起因するのである。もしある民族がその固有の秩序のもとで暮らしていれば、その民族の存在が表明されるときには、いつでもその民族語が使われるであろうし、そしてその結果、言語と文化のあいだには緊密な関係が保たれるだろう。その反対に、外国勢力がその民族を抑圧し、永続的な言語的疎外のもとに置いた場合には、こうした民族語の境遇は失われる。まさにそれが数世紀にもわたって、バルト地方の三つの民族に起こったことであった。

バルト海地方にはエストニア語と同じ系統〔ウラル語族フィン＝ウゴル語派〕の言語が四つあるが、その運命はエストニア語のそれとは異なる。その衰退はまさに典型的であり、言語を支えるものが何もないか、ほとんどないときに、言語に何が起こるのかをよく示している。ヴェプス語はサンクトペテルブルクの東の、ベロエ湖、ラドガ湖、オネガ湖によって区切られた地帯で話されている。この言語は、古代の活動的な商人の言語であり、その時代は八五九年のノヴゴロド建設による最初のロシア化以前にさかのぼる。その後、ロシア化は千年にわたって続いた。この言語は不運なことに辺境の国境地帯に位置しているため、さまざまな大帝国のイデオロギーに結びついた露骨な政治的事情のせいで、大国に吸収される危険にさらされている。たしかに、ソ連の共産党政権のもとで識字化や教科書作りの努力がはらわれたが、一九三〇年代に突然中断された。現在では、この言語はその古さがフィン・ウゴル語学者の関心をひいているが、もはや教えられることもなく、視聴覚的手段によって保護されてもいない。このことばを話しているのは高齢の話者だけであり、おそらく彼らとともにこの言語は消え去ることになるだろう。

サンクトペテルブルクの西、ナルヴァ川沿いの地方とやはりナルヴァという名前をもつ町で数十人によってまだ話されているヴォート語の状況もそれに劣らず深刻である。たしかに、一二四二年、ペイプス湖（チュド湖）の戦いにおいて、支配の拡大をめざすドイツ騎士団に対して、アルクサンドル・ネフスキーが勝利したことによって、ヴォート語は根こそぎにされたのだが、さもなければドイツ騎士団がとっくにこの言語を滅ぼしていたことだろう。しかし、そのとき以来、ヴォート語は強烈なロシア化をさらされたために、こんにち、ヴォート人として確認されるごく少数のひとびとのなかには、ヴォート語の使用をやめていないのに、自分をロシア人であると表明するものもいるほどである。

一九五九年におこなわれたソ連の国勢調査によると、イングリア人は一一〇〇人いるとされたが、そのうち三八二人が、ルガ川とネヴァ川の間の沿岸地方であるレニングラード州知事管轄区域で、彼ら固有のイングリア語をまだ話していた（Haarmann 1975, p. 414 参照）。フィン祖語に近いこの古い言語は、さまざまな方言に細分化されていただけでなく、古くからつづく強烈なロシア化の影響を被っていた。現在この言語は、完全に消滅してはいないにしろ、絶滅の瀬戸際にある。

最後に、首都リガの東の「リヴォニア」という地方名がその名をとどめているリーヴ人たちは、進取の気性にとんだフィン系民族であり、彼らは紀元一〇〇〇年頃までバルト海東部沿岸をまたにかけた商業活動によって、エストニア人やヴォート人などのフィン系民族やバルト地方の先住民族を支配した。リーヴ人は、先住民族のひとつであるクール人の故地、すなわちリガ湾西部にそったもうひとつのラトヴィアの地方であるクールラントに定住して、クール人と融合した。しかし十三世紀のドイツ騎士団による征服の際にリーヴ人の貴族層が破壊された結果、この民族の残りの層はバルトの諸民族に急速に吸収されてしまった。征服者たるドイツ騎士団にとって、支配下にある諸民族間の紛争はどうでもいいことだったのである。リヴォニアにおけるリーヴ語の使用は十九世紀半ばに消滅し、一九七〇年代にこの言語を話していたのは、クールラント半島北部の一二の漁村の住民百人ほどでしかなく、しかも彼らはラトヴィア語とのバイリンガルであった。これらの村の住民は、一九四九年に赤軍によって村から追放されたが、住民の帰還とともに、村はかつての状態にもどった（これは、カールステン・ポール氏から個人的に寄せられた情報にもとづく。氏は、ヴェンツピルス〔ラトヴィア北西部の都市〕から遠くないところに、博物館とリーヴ文化の家があることを明言した）。

リーヴ語の残存要素を救うためになしうる努力は、この時期に出し尽くされたと思われる（Décsy 1973, p. 297, n. 16参照）。

### フィンランド語、ハンガリー語——言語という恋人

ウゴル諸語とフィン諸語はともにウラル語族のなかのフィン＝ウゴル語派を形成するが、フィンランド語はフィン諸語のなかのバルト＝フィン系、ハンガリー語はウゴル諸語に属する。フィンランド語はエストニア語と近い系統関係があるにもかかわらず、この二つの言語のことを上でふれなかったのは、

フィンランド語とハンガリー語の輪郭と運命が、バルト地方の言語とはいささかかけ離れているからである。また、フィンランド語とハンガリー語は数世紀の間、自分たちの言語を民族の生命の源泉とみなした熱心な言語学者たちのまれにみる熱意のもとで、鍛錬されつづけてきたという共通点がある。

### ◉フィンランド語と三つの加工

ほかのフィン系民族と同じように、ヴォルガ川上流・中流域の谷からやってきたフィン人の祖先たちは、西方に移動して、紀元前五〇〇年よりも早い段階とはいえないにせよ、ほぼそのころには、バルト海沿岸で先に定住していたバルト系民族と出会った。この接触については、フィンランド語の語彙のなかにありとあらゆる種類のバルト語からの借用語が含まれていることが豊富な証言をあたえてくれる。その借用語は、海での活動や農業に関する単語、動物名、植物名などで、このうちのいくつかはフィンランド語を通してサーミ語にも浸透した。しかしフィンランド語はゲルマン系言語からの供給も大量に受け入れた。それは遅くとも紀元前二世紀ごろ、すなわちフィン族がまだそれほどひろくない領域に集住していた時代にまでさかのぼる。この古さは借用語の形態によって確認できる。その後、スラヴ世界との交流から、織物、紡績、そして宗教などに結びつく単語を導入した（Sauvageot 1973, p. 42参照）。しかしフィン人は長くは自由な民としてはいられなかった。フィン人のフィンランド語との愛情あふれる関係は、彼らの困難な歴史によって培われてきたのだった。フィン人が定住した土地は、湖と森と凍土でできているだけでなく、海岸線によっても形づくられているが、そのフィン人の国は約八〇〇年にもわたって外国勢力の支配下に置かれることになった。十二世紀末には、スウェーデンによる征服によってスウェーデンの文明と言語がひろがり、フィンランド語に深い影響を及ぼすことになる。スウェーデン語はきわめて多くの語彙やときには文構成の借用さえも供給したのに加え、西欧語の影響、すなわちラテン語、ドイツ語、フランス語などの影響を中継する役割をも果たすことになったからである。一九一九年に起こった言語戦争以来〔一九一七年の独立後、一九年にフィンランド語とスウェーデン語が対等であることが宣言された〕、スウェーデン語はしだいにフィンランド語にとってかわられ、大学、行政、商業、工業の分野ではほとんどスウェーデン語は使われていないし、昔もいまも、フィンランドの人口の大部分はスウェーデン語を話さない。それにもかかわらず、スウェーデン語は、いまでもフィンランドの第二公用語である。フィンランド人四八〇万人のうち、およそ四〇万人がスウェーデン語話者であり（両者の配分については本書213ページ参照）、一方、スウェーデンにはフィンランド語を話すフィンランド系マイノリティがいる（二四万人）。

もうひとつの外国勢力はロシア皇帝のものである。一八〇九年のアレクサンドル一世によるフィンランド征服から一八八一年のアレクサンドル二世の治世終了まで、ロシアはフィンランド語とスウェーデン語に対して、バルト諸語に対するのと同じように、ロシア化はするが比較的リベラルな措置を排除はしない政策を遂行した。より一般的にいえば、これは諸民族からの自治要求に対するロシアの姿勢でもあった。しかしこの政策につづいて、アレクサンドル三世の治世では社会全体のロシア化が企てられ、それは一九〇五年の革命によってようやく中断された。しかしながら、ボルシェヴィキが一九二〇年のタルトゥ条約によってフィンランド共和国の独立を認めた一方で、東部のフィン人の一部はロシア領カレリア地方に分かれて住んでいた。民族名を冠する行政区分において当の民族がマイノリティになったように、カレリアでフィン人は少数派にすぎない。カレリアのフィン人はロシア世界と正教に結びついたままであり、彼らはルター派のフィンランド人をしばしば「スウェーデン人」と呼んでいるほどである。

フィンランドの文化史にとって重要な人物であるフィンランド人の司教アグリコラは、フィンランド語の最初の書かれたテクストのひとつである『ABC教本』(一五四三)を著わしただけでなく、スウェーデン語とドイツ語から訳したフィンランド語の新約聖書(一五四八)によってフィンランド語の文章語を作りあげた。このフィンランド文章語は、もっとも早くからキリスト教化された東南部地方、つまりトゥルク地方のことばを土台としている。しかし、ほかの地方の影響もそこに加わって、アグリコラの言語は混合的なものになっている。その後、偉大なる国民的叙事詩の『カレワラ』(一八四九)の言語も、東部方言の影響を強く受けることで混合的になった。というのは、この叙事詩を採集したE・リョンロートはその素材をカレリア地方で見つけだしたからである。

アグリコラの著作によっていったんは固定されたフィンランド語ではあったが、フィンランド語の歴史は、時代ごとに変わりゆく要求に応じた言語的加工の連続であった。アグリコラにとって、ルネサンス期の西欧の概念を表わす用語がどうしても必要であると想定される場合には、ラテン語、ドイツ語、スウェーデン語からの借用が有効な解決方法をあたえてくれた。しかし、アグリコラによれば、借用は厳格な制限のもとに抑制されるべきであった。事実、当時のフィンランド語は、その後ゆるめられる規則(b, d, g の p, t, k への交替、語中子音や母音の変化)に厳格にしたがっていたために、いまよりもずっと借用語の形態が元の単語から変わってしまっていた。

アグリコラが翻訳借用や、とくに派生語に頼ったのはそのためである。派生語はフィンランド語にはうってつけだった。この言語は一七三個にものぼる多様な接尾辞を有しているからである。そのため、現代の語彙のなかでも、基本語、つまりそれ以下の構成要素に分解できない語は、全体の一二パーセントしかない。しかし、消化不良な造語があまりにも多かったために、三〇〇年ほどたって、一八二〇年から一八七〇年のあいだに、二度目の加工がおこなわれることになった。このときには、ほかの国の言語改良史でもよく見られることだが、とくに東部の農村の話しことばをもとに、フィンランド語に古くからの姿を取りもどすべきであると考えられた。たとえば、アクセントのない最終音節が磨滅することで無音化された語末変化を復元すること、そしてより一般的には、いくつかの子音や母音を落とした形態ではなく、完全な形態を使用することが決定された。

とはいえ、このフィンランド語の二度目の作り直しは、日常生活での現実的な使用にはつながらなかった。そのうえ、「スウェーデン語派」と「フィンランド語派」のあいだの激しい議論の後に、ようやく一八八三年にフィンランド語が公用語となってからも、フィンランド語はスウェーデン語との競争にさらされつづけた。そのため十九世紀末に三度目の手直しが生じることになったが、この動きは、書きことばをより大胆に、古い伝承が残る保守的な方言にもとづいた話しことばに近づけようとした文法家の扇動によるものであった。そのとき、「電話」「蓄音機」といった概念を翻訳するために、純粋にフィンランド語的であると同時に、しばしば古風でもある語根によって構成された単語が作りあげられた。このようなナショナリズム的な解決法は、よく愛国的造語者によってとられるものである（本書223ページ参照）。しかし、この三度目の介入によってできた言語は、大都市、とくにヘルシンキでひろまっている使用とはかけ離れている。そうした都市の言語では、国際的な用語が急増しており、英語が強い影響力をもっている。純化主義者たちの目には、こうした事態に対していつの日か四度目の調整が必要であると映っているのだろうか?

### ◉ハンガリー語と言語による救済

ウラル語族のなかのウゴル諸語のなかで、ハンガリー語にもっとも近い言語はオスチャーク語(ハンティ語、一九七〇年代に約二万三〇〇〇人の話者)とヴォグル語(マンシ語、五〇〇〇人程度)で、これらはトムスクからオビ川河口まで、オビ川の中上流、エルティシ川の中上流、そしてウラル山脈の最東部によって区切られる広大な空間に散らばった民族によって話されている。したがってこれらの言語は、〔ウラル山脈の東部にあるため〕先に私が定義したヨーロッパには属していないことになる。ハンガリー語とは異なり、これらの言語は国民国家の言語にはならなかった。ハンガリー人の先祖の騎馬民族は紀元前一五〇〇年ごろにヴォルガの平原を発って、紀元後九世紀までロシア南部のステップ地帯で遊牧生活をおくった。そのとき、四世紀から九世紀までチュヴァシ人やキプチャク人と長いあいだ交流をもった結果、言語にテュルク系の単語が供給されることになった。ハンガリー人は、八九六年にカルパチア地方にたどりつき、十世紀初めには、ローマ人が四世紀末に放棄したかつてのローマ帝国の属州パンノニアに住みついた。

現在、ハンガリー語話者人口は、ハンガリーに住むマジャール人一〇〇〇万人に、ルーマニア(とくにトランシルヴァニア地方)に住む二〇〇万人、スロヴァキアの五〇万人、セルビアに属している国境地帯ヴォイヴォディナの五〇万人、ウクライナの二〇万人、そしてオーストリアのやはり国境地域であるビュルゲンラント地方の八〇〇〇人を加えるべきであろう。ハンガリー語による最初の文書は十二世紀末にさかのぼる。それは、十世紀末から十一世紀初めにかけて、聖イシュトヴァーンという列聖化された名前で歴史にその名をとどめている君主のキリスト教化政策から二〇〇年後のことであった。このキリスト教化にはスラヴ系宣教師が関与していた。そのため、このとき以来、週の名前だけでなく、宗教、地理、生物、農業、工芸などのさまざまな分野でスラヴ系の単語が数多く導入された。

それに対して、三つ目の外部からの影響であるラテン語の影響は、とくに聖書の翻訳によって書きことばに跡を残した。月の名前はこうした数多くの単語のうちのひとつであり、また、-usという接尾辞が頻繁に使われるのもそれにあたる。十七世紀の対抗宗教改革の際に、プロテスタントになっていた人口のうち半分以上がカトリックに戻ったため、ラテン語の影響は宗教的、科学的、政治的、行政的語彙のなかにさらにひろまった。その当時は、立法府、貴族議会、公証人の審理、学者たちの集会などでは、ラテン語だけで発言するか、あるいは、数多くの資料が示すように、ラテン語的な表現や語彙の混じったハンガリー語を用いるのが慣例であったほどである。

四つ目の言語は、中世以来ハンガリー語を包囲してきたドイツ語である。ドイツ語は、一九一八年〔オーストリア=ハンガリー帝国からハンガリー民主共和国が独立した年〕まで、商業用語や軍事用語などさまざまな単語の供給源となってきた（ときにはラテン語風に作り替えられた）。ドイツ人は都市に多く住んでいたが、とくに一五二六年以来、北部と西部はハプスブルク家の支配下にあった。しかも同じ年に、ハンガリーは国民的記憶の痛恨の汚点ともなるモハーチの戦いで敗北し、オスマン帝国のスレイマン大王にドナウ平野とブダを明け渡すことになる。その後、ハンガリー王国の首都は〔スロヴァキアの〕ブラチスラヴァに移るが、ハンガリー語が超民族的なコミュニケーション言語として維持されていたのは、まだハンガリーが勢力を維持していた半独立国トランシルヴァニア公国においてであった。その後、十七世紀末には、オーストリアがオスマン朝を追放して、ハンガリー全土を占領してしまった。

こうして国土が引き裂かれ、やむことのない戦争によって疲弊したが、それが最終的には、十八世紀末に愛国心の高揚を引きおこすことになった。そして愛国心の現われのもっとも重要なものが言語への崇拝であったことは、ことの本質をよく現わしている。ハンガリー語は、その当時、近代詩人アディ・エンドレ〔一八七七―一九一九〕のことばによれば、啓蒙期のヨーロッパの文明語と比べると「あわれなシンデレラ」のようであり、民族的屈辱のシンボルとみなされていた。したがって、国家を復興させるためには、まず言語を改良しなければならなかった。

言語改革が当時大規模な運動という形をとったのは、そのためである。ヘルダーは一七九一年に、ハンガリー語が近いうちに消滅するだろうと予言したが〔Fodor 1983, p.58 参照〕、ヘルダーに反駁するかのように、おびただしい数の新語が作られていった。そのやり方は、直接の借用、ドイツ語からの翻訳借用、ハンガリー語固有の語根への新たな意味の付加、廃れた接尾辞や造語力を失った接尾辞の復活、いくつかの音節を落として二つの単語をひとつにすることなどがあった。この新語造りの波は、勢いあまってかなり極端なものも作りだしてしまったため、新語の大波からの保護を訴える純化主義者たちの反発も引きおこした。しかし、こうした言語の刷新運動は十九世紀半ばまで続き、当時、多くはドイツ語話者であったマジャール貴族層の一部の支持をも獲得した。この運動は、ハプスブルク家に対するハンガリーの反抗の年である一八四八年と、オーストリアとハンガリーのあいだに妥協が成立した一八六七年のあいだに最盛期を迎えた。この時期、ハプスブルク家はさまざまな抑圧を試みて、ドイツ語を公用語として強制したりしたが、サドヴァの戦いでプロイセンに敗れて弱体化したため、オーストリア＝ハンガリー二重王国の創設を承認せざるをえなくなったのである。

この一八六七年はハンガリー語の歴史にとって重要である。ひとつには、ハンガリーでラテン語の支配が終わりを告げたのはこの時であった〔ただし、ハンガリー議会がハンガリーの公用語をラテン語からハンガリー語に切り替えたのは、それ以前の一八四四年である〕。さらに、何よりも重要なのは、この時からハンガリーの立場が今までとはほとんど逆になった、という点である。それまでハンガリー語はドイツ語の支配――それはラテン語の支配よりもはるかに現実的だった――によって抑圧されていた。それはドイツ語がハプスブルク帝国官僚の言語であったためである。しかしこの時、ハンガリー語は多民族国家の公的なコミュニケーション手段となったのである。新たに権力の座についたハンガリーは、クロアチア語、スロヴァキア語、ルーマニア語などのマイノリティの言語とともに、ドイツ系植民者の言語とも折り合いをつけていかなくてはならなかった。こうして、これにつづく時代には、議会において各民族の代表とハンガリー政府との間で数多くの論戦がかわされ、しばしば激しい対立を引きおこした。ハンガリー政府は、少数民族とはすなわちハンガリー市民であるとみなしていたので、言語の保持とその使用を共同体のメンバーに固有の個人の権利としては認めたが、特別な政治的地位や行政措置を付与する資格としては認めなかった。ハンガリーの政治家デアーク・フェレンツ〔「民族の賢者」と呼ばれる、一八〇三―一八七六〕は、この論戦を通じてその名を知られるようになる。ともあれ、このハンガリー議会における論争は、ヨーロッパの言語ナショナリズムのなかでもっとも驚くべき実例のひとつに数えられる。ハンガリー人にとっては、長い抑圧の歴史がはぐくんできた防衛的排外主義という悪魔や、汎ゲルマン主義や汎スラヴ主義といった膨張的イデオロギーの信奉者たちの敵意を追い払うことは困難だったのであろう。その反動として、マジャールの知識階級の一部は、アッティラのフン族などの祖先の英雄との輝かしい軍事的・文化的な系譜の追跡に心が引きつけられ、とくにトゥラン主義という怪しげな教義に熱狂した（かつてテュルク系、ツングース系、モンゴル系、ウラルの諸民族の言語をまとめた全体に「トゥラニア」という名前が付けられていた。それはのちに「ウラル＝アルタイ」語族と呼ばれるようになる）（日本にも一九三一年に「日本ツラン協会」が設立された）。いずれにせよ、ハンガリー語を二重王国の軍隊における指揮言語として使用するべきと主張する者もあらわれるなど、ハンガリー政府の強硬な言語政策は、以下のようなA・メイエによる批判を呼びおこすほどであった（Meillet 1928, p. 208）。

〔…〕ハンガリー語は〔…〕その語彙のなかに、あらゆる種類の外部からの影響の跡をとどめている。借用語に満ちあふれているのだ。〔…〕その一方で、ハンガリー語のほうは、隣接する言語にいかなる持続的な影響もほとんどあたえなかった。〔…〕ハンガリー語は、ヨーロッパで話されているほとんどの言語とは異なる語族に属している。〔…〕ハンガリーの外でハンガリー語を知る者は、だれひとりとしていない。〔…〕ハンガリー国内のマジャール人でない少数民族は、国家語としてハンガリー語が押しつけられることは、ハンガリーの暴虐な圧政と感じていた。実際、これらの少数民族のそれぞれが、マジャール語と同様の、あるいはそれ以上の高貴な資格のある言語をもっていたのだ。

傑出した学者の手になるものとも思えないこの論調には驚かされる。このような意見に対してハンガリー人は、詩人D・コストラーニ〔一八八五―一九三六〕を通して声高に反駁した（Fodor 1983, p. 63参照）。この文章はトリアノン条約〔第一次世界大戦後に敗戦国ハンガリー王国と連合国の間で締結された条約〕の八年後に書かれたものであるが、この条約はまたしても力関係を逆転させた。すなわち、民族原理を厳格に適用することで、ハンガリーはその領土の三分の二、すなわちハンガリー語が多数派の言語ではない地方すべてを失ったのである。クロアチアはセルビアと統合し、トランシルヴァニアはルーマニアに属するようになり、スロヴァキアは下カルパチア地方とともにボヘミアと合体した。それと同時に、ルーマニアやチェコスロヴァキアにおいても、後にユーゴスラヴィアと呼ばれるようになる国でも、マイノリティになったのはハンガリー語話者共同体のほうであった。それと同じように、ハンガリーの残りの地域に住む約五〇万人のドイツ人共同体もまたマイノリティとなった。彼らは第二次世界大戦後の一九四五年に追放されることになる

ハンガリー語話者のマイノリティの状況は、いまでも不安定である。一九八九年十二月にルーマニア共和国大統領N・チャウチェスクが倒された後も、トランシルヴァニアのハンガリー人に対するルーマニアの政策が寛大になることはなかった。この地域のハンガリー人は、たしかに自分たちの出版物や学校を保持してはいるが、多数派の非ハンガリー系住民からの全般的な敵意に直面している。状況

がさらに緊迫したものになるのは、ハンガリー人もルーマニア人も、自国へのトランシルヴァニアの帰属を声高に主張しているからである。ハンガリーの歴史家によれば、先に述べたように、十六世紀から十七世紀にかけて、トランシルヴァニアは、完全にはトルコ人に屈服していなかったハンガリーの権力が保たれていた聖なる避難所であった。ルーマニアの歴史家のほうは、その大多数がダキア・ルーマニアの連続性とラテン的起源を結びつけようとする連続主義理論の信奉者であり、その目から見ればトランシルヴァニアは、二世紀初めにトラヤヌス帝によって征服されたダキアの残りの地域と同様に、ローマ化した人々の居住地でありつづけており、そこからロマンス語であるルーマニア語が生まれたと断言する。彼らによれば、マジャール人の主張は、その後の十世紀における征服を根拠とするものにすぎない。

ルーマニア人にとって、古代からのラテン性は、トランシルヴァニアだけでなく、かつてのワラキア公国とモルダヴィア公国も共有しているものである。この二つの公国が一八五九年に合併することでルーマニアが成立し、その後、ルーマニアは一八七八年にオスマン帝国から完全な独立を果たす。ルーマニア語のラテン語起源そのものが、語彙を再ラテン化しようとする意図的努力よって、絶えず強化された。とくに近代に入ってからは、フランス語の影響がつよい。その結果ルーマニア語は、英語と並んで、ヨーロッパの言語のなかでも同義語のペアが非常に多い言語のひとつになっている。ペアのうちひとつは知的語彙でラテン系言語による修復、もうひとつが日常語彙で、古くからのスラヴ系借用語であることが多い（amic/prieten〔友達〕、secol/veac〔世紀〕など）。こうした強いラテン性意識は政治的に利用され、反ハンガリー感情を増長させている。

## 民族が言語をつくる――言語の基礎となる国家、ことばの分裂、推進、再生

ナショナリズムの要求と言語意識の関係は、逆向きにもなりうる。すなわち、民族が言語〔民族名を冠した個別語〕を生み出す原動力になることもある。しかし、アイデンティティを確立したいという意志だけで、ひとつの言語がゼロから創造されるわけではない。むしろ、長いあいだ影に隠れていたり、ほとんど使用されなくなっていたり、ばらばらの方言によって構成されているようなことばに、文章語としての威厳をあたえる努力が払われるのである。文字言語の長い伝統をもつ古い大陸であるヨーロッパでは、みずからの存在を認知してもらおうと望むあらゆる民族が書きことばを固定しようと試みた。そのために文章語を備えた民族語の数が増大し、文章語が政治的アイデンティティを供給する規範に結びついたのである。そのなかでも、とくに意義深い例をここでいくつか取りあげてみよう。

### ノルウェーの言語的分裂

ノルウェー人は、高い生活レベルを有する勤勉なひとびとであるが、みなの意見が一致するかたちで母語を定義することができないという困った状況にある。この奇妙な不調和は、一風変わった歴史の結果である。九世紀末に統一され、千年紀の末ごろにキリスト教化されたノルウェー王国は、

一三九七年からデンマーク支配のもとで同君連合に併合された（カルマル同盟）。この状態は一八一四年までつづく。つまり、デンマーク領の期間は四一七年におよぶ〔その後はスウェーデン領〕。ノルウェーが独立を達成できたのは、ようやく一九〇五年のことである。ノルウェーでは、あまりにも長期におよぶ合併によってデンマーク語の強い影響を受けたノルウェー語が公用語とされており、都市部ではひろく用いられていた。ノルウェーで話されていた多くのことばはデンマーク語と言語的に近かったため、デンマーク語が容易に浸透しえたのである。そこで独立のシンボルとして、とりわけ重要視されたのが、このデンマーク＝ノルウェー語と区別される国民語の定義であった。

方言のなかのいくつかはすでに消滅していたし、中世に使用されていた古い文化語は、遠くアイスランドの地で部分的に生き残っていただけであった。十九世紀初めに作家や政治家が、デンマーク＝ノルウェー語を引きつぐことができるような、真にノルウェーらしい言語を創造すべきであると主張しはじめたとき、ノルウェー人を分裂させる激しい論争がはじまった。愛国的文献学者のなかでもI・オーセンは、一八五〇年に刊行した『ノルウェー語辞典』において、デンマーク語の影響を強くうけたリクスモール（「国家の言語」）に対抗して、ランスモール（「くにの言語」）なる言語を作りあげる作業にとりかかった。その後、一九二九年から、リクスモールはブークモール（「本の言語」）、ランスモールはニーノシュク（「新しいノルウェー語」）と呼ばれるようになる。「ニーノシュク」は保守的な特徴をもっていた西部方言をもとにしていたため、ほかの地域の方言話者やリクスモールの使用者にとっては異様なものに思えたほどであった。

驚くほど激しい対立の後、この二つの言語変種はついに同等の地位で教育言語として承認され、ともに規範としての地位を得ることになった。その際、二十世紀初めのさまざまな正書法改革が規範の固定化に役立った。両者のあいだの統一的な規範を確立しようとする試みもあったが、失敗に終わった。けれども、言語そのものに直接介入するノルウェー流のやり方は、個別のいくつかの分野において成果を残してはいる。たとえば数字である。若い世代は高年齢層より、スウェーデン語や英語の言い方と同じく「十の位＋一の位」(例：trettifem[30+5])を使用することが多い。これは一九五一年の政府と議会の決定によって、ドイツ語またはデンマーク語式の伝統的な「一の位＋と＋十の位」(fem-og-tredve[5+と+30])から取り替えられたものである。

いずれにせよ、ノルウェーの国民語の問題はいまだに解決されていない。諸政党が有権者の立場をくみとって、公約にこの紛争についての条項を組みこまざるをえなかった一九三〇年代に比べれば、現在、興奮状態はおさまっているとはいえ、ノルウェーはまだ本当の意味での言語規範を手にしていない。E・ハウゲンのことばによれば、ノルウェーは言語的分裂の状態にある(Haugen, 1966, p. 280)。地域的分布から見ると、ニーノシュクはとくに西部と南部で話され、それ以外はブークモールの領域に入る。ブークモールは都市部でも優勢である。

### フリジア語の再征服

ある言語がより勢力の強い言語の圧力によって消滅の危機にさらされても、民族的マイノリティがアイデンティティを要求することで、その言語の地位の向上につながることがある。フリジア語の場合がそれである。フリジア語は、英語と同じく西ゲルマン語群の海洋語群〔アングロ・フリジア語群〕に属し、英語と多くの共通点を持っている。この言語は非常に古い歴史をもっており、紀元一世紀ごろから古代ローマと関係をもっていたヨーロッパの民族の言語である。かつてフリジア語の話者は、彼らの海との戦いを示す治水と干拓の営みをさして、誇り高くこういっていた。《Deus mare, Friso litora fecit》「神が海をつくり、フリジア人が海岸をつくった」と。ところが、フリジア語を話すひとびとは、オランダ（フリースラント州とフローニンゲン州に三五万人）とドイツ（デンマークと国境を接するシュレスヴィヒ＝ホルシュタイン州、ニーダーザクセン州のうちエムス川とヴィルヘルムスハーフェンの間にある地域、さらに北部沿岸をとりまく諸島で話されている大陸部諸方言とはかなり異なる方言も入れて数万人）のあいだに分散してしまい、そのなかでフリジア語は二十世紀初めには衰退していた。

衰退の動きは十七世紀半ばからすでに始まっていた。そのころオランダでは、フリジア語は農村でしか話されていなかったし、オランダ語が行政や法律文書においてフリジア語にとって代わりはじめた。けれども、近代になって、領域をもつ行政体としてオランダ・フリースラントが存在したことは、アイデンティティの覚醒を促した。作家たちは、方言横断的な規範に留意しつつ、この言語にまとまった統一正書法をあたえようとした。こんにち、オランダにはフリジア・アカデミーがあり、新造語を管理している。フリジア語は教育や法律の領域にはまだほとんど導入されていないけれども、一九三七年以降小学校で選択科目として導入され、一九五四年から裁判で随時使用できるようになったことを見ると、その後退を食い止めた自覚的な行動のおかげで、フリジア語はオランダ語の非常に強い圧力に以前よりもよくもちこたえているといえる（Feitsma 1989 参照）。

## コーンウォールの不死鳥

四世紀にサクソン人が拡大すると、ケルノウ語〔コーンウォール語〕はカムリ語〔ウェールズ語〕から切り離され、コーンウォール半島のさらに西に閉じこめられた。こうして、ケルノウ語はケルト系の兄弟言語であるカムリ語から遠ざかるとともに、おなじケルト語派のいとこ言語にあたるブレイス語〔ブルトン語〕からも分離した。十六世紀後半の宗教改革の犠牲になったケルノウ語は、そのころから徐々に衰退していき、一八〇〇年ごろには話しことばとして消滅してしまった。しかし、驚くべき現象がこの言語の歴史に生じた。ケルノウ語は、二十世紀になってよみがえったのである。運動の推進者にしてみれば、ケルノウ語の再生は、コーンウォールの住民とその伝統との結びつきからくる自然な結果と思われた。この結びつきについての反論の余地のない論理は、一九〇一年に創設されたケルトーケルノウ協会の有力なメンバーであったH・ジェンナーがきわめて簡潔に言いあらしている。「なぜコーンウォール人はケルノウ語を学ばなくてはならないのか？　なぜなら彼らはコーンウォール人だからである」（George 1989, p. 360 参照）。再生させようとする言語形態はどの時代のものとすべきかという選択についての議論があることはある。しかし、言語の再生に情熱を傾けるグループのひとびとが、二〇〇年近く前に死んでしまったこのことばを日常生活のなかで使おうとしており、しかもそれに共鳴するひとびとの数がしだいに増えているという事実は、きわめて注目すべきである。なかには、イスラエル国家におけるヘブライ語の再生と比較する者もあるほどである。

## 分岐点

これまで紹介してきた事例については、共通の観察があてはまる。すなわち、ある言語がその話者集団に対して重要な意義を有していることと、言語に反映される文明に大きな影響力があることとのあいだには、一定のつながりがあるのはたしかである。その一方で、ひろく普及する文化の乗り物ではない言語、あるいは、いまはそうでなくなってしまった言語であっても、ナショナリズムの意識がそうしたことばの支えとなることがあるのも事実である。たしかに、ひとびとが言語に傾ける情熱の強さや、国境をこえてそのことばの支持者をひろげようとする精力的な試みがなければ、経済的な勢力だけでは十分な力にはならないのである。

日本語はここでおもしろい例を提供している。他に類を見ないという点で奇妙な証言が、第二次世界大戦直後にかなりの精神的動揺に陥った日本人もいたことを示している。一九四六年四月に小説家の志賀直哉がある論説を発表した。志賀はそこで日本語の「不完全さ」と、そのことによって「文化の進展が阻害され」ることを告発しつつ、国語として、その美しさと文明への貢献度の点からフランス語を採用したらどうかと提案したのである(Griolet 1990, p. 534s. 参照)。現在、日本人は世界各国のなかでかなり高い地位を占めているので、これほどもの悲しい考え方から相当遠ざかっていることだろう。それでも、いつの日か現在の国土を超えて日本語を輸出しようという考えがナショナリストの間にないわけではないとしても、いまのところ日本は、日本語の普及と英語の普及を対立させてはいない。むしろ日本人のおこなう商業活動で英語を使用することで、英語の普及に貢献しているほどだ。

以上見てきたことから、集団を集団たらしめる個性の象徴としての言語の権利要求は、ヨーロッパの専売特許とまではいえないにしろ、ヨーロッパ内の共同体と民族に特徴的な現象のように思われる。また、すでにおわかりと思うが、この要求は原因でもあれば、結果でもあり、場合によってはその両方でもある。つまり、言語は民族の劇的な高揚の所産であると同時に、その原動力でもあるのである。しかしながら、これから見るように、これはいつでもどこでも当てはまる普遍的な関係であるわけではない。

# 第八章　ことばの城塞

## ロシア語、または再統合した帝国

本章では、ヨーロッパのナショナリズムの輪郭を描き出すような、独特の言語的・政治的まとまりをいくつか取り上げる。鋭くそびえたつ要塞であるそれらの言語世界を見れば、説明の目的を十分に果たしたことになるだろう。それはロシア語のことであり、ついでロシア語の周りでさまざまな不満を積もらせた他の諸言語のことである。

ソヴィエト世界は、わたしたちの目の前で解体したばかりである。にもかかわらず、それほど時間のたっていない現時点で、早くも「帝国の再統合」のことを語るのは、おどろくべきことに思われるかもしれない。しかしながら、ロシア語に関しては、その過去によっても、来るべき未来によっても、この言い方になにがしかの根拠があることを示すことができるのである。

## 巨大さの魅惑

ロシア、ウクライナ、ベラルーシ、ザカフカースの社会主義ソヴィエト共和国の各ソヴィエトが大会に結集し、ソヴィエト社会主義共和国連邦の設立に合意したのは、一九二二年十二月のことである。その後、中央アジア、バルト地方、モルダヴィアなど他の地域で建設された新しい共和国が加わることになる。そして、その六九年後の一九九一年十二月八日のミンスク協定において、「ソヴィエト連邦は、国際法上の主体としても、地政学的実体としても、もはや存在しない」と宣言された。とはいえ、現代人特有の近視眼的視野を超えて、ものごとを長期持続の物差しで見るなら、六九年間つづいた時代の終焉は、それほど決定的な出来事とはいえないことがわかる。というのは、数世紀もの長きにわたって、ロシア語が強力な凝集力となって、膨大な数の住民の共通の道具となってきた歴史があるからである。

歴史の現時点から見て、すべてのスラヴ系言語のなかでロシア語は、それがおおう領域の拡がり、表現する文学の威信、結びつけている民族の多様性、その運命の苦悩などの点で、もっとも印象深い言語である。ヨーロッパ地域の北部（アルハンゲリスク地方）や南部（北カフカースのスタブロポリ地方）のような、いくつかの方言的変異を別にすれば、一九八五年の統計によると、一億一三〇〇万人がほぼ同じ言語を話していることになる。これはロシア共和国の住民の八二・六パーセントにあたる。この現象は、ヨーロッパの多くの地域ではことばが非常に激しく分化したことと比べた場合、かなり珍しいこととして強調するに値するが、それはロシア語の東方への拡大が比較的最近であったことと、かなり均質のひとびとが広大な空間を大移動したことで説明できる。それに加えて、南方にはアルタイ山脈の凍った頂しか境界がなく、東方は太平洋にいたるまでの果てしないシベリア平原があるだけなので、ロシア語は、スラヴ系言語のなかで、障害なく領域を拡大しうる唯一の言語である。ほかのすべてのスラヴ語派の言語、たとえば、ロシア語と同系統である東スラヴ語（ウクライナ語、ベラルーシ語）、西スラヴ語（ポーランド語、チェコ語、スロヴァキア語）、南スラヴ語（ブルガリア語、マケドニア語、スロヴェニア語、セルボ＝クロアチア語）のどれをとっても、行く手ははばまれている。

十三世紀にモスクワ公国が最初に成立したときから、強大な拡張力をもっていたこの言語は、ドイツ人からモンゴル人にいたるさまざまな侵略者から領土を奪回することで始まった領土統合政策の支えとなってきた。それと同時に、ロシア人たちは、ますます多くの言語と接触するようになった。第六章で見たように、かぎりなく多様な言語の魅力的な貯蔵庫であるカフカース地方を十九世紀に占領する以前から、ロシアはインド＝ヨーロッパ語族からツングース語族まで、少なくとも六つの語族に属する八〇以上のことばを内にふくんでいた。まさにロシアは広大なバベルであった。

キリスト教宣教師たちの多くは、伝道目的のために、少数言語を奨励する傾向があったが、ツァーリたちはこうした宣教師の活動に反対はしなかった。ロシアの領土となった土地のはかりしれない言語的豊かさに対して、いくらかの関心を示した君主もいる。たとえば、ベルリンの博物学者であったP・S・パラスによる『欽定全世界言語比較辞典』（*Linguarum totius orbis vocabularia comparativa*, 1786–1789）は、エカテリーナ二世から依頼されて作成されたものであった。諸言語に強い興味を持ち、その多様性に対しても注意を払っていたエカテリーナ二世は、自分で言語目録を作成しようとしたほどだが、それを完成する時間の余裕がなかった。そこで、みずからの巨大な帝国のできる限り多くのことばを調査する作業をパラスに命じたのであった。その一方、エカテリーナ二世は、ロシアの大都市に近い地域では、少数民族の文化に好意的な政策を採用した。たとえば、それまでムスリム諸民族をキリスト教に改宗させようとする企ては強い拒絶にあってきたが、エカテリーナ二世はその政策を中止して、クルアーン学校の創設を奨励した。そして、シンフェロポリのようなタタール人の都市やウファのようなバシキール人の都市でのイスラーム法学者の特権を強め、一七八八年にはウファをロシアのムスリムの精神的中心とした〔ウファ・ムスリム宗務局の設置〕。さらにエカテリーナ二世は、サンクトペテルブルク帝国科学アカデミーにおいて、東方研究を奨励した。

## ボルシェヴィキと諸言語の育成

しかしながら、こうした活動は散発的なものにとどまり、ツァーリの体制においては、ロシア帝国内の民族言語の使用を発展させるための真の文化政策、とりわけ教育政策はなかったといえる。それに対して、社会主義革命の到来は、専制時代に進められた民族文化の隷属化から解放をもたらすものとして革命勢力から描かれたこともあって、華々しく幕をあけた。少数民族とその言語に対する関心がいかに強かったかは、辞書や記述文法の教科書の数が著しく増えたことに現われている。その対象は、ウラル地方やヴォルガ地方からカフカース地方まで、ユーラシアのステップからモンゴル高原まで、カムチャツカからテュルク系民族の住む地域までといった具合に、あらゆる地方をおおっていた。民族の定義における言語の重要性は、この時代からソヴィエトの専門家のなかでたびたびくりかえされるテーマとなった（Carrère d'Encausse 1978, p. 291 参照）。

おそらくボルシェヴィズムは、民族とは時代遅れで反動的な概念であるとするマルクス主義思想にはぐくまれたため、みずから進んでというより必要に迫られて、この議論に向き合ったのだろう。一九一七年以前、ロシアの少数民族、とくにテュルク系に属する民族は、学校教育に対する要求というかたちで、民族的主張をつきつけていた（Imart 1983 参照）。さらに、少数民族が、その見返りを期待しなかったといえば嘘になるだろうが、内戦の間、赤軍に貴重な支援を提供していたことから、ボルシェヴィキ側も少数民族に対してなんらかの譲歩をせざるをえなかった。しかしとくに重要だったのは、かぎりなく多様な言語を育成する政策は、イデオロギーをできるかぎりひろく効果的に普及するための確実なやり方を模索していた当時の関心に応えるものだったということである。これはちょうど、かつて宗教改革の推進者が西欧の諸言語に対しておこなったことと同様であった。

最終的に、多数の民族語が承認され、その言語の使用者に対して個別の行政単位が付与されたが、民族が細分化されたために、より大きなまとまりを作ろうとする熱意は抑えられた。たとえば、ソ連のテュルク系民族の言語どうしは、たがいに系統的に近いのだが、そこにただひとつの書きことばを成立させる代わりに、異言語と認定された言語をもとに五つの共和国を創設した。そのうちの四つは中央アジアにあり（カザフスタン、キルギスタン、ウズベキスタン、トルクメニスタン――ここにタジキスタンは含まれない。タジク語はペルシア語と近い関係にあり、インド＝ヨーロッパ語族に属するからである）、もう一つはカフカースにある（アゼルバイジャン）。さらに、ロシア連邦のなかには四つの自治共和国が設置され、そのうちの一つがシベリアにあり（ヤクート自治共和国）、そしてヨーロッパ側のロシアに三つあった。この三つについては後述する。こうした民族の細分化が支配をより容易にしようとする意図に応えるものだったのかどうかはさておくとして、ひとつの事実は残る。すなわち、民族を定める基準として言語に重きが置かれたこと、そしてほぼ言語にもとづいて政治的分割がなされたこと、これらは独特の政策をつくる要素であり、中国には似たところがあるが、ヨーロッパの他の多民族国家には同一のものはほとんど見あたらない。たとえば、少数言語の使用を強化するために、どんなに小さな民族であっても、柔軟で密度の高い学校組織が作られたのである。

## ロシア語の支配

しかしながら、すでに一九二〇年代末から、この政策の帰結のひとつが二言語併用の普及であり、つづいて、官製用語では「共通語」とも「族際語」とも「第二母語」とも呼ばれることば、すなわちロシア語の推進であることが明らかになる。一九三〇年代初めから、学校教育はしだいに少数民族の言語に対して消極的になり、ロシア語教育が強く推進されるようになった。さまざまなコミュニケーション手段、長期の兵役、ラジオ、テレビなどがロシア語の勢力拡大に拍車をかけ、統一化への努力を後押しした。たとえば、ソ連のすべての民族語の語彙のなかに、ソ連という世界での生活のさまざまな側面に結びついたロシア語の専門用語からの借用を増大させた。たしかに、表と裏の二重の意味がある官製言語では、ことばの意味がねじ曲げられ、解読のカギが必要になった。けれども、厳格なイデオロギーの枠組のなかで「名を正す」行為を重んじる姿勢はロシアの古い伝統であり、おそらくその起源はビザンチンにある（Imart 1983, p.231 参照）。こうした姿勢は、これまた多民族帝国であり、巨大で古い隣人である中国の儒教思想に基づく伝統〔孔子の「正名」思想〕と奇妙に通いあうところがある（Hagège 1995, p. 35 参照）。

このようにして、ソ連においては、出発当初の第三世界主義的ともいえる意志が影をひそめ、その後はジャコバン主義〔国家的単一言語主義〕の方向が取られることになった。ロシア語推進政策は、連邦を構成するもっとも大きな共和国であるウクライナ、ベラルーシ、カザフスタン、さらにはバルト諸国やモルダヴィアの住民にも向けられた。あらゆる地域でバイリンガルの国民の数は増大した。地元に密着する仕事であれば話は別だが、それ以外の仕事で出世しようとしたり、社会的に成功を勝ちえようとしたりするなら、ロシア語の知識が前提条件になるように思われた。ただし、たとえ公平無私な姿勢で少数言語を守ることは権力にとって主要な関心事ではなかったとしても、ソヴィエト連邦の言語政策はあらゆる少数言語を根絶するつもりはなかったことはいっておかねばならない。産業のさまざまな職種に結びついた社会的地位の向上もまた、科学的・経済的進歩の言語であるロシア語の使用をともなっていた。たとえ部分的であれロシア化の必要性が強化されたことは、強硬な民族主義者たちの反発を招いたが、各地ではそれほど許しがたい方針としては受けとめられていなかった。それでも、一九五八年に公布された有名な教育改革――その条文によると、子の教育言語の選択は親に任されている――の帰結が示しているように、公的二言語主義はロシア語にしか利益をもたらさなかった。

こうしてみると、ソ連の政策は、見かけはともあれ、ツァーリの政策に似ているともいえる。ロシア帝国はたしかに諸民族の反乱を引きおこしたが、反乱の中味もやり方も限定的なものだった。しかし、一八四八年のナショナリズムの激動が、十九世紀後半になってバルト人、ウクライナ人、アルメニア人、グルジア人にまで到達したときに、諸民族の反乱はより確固たるものになったのであった。この波がテュルク系、ウラル系、カフカース系などの分散した諸民族にまで届くのはしばらくたってからであった。これらの民族は、かつての独立国としての思い出によってはぐくまれた古い民族とは異なり、ロシアの領域にしっかりと組みこまれていた。

アルファベットについてのエピソードはこの力関係をよく示している。何十もの言語は文字に記されたことがまったくなかったので、それらの言語を書き記すには、どの文字体系を採用すべきかという問題がもちあがった。それほど時間がたたないうちに、ラテン文字が推奨された。こうして、一九二六年にバクーで開かれたテュルク学会議において、アゼルバイジャン人はラテン文字採用を決定し、E・D・ポリヴァーノフのような優れた言語学者がそれを支持した。最初の段階では、ソ連政府は、当局の管理の外で生まれたこうした動きをあまり評価していなかったとしても、あからさまに反対したりはしなかった。その理由は、いかにささいなことに見えようとも、明白である。つまり、ラテン文字はすべての音を書き写すということである。たとえば母音は、その宗教的伝統からテュルク系民族が使用していたアラビア文字では、ふつうは書きあらわさない。テュルク系言語どうしが系統的に近いのは事実であるが、母音体系にいくらか違いがあることは、まさにそれらのことばを区別する特徴であった。ラテン文字を通じてこの変異を際だたせることは、すべてのテュルク系民族の連合というイデオロギーを失敗させる手段のひとつだったのである。一九二〇年にバクーで開かれた東方民族大会（Imart 1983, p. 224 参照）は、早くもこの不穏な雰囲気を反映していた。その後しばらくすると、ソ連国内の文字をもたないすべての言語にアルファベット文字をひろめることが望まれたことには変わりがないが、ブルジョワ的で退廃的な文字という烙印が押されたラテン文字にかえて、キリル文字を採用すべきであるとされた。公式のイデオロギーによれば、いわゆる「日の浅い文字」の言語は、このキリル文字によってのみ、真の尊厳を備えることができる。というのは、キリル文字こそ、社会主義社会の言語であるロシア語を書き記す文字であるからだ。

これはあまりにひとりよがりの屁理屈のように見えるかもしれないが、ここでもこの強制的な選択はなにからなにまで有害なものではなかったことに注意しておく必要がある。細かく区分けされた広大な国で同一の文字がひろまることは、マイノリティが単一の文明に参加することを可能にした。マイノリティは、現代世界への参入とアイデンティティの保持との間の、困難ではあるが実行可能な妥協の道を見出すことさえできれば、単一文明のなかでみずからの役割を果たすことができたのである。他方で、キリル文字の一般化は、深くかつ魅力的な多様性をもつソ連という全体を構成する民族どうしのコミュニケーションを容易にしたり、同じ文字記号をまとわせることによって、ある民族から別の民族へと単語の移動を確実にするという利点があった。しかし、この政策が方向転換したことは、一九三〇年代半ばに次第に明らかになってくる。〔スターリン主義という〕巨大な抑圧機械が定着しはじめると、その残酷な牙は、ポリヴァーノフをはじめとして、数え切れないひとびとをかみ砕いていくのである。

ロシア帝国のなかのスラヴ民族は、政治的にも言語的にもロシア人と緊密な関係をもっているがゆえに特別な状況にあった。紀元五世紀ごろ、現在のスラヴ民族は、北はプリピャチ湿地、南と西はカルパチア山脈、東はドニエプル川中流によって区切られた土地に住んでいた。アヴァール族やフン族の圧力のもとで、スラヴ民族は六世紀ごろから、さまざまな方向へ移動しはじめ、いまでもスラヴ民族の地になっている場所に定住するようになった。たとえば、九世紀後半に最初のスラヴ国家を設立した「キエフ・ルーシ」（キエフ公国）の住民は、いまでもその場にとどまっている。

九世紀末に、ヴァリャーグ（ヴァイキング）の血をひく君主たちによって組織されたと思われるこの国は、ロシア人、ウクライナ人、ベラルーシ人の三つの東スラヴ民族をまとめた国家であった。キエフ・ルーシの文書を記した言語である古ルーシ語は、ロシア語（または大ロシア語）、ウクライナ語、ベラルーシ語の共通の祖先であり、したがってロシアの文学の最古の記録は、この三つの言語に共通して属しているのである。

一二四〇年に、モンゴル人によってキエフが破壊されたとき、急成長をとげたある町がノヴゴロド、すなわち「新しい町」と名づけられたのは、灰塵に帰しはしたが、政治的中心だったキエフに対してのことである。しかしそれとは別の公国は、キプチャク・ハン国（ジョチ・ウルス）の支配下に置かれていた。それがモスクワ公国である。南のステップの支配者であったハンに対する貢納が義務づけられていたとしても、モスクワ公国の力は拡大しつづけた。

十四世紀から、ウクライナの地は、ベラルーシの西部とともに、リトアニア人によって占領された。そこでの公用語は古ベラルーシ語の一形態であるが、このことば自体は、アジアの征服者の支配下に置き去りにされていた、ロシアのスラヴ地域東部を故郷としている。そして、リトアニアとポーランドが連合したことによって、ウクライナ語とベラルーシ語は、数世紀にわたってポーランド語の勢力下に置かれた。ポーランドは、この二つの言語の文章語としての使用に敵対し、貴族層をカトリック教会に統合しようとした一方で、話しことばの形態だけを農村で生きのびさせた。その結果、ウクライナ語が語彙を教会スラヴ語からより多く借用するなど、ロシア語に対して固有の特徴を示すようになったときも、明確に確立された文章語の規範は存在していなかった。

ウクライナとロシアの関係は緊密でありつづけた。そのことは、二つの出来事が驚くべきやり方で証言している。そのひとつは政治的なものであり、もうひとつは言語的なものである。

一六五四年に、ウクライナ史の英雄であるコサックの首長、B・フメリニツキーは、ポーランドの支配に対して反乱を起こした際、モスクワのロシア皇帝アレクセイにウクライナの保護を求めたのである。その後の首長たちは、ポーランド人やトルコ人に対してと同様に、ロシア人に対してもウクライナの独立を保とうと努めたもかかわらず、この有名な出来事はいまでもひとびとの記憶に刻まれており、ロシアとウクライナの二つの共和国の間の領土や権限の分配が議論される際には、民族感情どうしの激しい衝突が見られる。

言語学的証言は数多くの専門家、とくにスラヴ学の創始者であるJ・ドブロフスキーのものである。先にチェコ語史で彼が果たした役割について言及したが、ドブロフスキーは、死ぬまでウクライナ語をロシア語の方言としてしか見なさなかった。実際には、ウクライナ語とベラルーシ語は、たしかに系統的に近い関係にあるにはちがいないが、ロシア語とは独立の言語であるとみなすべきである

（ロシア語との相違点として、ウクライナ語は閉鎖の強い e音をもつ、非強勢の oを aと発音しない、不定詞の語末は -ti となる、男性名詞と女性名詞では単数呼格を保持する、などがあげられる。また、ウクライナ語はベラルーシ語と同様に、ロシア語では母音の前の語頭で g- になるところで、h- となる。ベラルーシ語についていえば、ほかのスラヴ系言語では湿音の d、t、(y)é になるところで、ベラルーシ語だけは dz、ts、ya［あるいは a］と発音する。また、-ov のかわりに -ow をもち［ただしスロヴァキア語で -ov はたいてい -ow と発音される］、中性名詞複数形の語末が -a のかわりに -i となる唯一のスラヴ語でもある）。

しかしウクライナ語をロシア語の方言とみなす公式の教義は、長いあいだ君臨しつづけた。たとえば、一八九六年のロシア大百科事典は、あいかわらずウクライナ語を「小ロシア語」と呼んでいる。ただし、十九世紀までは、聖書の翻訳、風刺喜劇、古い裁判記録など以外には、ウクライナ語での有力な文学作品は存在しなかったことに注意しなくてはならない。十九世紀になって、P・クリシ〔一八一九―一九七〕やとりわけT・シェフチェンコ〔一八一四―一八六一〕のような民族主義的詩人が現われてからは、多数の作家がウクライナ語による重要な作品を作りだしていく。しかし、ウクライナ語の発展は、ロシアの支配者から見れば、民族自治のための政治的計画のように見えた。こうして一八六三年にウクライナ語は皇帝勅命によって教育から追放された。また、さらなる勅令によってウクライナ式の正書法によるあらゆる出版が禁止され、ロシア式の正書法しか認められなくなった。このような方策があったため、知識人の一部はオーストリアのガリツィア地方に亡命した。もともとガリツィアの農村地帯では、ウクライナ語が話されていた一方で、都市部ではおもにポーランド語が話されていた。リヴォフ〔リヴィウ〕もそのような町の一つだったが、ふたたびウクライナ文化の中心となり、その結果、ウクライナ語の西部変種が発展することになった。ルテニアといわれるウクライナの下カルパチア地方でも話されているこの変種は、「大ロシア語」からもっとも離れているため、モスクワの影響を阻止しようとするオーストリア政府からの支持も得ていた。

一九〇五年の革命によって、これらの敵対的な方策は廃止された。しかし、ウクライナ語とベラルーシ語を、〔ソ連を構成する〕それぞれの社会主義共和国の民族的アイデンティティを定義する基礎として完全に承認したのは、ソヴィエト政権であった。このふたつの共和国は、行政的文化的独立を付与されていた。この独立は熱狂的な民族主義者の目から見ればけっして十分ではなかったが、この二つの民族が、その歴史のなかでこれほどの独立を獲得したことはなかった。はるか昔のリトアニア大公国の時代でさえ、その公用語は住民が使っていたことば、すなわちウクライナ語ではなかったのである。

ウクライナとベラルーシの科学アカデミーは、それぞれの言語のために使用規範と正書法を確立した。それぞれの民族の一部がいくつかの隣接する国に分散していたので、それは望ましいことだった。ソヴィエト連邦を崩壊させた民族主義の嵐のなかで、ベラルーシは他と比べれば穏健さを示した。一九七八年四月に、当時のベラルーシソヴィエト社会主義共和国が制定した最後の憲法では、ロシア語とベラルーシ語が公用語としての同等の機能をもつことが暗に示されており、その前文では、ベラルーシ民族を国家として作りあげた闘争のなかで、ロシアの労働者階級が果たした役割が言及されている。

それに対して、住民人口としてはロシアにつぐ二番目のスラヴ系の国であり、おそらくヨーロッパのなかでもっとも民族意識の強い土地のひとつであるウクライナは、非スラヴ系の共和国にまさるともおとらない熱意をもって、ソヴィエト体制を崩壊に追いやろうとした。ツァーリ体制とは異なり、ソ連はまずやるべきことから、つまり言語の発展を手助けすることからはじまって、ウクライナの文化を復興させたにもかかわらず、である。さらにまた、一九四五年にソ連は、ポーランドから取り返した歴史的領土――そこでは長いあいだウクライナ語とベラルーシ語が話されていた――をウクライナとベラルーシに返還した。そしてソ連はリトアニアとリトアニア語に対しても同様の政策を実行した。ところが現在、この三つの共和国が独立すると、歴史から来るさまざまな問題があるにもかかわらず、ポーランドとの接触を増大させている。それはあたかも、モスクワに対して、ある種の防衛協定を結ぼうとしているかのようである。

ソ連内のほかの言語と同様に、ここでも三〇年代に転期が訪れたことは確かである。ソ連当局がいかなる自由な試みをもいっさい許容しなくなりはじめるのは、このころであった。一九三三年にスターリンは、ベラルーシの何人かの言語学者たちを投獄するか、さもなければ国外追放した。それは彼らが確立しようとしたベラルーシ語の規範が、モスクワの目から見れば、ロシア語からあまりにへだたっているとともに、ポーランドやリトアニアのベラルーシ人のあいだで使われる国外の変種にあまりに近すぎたからである。これと同じ時期には、彼らをブルジョワ民族主義者として名指しして告発する政令も出された。この政令によって命じられた改革のうちのなかには、ミンスクの知識人の提案を受け入れたものもあるが、ロシア語からベラルーシ語を区別する形態と表記法を取り除くためにすぎないものもある（Dingley 1989, pp. 153–156 参照）。

ロシア語からの防衛――言語法

この政策に対抗しようとして、さまざまな共和国のなかで、数多くの知識人がつぎつぎと立ちあがった。一九八〇年代半ば、ゴルバチョフ大統領が開始したペレストロイカは、自発的行動の隆盛や表現の自由をもたらしたが、この新しい状況のなかで、本書の関心から見てもっとも興味深い例は、一九八八年から一九九〇年のあいだに多くのソ連の共和国によって一連の言語法が採択されたことであった。ソ連はすでに数多くの分裂によって疲弊し、崩壊の前夜ではあったが、その当時はまだ法的には〔構成共和国から成る〕連邦国家であった（Maurais 1991 参照、後述の資料もこの文献による）。

これらの言語法を検討すると、政治体の定義において言語にわりあてられた重要性があざやかに浮かび上がってくる。憲法の本文に加えられた条項のなかで、ここではヨーロッパ地域の共和国に関するものを取り上げたい。それ以外の共和国についても、それほどかわりはないからである。また、すでに七〇年代末に同じような方策をとっていたカフカースの諸共和国については、ここでは触れないことにする。

最初の問題は共通語についてである。最近の条文では、共通語のことを、以前よりもっとはっきりと「民族間交流語」と呼んでいる。この表現は、具体的にはロシア語を指している。モスクワとの交流や共和国間の交流でロシア語がその役を果たすのは、当然のこととみなされている。ただし、共和国間の交流については、採択されたさまざまな法律によって、ロシア語に加えて二国間で容認した他の言語を使用することが許可されている。

それに対して、共和国内の「民族間交流語」は、定義するのがより困難である。ウクライナなどの共和国が、ロシア語や「その他の言語」を民族間交流語に定めているのは、それは民族間交流語の選択が共和国内での諸民族の分布によって左右されるからである。カザフスタンは、ヨーロッパの外ではあるが、興味深い例を示している。カザフスタンでは、カザフ人よりもロシア人の数が多いため、当然のように「民族間交流語」としてロシア語が選択された〔カザフ語は「国家語」として規定された〕。一方、モルダヴィアでは、ロシア語しか話さない労働者のストライキが勃発し、ゴルバチョフの個人的な介入によって妥協に達した後に、ようやくモルダヴィア語に加えてロシア語を民族間交流語の地位につけることになった。

二つ目の問題は教育言語についてである。諸共和国の法律は、一九五八年の改革によって制定された言語選択の自由をそのまま維持することを決定している。一九五八年の改革は、明らかにロシア語に有利なものではあるが、現地の言語が教育で用いられない場所では、その言語の習得を義務化していた。しかし、この点については、ウクライナとベラルーシの法律は、とくに短期滞在の生徒に対しての免除を認めている。エストニアとモルダヴィアでは、民族構成上必要である場合に、バイリンガルの学校を設立することを認めている。

第三に、採択された言語法は、中央政府の管轄機関にも適用されることを想定しているが、軍隊、鉄道、国境防衛隊を対象から除外している共和国もある。他方で、すべての共和国が市民に対して自分の言語でサービスを受ける権利を保障している。ラトヴィアの言語法では、わからない言語が使われたことで市民に損害が生じた場合の補償についてさえ規定している。このような法律は、ラトヴィアの八〇年代末の事情から作られたものであった。ラトヴィア人はラトヴィアの人口の五二パーセントしか占めず、そのうち六八パーセントはバイリンガルである一方で、四五パーセントを占めるロシア系住民のうち、バイリンガルは二一パーセントにすぎなかった。

最後に、これらの法律のなかには、書記法の問題に取りくんでいるものもある。なかでもモルダヴィアの法律は、一九四一年のキリル文字を強制した法律を撤廃することを求めている。キリル文字は、モルダヴィアの多くの知識人にとって抑圧の象徴とみなされていた。この法律に付加された施行令では、一九九五年にラテン文字を完全に復活させるまでのいくつかの段階を定め、新しい出版物やタイプライターの製作を求めている。ムスリムの多いテュルク系の共和国では、アラビア文字を復興させることは要求しなかったが、宗教的文書を記すためにアラビア文字を使用することは認めている。ここでは、一九二八年のケマル・アタテュルクによる目を見張るような改革に比べると、保守的な方向への転換が見られる。その当時、トルコではローマ字が強制されたが、それは母音をよりうまく書き写すことができるからというより、伝統的にアラビア文字で書かれていたアラビア語とペルシア語起源の数多くの単語を追い払うことができるからであった。青年トルコ党の目には、これらの単語は古くさいイデオロギーの媒体と映っており、国家の近代化にともなって廃棄されるべきであった。日常的な使用にかんしていえば、アゼルバイジャンや中央アジアのムスリムの多い共和国で採択された法律は、まだキリル文字を疑問視するまでにはいたっていない。

ソヴィエトの中央権力が当時いかに弱体化していたにせよ、一九九〇年四月に施行令をともなった決定を下して――すべての法律に施行令が追加されたわけではないが――、各共和国の言語法に枠をはめようとしたのは、注目すべきである。それは、ロシア系住民の権利保護と連邦内でのロシア語の地位の維持を通じてであった。「民族間交流語」という地位にあるものとしてロシア語は不可欠なものとみなされ、それ以外の言語で教育がおこなわれている学校では、ロシア語は必修科目となると言明されている。さらに、ソヴィエト中央部によってとられた措置では、ロシア語は現地語とともに、連邦共和国に置かれてはいるが中央当局が管轄する企業・組織・施設の運営に用いられる言語とされた。そして、政令の条文は中央政府の言語に関する権限を列挙しているが、それは各共和国の法律に対する反駁となっている。なぜなら、各共和国が奨励していることは、中央政府の権限に対する侵害にほかならないからである。もしソ連邦が生きながらえていたとしたら、これらの法律は、中央政府と地方政府の間に数々の裁判闘争を呼びおこしたことだろう。

これらの言語法ははっきりとした精神状況を映し出している。もし今後これらの法律が他の法律によって取り換えられることがおこるとしても、その結果は、少なくとも短期的には、ロシア語への大きな歩み寄りにはならないだろう。これらの共和国による民族語を守るための法的努力は、明らかにソ連共産党の巧妙な戦略への反撃である。共産党は、当初はすべての人に利するはずの試みを、ロシア語だけに有利になるように方向転換し、そうすることで、誇るにたる固有の民族語をもっているとみなされた民族さえ、ロシア語推進に向かうように仕向けたのである。

こうして、民族語の地位上昇という言語外的な取りくみにくわえて、脱ロシア語化という言語内的な作業がおこなわれるようになった。七〇年代には、連邦内で話者数がもっとも多い言語やもっとも古くから書かれていた言語、とくに西部の共和国で、大量に浸透していたロシア語の単語を次第に土着の単語に置き換えていく作業が始まった。

## ロシア語の必要性

ロシア語普及という点では、共産党政権はツァーリの政策をただ延長しただけである。すでに十九世紀には、ツァーリの政策に対して、言語外的なものと言語内的なものによる二重の防衛策がはじまっていた。けれども、こうした試みも、ロシア語が共通の道具のままでありつづける状況を変えることはできなかった。ウクライナでもっとも有名な作家であるN・ゴーゴリは、ポルタヴァ近郊の生まれだが、文学表現の言語としてロシア語を選択した。V・ネクラーソフ〔一九一一―一九八七、ウクライナ生まれの小説家、フランスに亡命〕は、一九七七年にこう書いている。「なぜウクライナではウクライナ語の本が見つけられないといわれるのか。〔…〕いやちがう、ことはもっと深刻なのだ！　あらゆる店にはウクライナ語の本があふれている。しかし、それをだれが買うというのか？　だれが読むというのか？　ウクライナのあらゆる作家の夢はキエフで出版することではなく、モスクワで、ロシア語で出版することなのだ。」（Imart, 1983, p. 234から引用）

たしかに、C・ルスタヴェリ〔十二・十三世紀のグルジアの詩人〕のグルジア語詩の礎となる作品『虎皮の騎士』が書かれたのは、ロシア語そのもの（キエフ・ルーシ語とは異なる）の最初の文章語の記録のはるか以前である十二世紀末であった。しかし、二十世紀におけるロシアの文化的政治的影響力はきわめて大きなものになっていたので、やはりグルジア人であるスターリンは、巨大で恐るべき権力の命令をロシア語で声高に発したのである。よそものが強力なロシア・ナショナリストになることは初めてではない。

たとえば十八世紀、スターリンに先だって、名望あるドイツ貴族の娘、すなわちエカテリーナ二世は、彼女の母語〔ドイツ語〕よりも堪能になるほどロシア語を習得することに余念がなかった。

一九一八年に書かれたメイエの文章を、現状に照らしあわせつつ再読してみると、いろいろと興味深い。というのも、メイエはウクライナ人がロシア語をそのまま採用しなかったことを残念がっているからである。「白ロシア人〔ベラルーシ人〕は文学語として大ロシア語を使用している。小ロシア人〔ウクライナ人〕は共通語として大ロシア語を使用することでいかなる損害も被ることはない。〔…〕その差は細かい点でしかないからである」(Meillet 1918, pp. 257 et 261)。メイエはまたスラヴ系民族の言語的分裂を嘆いており、ロシア語が諸民族を結びつけるための連合言語となることを推奨している。メイエはこういっている。

民族間の連帯を実現することも、自分たちのなかに指導的立場の民族を見出すこともできなかったため、スラヴ語を話す諸民族は、人口がいかに巨大で、いまだに大きな言語的統合があったとしても、そうした事情をうまく活用できていない。この不手際はいまとなっては修復するのはむずかしい。より緊密に結びつく代わりに、スラヴ民族のまとまりは、十九世紀が進むにしたがってますます風化してしまった。〔…〕その話者数の多さ、文学の独創性、この言語による著作の重要性などから、ロシア文章語は世界で重要な位置を占めはじめていた。ロシア語は学習され、ヨーロッパの主要言語のひとつとなった。ここから身を引き離すことで、小ロシア語の話し手は、彼ら自身の側から見れば、この進歩の恩恵を失うだろう。そして、大ロシア語にとってみれば、彼らのせいで大ロシア語の進歩の歩みが〔…〕遅らされてしまうことになる。したがって損害は二重であり、どのスラヴ人にとってもなんの利益にもならない。〔…〕スラヴ諸言語の未来にとって、共通語の統一をどうするかという問題は深刻である。〔…〕ロシア語だけが、ドイツ語の勢力に拮抗しうるだけの威容を誇ることができる。〔…〕ロシアの現在の破綻状態は、ロシア語の未来を完全に絶望視させるまでには至っていない。(ibid., pp. 257–259, pp. 316–317)

まるでたったいま書かれた文章を読んでいるかのようである。ただし、ここで問題になっている「破綻」とは、ソヴィエト連邦の崩壊ではなく、それと似ていなくもないもうひとつの破綻、すなわちツァーリの帝国のそれである。メイエはウクライナ人——メイエは昔ながらにウクライナ語を「小ロシア語」と呼んでいる——がロシアから分離することを勧めなかったが、しかしその分離のおかげで、メイエがこの本を出版した年〔一九一八年〕の初めに、ウクライナはブレスト＝リトフスク〔現在のベラルーシのブレスト〕において、単独でドイツとの講和条約を結ぶことができたし、また、政権を握ったウクライナ中央議会〔ラーダ〕は、ウクライナ語を支援するための施策をとることができた。ところで、メイエがチャンスを逸したことを嘆いた全スラヴ民族統一の事業は、六世紀以降のその歴史上はじめて、暫時のあいだではあるが、共産主義体制において実現したともいえる。ただし、そこにはさらに四つの非スラヴ系民族が取り込まれていた。ラテン系のルーマニア人、ゲルマン系のドイツ人の一部、ウラル系のハンガリー人、そしてアルバニア人である。しかしこの統一は自由な決定から生まれたのではない。それはソヴィエト権力による強制の結果であり、ソヴィエトの言語教育はその流れのなかでおこなわれたということにすぎない。

しかしながら、もしソヴィエト連邦がなんらかの民主主義体制に向けて歩みつづけることができていたとしたら、そしてその歩みは、共産主義は改革不可能だと考える人たちが告発するような絵空事ではなかったとしたら、もしかすると全体の効率性と民族間の均衡力を両立させるにいたっていたかもしれなかった。この二つの方向は、ソ連邦を構成する諸民族の文化的・言語的な自立、さらには部分的には政治的自立の尊重とともに、多民族帝国に課せられた使命である。その場合、歴史はまったく違う道筋をたどっていただろう。こんにちの分裂は、一九一八年にハプスブルク帝国の崩壊を前にして、A・フランス〔フランスの作家、一八四四―一九二四〕、G・パピーニ〔イタリアの作家、一八八一―一九五六〕や偉大な経済学者J・M・ケインズ（この事実を教えてくださったB・フラノリッチ氏に感謝したい）が感じたのと同じような不安感をいだかせる性質のものである。彼らは、ハプスブルク帝国の廃墟から出現した小さな諸国家にくらべて、より堅固でありより安定したオーストリア゠ハンガリー帝国の枠組を維持するべきとの立場にたっていた。これらの小国家の出現は、こんにちソヴィエト世界の瓦礫の上に現われた諸国家の状況に類似している。

一九三九年以前に、文化語としてのロシア語教育の伝統を有している国もあった。たとえばブルガリアでは、オスマン帝国の支配からのブルガリアの独立闘争をツァーリの軍隊が支持して以来、ロシア語が教えられていた。その後ひきつづきロシア語優遇措置が取られたが、だからといって、ブルガリア語がはるか昔の九世紀末から十世紀にかけての非常に輝かしい時代に獲得していた文章語としての地位を、その後すぐに再発見する妨げにはならなかった。他のスラヴ諸国では、共産主義の拡大によってロシア語はツァーリ時代よりも広い領域に拡大した。その上、ソ連における科学技術の発展によって、ロシア語は政治世界における地位に加えて、学術分野での重要性ももつことになった。

しかしながら、共産主義が敗れ去り独立が回復された現在、これらの国々の大半がロシア語から大急ぎで遠ざかろうとしているかに見える。ロシア語教育は各地で衰退し、そのかわりにアメリカ英語に切り換えられている。なぜなら、アメリカ英語は、アメリカ経済の困難、移民の大幅な減少、土着文化に対する同化の圧力があるにもかかわらず、選ばれし言語としての古くからの特徴を維持しており、同時に、それが話されている国は、「抑圧からの解放」とまではいわずとも、「自由」のシンボルであったからである。反対に、ロシア語は中東欧諸国において、いまでもなお共産党政権下あるいはそれに先立つ体制のもとで押しつけられた言語というイメージを払拭できていない。このため、ロシア語の壮麗な美しさにヴェールがかけられ、苦虫をかみつぶした束縛の表情しか見えなくなっている。

## ロシア・ナショナリズムの覚醒とロシア語の未来

このような状況下で、ソヴィエト帝国の解体はナショナリズムのパンドラの箱を開けたと説明されることがある。おそらくもっとも興味深いのは、長い冬眠状態から突然目覚めさせられたロシアそれ自体のナショナリズムの覚醒であろう。ここで少し回り道をして政治史に目をやるなら、言語にまつわるさまざまな事実を説明する助けになるだろう。ソヴィエト権力はロシア人の大多数に対して、自分たちはプロレタリア国際主義の先頭に立って、人類の前衛を代表しているのだとなんとか言い聞かせてきた。

こうして、ロシア人自身の民族としての特徴、とくにロシアの歴史が剝奪され、歴史の数多くの側面が選別的に隠蔽されていたのだが、いまやロシア人はこれらの歴史を再び見出している。

ここで、おどろくべき曖昧さが支配した時代がその終わりを告げた。ロシア・ソヴィエト連邦社会主義共和国は、とくにロシア的な特徴をもつわけではないとされ、一五の連邦構成共和国のうちのひとつにすぎなかった。しかし同時に、他の一四の共和国が及びもえないほど強大な権限をもっていたことや、モスクワが中央としての役割を果たしていたことから、ロシア・ソヴィエト連邦社会主義共和国は、とくにムスリム諸民族、すなわち中央アジアの諸共和国や、ロシア内部の飛び地となっている民族に対して、ある種の植民地帝国のリーダーのような外観を呈していた。

いま終わりつつあるこの千年紀の最後の二世紀には、まず植民地がつぎつぎに征服され、つづいて宗主国から解放されたり、あるいは武装闘争によって宗主国の支配から脱却したり、といった光景がくりひろげられた。そのなかで逆説的なことに、ロシアは反対方向の解放運動のなかに自己の確立を求めている。すなわち、ロシアは自分自身の植民地を手放すことでみずからに戻ったのである。ロシア内の飛び地のマイノリティは特別な事例なので後述するが、これらの飛び地が存在することからわかるように、ロシアとアジア系民族との関係の長い歴史は、ロシアの国を形成することに大きく貢献した。この歴史は国民的記憶によって想像力のなかに刻みこまれ、S・M・エイゼンシュテインの『イワン雷帝』(一九四二―四六)やA・タルコフスキーの『アンドレイ・ルブリョフ』(一九六五―六六)などの愛国的傑作映画がそれを顕揚してきた。この歴史から、ある重要な事実がよみとれる。アジアの隣人の侵入は、東のスラヴ世界をばらばらにすることで、強力で持続的な政治的組織ができあがるのを妨げてきた、ということである。スラヴ世界の防衛のためには専制的政治体制に頼らざるをえなかったのだが、そのようにしむけた要因のひとつは、このアジア人の侵入であった。

ロシア近代史が劇的な変化によって織りなされていること、一九九二年まで権力の民主的な形態を見出すことができなかったこと、また、ロシアが西欧社会に近づく道はいまだ混沌とした状態にあることの理由は、こうした事情で一部説明できる。それでもロシアはその歴史を通して、少なくともアジア的であるのと同程度にはヨーロッパ的であろうとしてきた。ツァーリ時代にモスクワは「第三のローマ」〔第一はローマ、第二はコンスタンティノープル〕とみなされていたし、その後は、西欧で生まれ、ロシアのことなど想定していなかったイデオロギーであるマルクス主義の祖国にもなった。七四年間の共産主義の後に、ロシア語が自由な意見の開花の媒体となりはじめたペレストロイカの過渡期を経て、ロシアがこんにちナショナリズム的喧騒――それは必ずしも本物の民族意識を意味するわけではない――の時代を生きていることは驚くべきことではない。また、ロシア帝国の輪郭が描かれた十八世紀を懐古すると同時に、いくらかの排外主義または外国人嫌悪がないまぜになったアイデンティティの形式を再発見したことも意外ではない。

ロシア語は現在、一時的に、ロシアのなかに閉じこもっているかのように見える。しかし一九一七年（二月）の革命〔帝政崩壊、臨時政府の樹立〕の英雄的な時期には、ロシア語は人民の自由という思想を高く掲げていたし、それは当時決して空手形ではなかった。破廉恥な権力がその理想を奪取して堕落させる前、ロシア語は人類の希望に向けて語りかけていた。それにひきかえ、金儲け主義に飢えた西欧諸国では、いまや想像力に対する絶え間ない侵犯となった商品広告の戯画が、イデオロギーの危機によって空洞化した空間を思うままに占拠している。

現在のロシア世界の衰退の影響は、ロシア語にも及んでいる。ロシア語がもはや力によって強制される道具のようには見えないにしても、そうであることに変わりはない。しかし、試練の時を経て、ロシア語が古くから表現している文化に結びついた威信を取りもどす日が来るのを待ちつつも、すでにロシア語は、新しい時代の新鮮さを告げ知らせるいくつもの印を示している。ひとつの例をあげよう。共産主義の公式的な言葉遣いがひろめた硬直した決まり文句は、ヨーロッパの旧人民民主主義国〔旧社会主義圏〕の言語へほとんど猿真似的に翻訳され、耳ざわりな効果を生み出していた。しかし、いまや古い決まり文句は捨て去られた。最近の出版活動のなかでは、やっとこんな見せかけから解放されたジャーナリストたちの手になる、見るからに生き生きした表現や一種の創造の喜びを感じとることができる。現在ロシアでとりあげられる題材には、みせかけの利益を追い求めるものばかりが目立つが、それには仕方のないところがある。ロシア語がいつの日か生命力を取りもどし、高次の結合のモデルを表現することに寄与できるかどうかは、未来が教えてくれるだろう。そして、今度こそ〔ソヴィエト連邦《ユニオン》ならぬ〕真の意味での連合《ユニオン》であってほしいものだ。

## 欲求不満の場

ドイツやイタリアのような国民国家においては、政治的統一は、方言の違いを超えた共通の言語的装置を通して表現される。しかし、ヨーロッパには国民国家と一致しない言語が数多くある。この一致の欠如は、ナショナリズム的不満の原因となっており、話者がしばしばマイノリティの立場にとどまっていることが、その不満をいっそうかき立てている。ここでは、そうした事例についての研究をまとめ、ここまでさまざまな形で言及した例に付けくわえたい。

数々のナショナリズムの爆発は、ヨーロッパの言語の運命や対立につきものの現象であるが、その歴史はそれほど古くなく、ロマン主義の影響のもとでの少数民族の目覚めがきっかけになっている。当時の中欧の帝国を揺るがせた衝撃は、大陸の東にひろがるだけでなく西へも伝わった。集合的記憶のなかに輝かしい過去やかつての雄々しい姿に彩られたイメージをたくわえているような民族にも、この波は無縁ではなかった。言語には民族の過去が刻みこまれているという愛国的な主張は、しばしばナショナリズムの挑戦的姿勢を高揚させた。

これらの言語のなかには、他の言語とともに、公的な地位を獲得するまでにいたった例もある。こうした状況が紛争を引きおこすか否かは、場所に応じて、また公的地位の配分の仕方によって変わってくる。以下では、状況がいかに多彩であるかが明らかになるだろう。それでも、言語への愛着、そして言語が象徴するものへの愛着は、国によって熱烈さに差はあるが、変わらぬ事実である。事態の進展を予見し、あわよくばその結果を方向づけようとするなら、これらの要因を知ることが役に立つだろう。ここではまずヨーロッパ西部、つづいて東部の状況を見ていきたい。

## 西欧と「小さき」言語

まずは、ほかの言語と公的地位を共有する言語について考えよう。まずそれはベルギーのオランダ語、アイルランド語、マルタ語、ルクセンブルク語であり、つぎにカタルーニャ語、ガリシア語、サルデーニャ語のように、抵抗の砦である言語、さらにはオクシタン語、バスク語、ブレイス語、ゲール語、カムリ語など、衰退に立ち向かう言語である。

### ◉フランデレン語の戦闘性

オランダ語は、一八九八年にベルギーの公用語としてフランス語と同等の地位が認められた後、一九三二〜三五年の一連の法律の採決以来、非フランス語圏、つまりアントウェルペン州、リンブルフ州、東フランデレン州、西フランデレン州、さらにかつてのブラバント州北部において、公用語の地位を有することとなった（最近の、いわゆる「サン・ミシェルの日」〔一九九二年九月二十八日〕の合意によって国の連邦化が進み、ブラバント州は言語的基準にもとづいて三つに分割されることになった。すなわち、フランデレン語地域であるフラームス・ブラバント州、ワロン語地域であるブラバン・ワロン州、そしてこの両言語を公用語とするブリュッセル首都圏である）。このことで、ベルギーの自治体の四四パーセントを占める地域において、オランダ語は公用語の地位をもつようになった。この領域はフランス語圏であるワロン地方の人口よりも多く、一〇〇〇万人のベルギー人のうち五六〇〇万人を占める（一九七五年に刊行されたハールマンの著書による七〇年代の数字。以後の数値もここから引用）。その一方、フランデレン地方には、とくにヘントなどの都市部で、一〇万人から二〇万人ほどのフランス語を母語とするバイリンガルのフランデレン人がいると考えられる（M・L・ペニンクス［Penninckx］氏の私信による）。

この章で紹介する言語の大半は、その言語が話されている領域のなかでもマイノリティであるのだが、その点から見れば、フランデレン語は例外的な事例である。なぜなら、公式の数字にしたがえば、ベルギーではワロン語話者よりもフランデレン語話者のほうが多いからである。たしかに、ベルギーの領域全体では二言語が使われているように見えるが、実際には、ブリュッセル地域以外では、フランデレン語地域とワロン語地域という二つの行政体のどちらにおいても、学校での語学学習のことは別として、個人レベルではどちらかの言語だけを用いる単一言語使用なのである。この事実はベルギーが言語的に分割されていることの反映である。こうした分割は、多数派であるはずのフランデレンのひとびとが、はるか昔からのフランスの支配に対していらだちが積もり積もったことの結果であるところが大きい。早くも十一世紀からフランス語はフランデレン語に数多くの借用語を供給する源泉となっていたが、フランス語の優位性にとって歴史的に重要な段階は、ブルゴーニュ公がブラバントを統治したことであり、さらにその後のナポレオンの統治であろう。こうして、フランデレン語地域においてさえ、人口的には少数派であったフランス語系ブルジョワジーが、西部と北部のゲルマン系のことばを話す住民に対して、経済的にも政治的にも優位に立ったのであり、長期にわたるスペイン支配のあいだささえこの状態は維持された。

ベルギー独立（一八三〇年）の直後から、フランデレンの知識人層は、共通オランダ語をフランデレン地域内での公用語として認めさせるための戦いを始めた。共通オランダ語は二つの利点をもっていた。一つは、ブリュッヘ、ヘント、アントウェルペン、ルーヴェン、ハッセルトなどの方言変種に対して、統一的な選択肢を示すことができたからである。これはオランダの状況のベルギーへの反映であった。オランダでは十七世紀に独立を達成し、都市間の調整機能がはたらいたおかげで言語的統一が生まれていたのである。もうひとつの利点は、同一の言語への結びつきは、プロテスタントであるネーデルラント北部との文化的再統合に有利に働いたことである。ネーデルラント南部はカトリックであったため、十六世紀末以来、北部から分離していたのである（Brachin 1983 参照）。

このように、フランス語圏以外のベルギーにおいて、オランダのABN（Algemeen Beschaafd Nederlands）、すなわち「共通教養オランダ語」となっていた言語そのものを推し進める努力が開始された。この戦いには二つの標的が定められた。ひとつは多様な方言の存在であり、もうひとつはフランス語からの借用（ガリシスム）である。どちらの取りくみも重要であった。実際に、地域変種の使用を放棄して「共通教養オランダ語」を用いることが、社会的地位の向上の条件とみなされていた。そして、公的生活においてフランス語が古くから有していた優位性をフランス語から剥奪しようとする執念は、文化生活においても経済分野においても、ベルギーのフランデレン人をオランダ語世界に接合させようとする欲望と結びついていた。

こうしたオランダ語との防衛的連帯は、フランス語使用圏に対するフランデレン人の典型的な反応であるが、オランダ語世界の別のメンバーであるアフリカーンス語には適用されないことは指摘しておこう。アフリカーンス語は、ヨーロッパ大陸の言語（英語、フランス語など）の語彙にもとづくクレオール諸語を別にすれば、ヨーロッパの外で生まれた唯一のヨーロッパ系言語であるという特異性をもっている。

一九二五年以来、英語とともに南アフリカ共和国の公用語であるこの言語は、十七世紀にオランダで話されていた方言の末裔であり、その当時の痕跡をいくつか保持している。しかしこのことばは、アフリカのバントゥー諸語、さらには十七世紀末以降、ケープ地方に入植してきた数多くの外国人、たとえばポルトガル人、マダガスカル人、モーリシャス人、マレー人、インド人などとの接触によってクレオール化した。これらの混血の子孫は、大半がアフリカーンス語を母語として話すことになった。アフリカで孤立していたアフリカーンス語は、ボーア人の子孫としての民族アイデンティティの誇り高き象徴であったが、十九世紀から二十世紀初めにかけて、行政や文学なども含むあらゆる使用場面において、少しずつオランダ語にとってかわられるようになった。オランダ語との接触は保持されていたが、この言語は、オランダやベルギーとはあまりに離れたところで、あまりに異なる条件下で生きていたために、フランドル地方のことばのように、ヨーロッパの数多くの言語共同体に特徴的な欲求不満に参加することはなかった〔南アフリカでは、アパルトヘイト廃止にともなう一九九六年採択の現憲法によって、英語とアフリカーンス語にくわえて、九つのバントゥー諸語が公用語と認められた〕。

### ◉アイルランド語の袋小路

アイルランド語を母語としているのは、アイルランドの住民のうち五パーセントから一〇パーセントにすぎない。話者は、ドニゴール州、ゴールウェイ州、ケリー州といった周辺地域に集中していて、三つの地方ともすべて島の西側に位置している。二〇パーセントのアイルランド人は、アイルランド語を聞いてわかる受動的能力をもっているが、話すことはできない。しかしながら、現在、アイルランド語は英語と同等の公用語としての地位を有している（ただし、第一公用語がアイルランド語、第二公用語が英語）。このような状況は、アイルランド語を守り顕揚しようとする組織的努力の結果である。けれども、その熱意がどれほど強烈であっても、アイルランド人としての民族意識を独立国家への帰属に反映させることはできても、それを完全なかたちで言語に反映させることはできなかった。ただ、少なくともこのアイルランド語保護政策は、ケルト系言語全体とおなじようにアイルランド語がこうむっている継続的な衰退の結末を日延べすることはできた。

かつてケルト諸語は、きわめてひろい地域で話されていた。紀元前二〇〇〇年ごろ、ケルト系のことばは、ブリテン諸島からフランス、スペイン、ドイツ、ポーランド南部、ハンガリー、ルーマニア、バルカン半島を通ってトルコにまでひろがっていた。ガリシア、ガリツィア、ワラキア、ガリポリ（イタリアにもヨーロッパ側トルコにも同名の都市がある）、ガラティア（現在のトルコの中央部にある古い地方名）など、ケルト系民族につながりのある地名が各地で確認されるのはそのためである。しかし、スラヴ人、ついでローマ人やゲルマン人が、それぞれ東部、南部、北部に進入したことによって、ケルト世界は身動きがとれなくなり、その独立が失われるとその言語の使用者も減り、これらの言語は衰退を余儀なくされた。

もっとも古い文字記録は、石に刻まれたオガム文字によるもので、紀元四世紀にさかのぼる。これによってアイルランド語、ついでカムリ語（ウェールズ語）は、ヨーロッパで（今でも生きている）最古の文字言語となっている。五世紀にはじまるアイルランドのキリスト教化は、ケルト系のことばに多くのラテン語の単語をもたらしたが、このことは、豊富でしばしば洗練された文献を通して、アイルランド語の発展に貢献することとなった。しかしその発展は十二世紀後半にかげりを見せる。ちょうどこのころノルマン人が上陸し、イングランドによる支配の前触れとなったのである（Ó Baoill et Ó Riagáin 1990 参照）。

イングランドの支配は、当初は断続的なものであったが、十七世紀半ばには、アイルランドは完全にイングランドの統治下に組みこまれた。そして、支配者のイングランド人は、アイルランド語の使用を消滅させることに余念がなかった。十九世紀と二十世紀のイングランドからの独立闘争において、愛国的な演説が民族団結の象徴としてアイルランド語を称揚することはあっても、演説で使用されたのは英語であった。しかもこうした根こぎの状態にくわえて、十九世紀半ばの大飢饉は、それによって餓死するか、さもなければ国外脱出するしかないという事態をもたらした。それでも、このような悲劇は否定的な結果だけをもたらしたわけではない。カトリックのアイルランド人は大挙してアメリカ合衆国に移民し、十八世紀末に島を出て行った七〇万人と合流して、現在もっとも強力で、みずからの歴史にもっとも自覚的な共同体をつくっている。しかし、それはアイルランド人のことである。アイルランド語の運命はまったく別であった。

アイルランドでは、「ゲールタハト」地域の外では、アイルランド語を幅ひろく話される言語として保持したり再導入したりすることは不可能であった。政府が「ゲールタハト」という名称で指しているのは、都市に住む英語話者の圧力に屈せず、伝統的な生活様式に結びついた母語としてのアイルランド語をなんとか家庭のなかで保っている地域のことである。言語学者はアイルランド語研究を進めたし、一九二二年の独立以降は、国家が積極的なアイルランド語支援政策をおこなった。たとえば、公職に就こうとする者は、公式上は、アイルランド語の知識に関する試験を受けなければならないことになっている。それにもかかわらず、主要言語としてアイルランド語を復興することも、文学的創造の伝統を復活させることもできていない。とはいえ、かつてはさまざまな民族主義的諸政党が共通の努力に参画してゲール同盟を結成し（一八九三年）、それが後に反対派の共和主義の一派となった。これを見ても、言語の防衛と政治行動は緊密に結びついていることがよくわかる。

たしかにアイルランド語の方言どうしの差はかなり大きいので、それらをひとつの規範のもとにおさめることには困難がつきまとう。もっとも、アイルランド語の標準的な文法を制定することで（一九五八年）、単一の規範をつくろうとしたことがある。その文法では、アイルランド語の複雑な側面（語頭の子音変化、格変化、数詞体系、アイルランド英語に特有の語法）を単純化することが提案されていた。たしかに、何世紀もの間、法律や教育などの分野で使用されなくなっていた言語に突然ふってわいた巨大な要請に応えることはむずかしい。しかし失敗の決定的要因はそこにはない。アイルランド語の衰退は、二つの強い圧力が重なったことによって説明される。すなわち、土着の言語を根絶しようとする長期にわたるイングランドの企てにくわえて、十九世紀初め以降、英語が旧世界と新世界でますます影響力を増大させていったことによる。

### ◉ヨーロッパの言語としてのアラビア語

マルタ島とその近くの四つの小さな島は、ヨーロッパでただひとつアラビア語が公用語にふくまれる国家という非常に希有な状況にある。このことは、アラビア語が南ヨーロッパと結びつく歴史をもった偉大な文化媒体として、ヨーロッパの言語のひとつであることを物語っている。このマルタを除けば、アラビア語はヨーロッパのいかなる国の公用語でもないが、かなりの規模のコミュニティで話されていることもたしかである。たとえば、現在フランスには多くのアラビア語話者が生活しており、規模は劣るがベルギーもそうである。よく知られているように、アラビア語はイスラームと必ずしも一致しない。アラビア語を学ぶことに熱心な宗教家や知識人などをのぞけば、ヨーロッパの非アラブ人のムスリムのなかにアラビア語話者はいない。たとえば、ボスニア人やアルバニア人、さらにトルコ、ギリシア、ブルガリア（ポマック）、ロシア、ウクライナ、アゼルバイジャンのテュルク系民族がそうだし、ドイツやイギリスのトルコ系、インド系、パキスタン系のコミュニティも同様である。逆に、七〇年代には、キプロスのマロン派キリスト教徒であるアラビア語話者の村であるコルマキティの存在が指摘されていた（Roth 1975 参照）。

マルタのもうひとつの公用語である英語は、一九三四年に、それまで公用語の地位にあったイタリア語にとってかわった。それは、マルタがコモンウェルス内での独立に至る三〇年前のことだった。しかしマルタ人は、地理的に隣りあっていることときわめて古くからの絶え間ない結びつきによって、文化の面ではイタリアといまだに近い関係を保っている。とはいえ、マルタ諸島の言語的な様相を決定的に形づくったのは、八七〇年からのアラブ人による占領であった。紀元前六世紀のポエニ人による侵略も、三世紀終わりのローマによる征服も、ヴァンダル人、ついでビザンチンによる支配も、これほどまでに深い痕跡を残すことはなかった。一〇九一年にノルマン朝に併合されたときでも、アラブ人は追放されることはなく、一二四九年まで、つまりほぼ四世紀にわたってその地にとどまることができた。こうして、アラブ人の影響は、マルタを支配したシチリアの諸王、とくにアンジュー家とアラゴン家にもまさるものとなった。

非ムスリムのアラビア語話者の住むマルタ諸島の特殊な社会言語学的状況は、このように説明できる。言語と宗教のあいだには結びつきがあるとよくいわれるが、先に述べた非アラビア語話者のムスリム共同体と同様に、この島々はそれに対する反例を提供している。マルタ島は紀元後すぐにキリスト教に改宗し、しかも一五三〇年にカール五世によって設立されたエルサレムの聖ヨハネ騎士団が一七九八年のナポレオン・ボナパルトの上陸まで維持されたことからわかるように、ここがキリスト教徒の堅固な砦のひとつであったことを考えると、マルタ島の事例はますます驚くべきものになる。

ナポレオンによる占領から二年後にはイギリスに征服され。それによって英語は現在までに至る非常に強力な地位を得ることになった。一方で、ローマ教会が大きな地位を占めているために、ラテン語は借用語の供給源となる教養人の言語という地位を長いあいだ保っていた。さらに、多くのマルタ人はイタリア語もよく知っている。マルタ人のことばであるマルタ語は、アラビア語のチュニジア方言やリビア西部方言ときわめて近い関係にあるマグレブ方言のひとつであるが、たしかにとくに動詞の形態論にはっきりとセム語的な特徴があらわれている。しかし、それと同時に、イタリア語やシチリア゠イタリア語の特徴も深く浸透しており、このことからマルタ語は混成語とみなされることも多い。いずれにせよマルタ人は、名高い叙情詩人たちが磨き上げてきた自分たちの言語に愛着をもっている（Décsy 1973, p. 68参照）。

## ◉ルクセンブルクの言語と個性

上で述べてきた三つの言語とは異なり、ヨーロッパのことばの多くは、ほかの言語との競合のなかにあって、公用語の地位に就いていないか、就いていたとしても最近のことにすぎない。そのなかでルクセンブルク語は独特の地位を占めている。このルクセンブルク語を話すひとびとは、言語と民族のよくある関係とは正反対の関係をこの言語と保って生きているように思われる。というのは、ひとびとはこの言語から、他言語との苦い闘争よりも、豊かな共存を得ているからである。

中部ドイツ語のなかのモーゼル・フランケン語の方言であるルクセンブルク語は、ルクセンブルク大公国の人口の四分の三以上のひとびとの母語である（さらに、ドイツのザールラント州とラインラント・プファルツ州の国境地域のひとびと、大半がフランス語話者であるベルギーのリュクサンブール州のなかのアルロン地方［アレーラーラント］に住む住民八〇〇〇人、フランスのティオンヴィル郡［モーゼル県］のなかのカットノン、メッツェルヴィス、シエルク＝レ＝バンの各地区に住む約四万人のうち、とくに老年層あるいはルクセンブルク語に愛着をもっているひとびとを付けくわえよう）。ルクセンブルク語は家庭だけでなく、ビジネスや裁判などでも使用されている。その一方で、フランス語は公用語にして中等教育の言語であり、ドイツ語は出版、文化、宗教（カトリック）の言語でもある。ただし、ドイツ語は第二次世界大戦中のナチスの占領が引きおこした反感のために、かつての威信ある地位をなかなかとりもどすことができなかった。

一九四六年には、ルクセンブルク語に正書法の規範を導入することが試みられ、さらに一九五〇〜五四年にルクセンブルク語辞典が刊行されたことで、その使用が成文化された（一九五〇年から五四年にかけて刊行されたのは第一巻のみ、一九七七年に第五巻の補遺が刊行されて完結した）。このようにして、自分たちのことばに対するルクセンブルク人の深い愛着が現われた。十四世紀にすでに一度公国として建国されたものの、その後長いあいだドイツとオランダの覇権の間で板ばさみとなり、多様な運命に翻弄されたこの小さな国がまとまるには、ルクセンブルク語が欠かすことのできない要素であった。この辞書の序文には、そのことを納得させるきわめて印象的な一節がある。ルクセンブルク人の三言語使用〔ルクセンブルク語、フランス語、ドイツ語〕を、大公国の地理的状況からくる必然として称賛した後に、辞書の編纂者は以下のように続けている。

すべてのルクセンブルク人は、いかなる社会的階層にあろうとも自分の方言を話しており、そのことばはルクセンブルク人にとって、私生活のあらゆる場面のみならず、公的な性格をもつ数多くの人間関係の枠内においても、文化語と同等の価値をもっている。ルクセンブルク人はみずからの方言にこそルクセンブルク人気質がもっともよく表現されていると感じる。あらゆる制約から解放された気楽さと心からわき出る新鮮さを感じ、その感受性とユーモアを思うままにできるのは、方言によってのみである。ルクセンブルク人の国民的感情と集団的意志の大部分は、この共通の基盤の上に置かれている。日常生活のなかで、母語の話しことばは、いかなる書きことばによっても抑圧されていない。(Vol. I p. xxxiv.)

ルクセンブルク人が三言語間の幸福な均衡を見出すことができたのは、自分たちが主権国民国家をつくっているという事実によっている。ルクセンブルクでは、ようやく一九八四年に、自分たちの母語に公用語としての地位をあたえる選択がなされた。そしてルクセンブルク人は、そのことばから、自分たちの個性的アイデンティティを定める特徴を取りだしている。このような状況は、国家をもたないマイノリティとはあきらかに大きく異なっている。そうしたマイノリティでは、みずからの道を選択する権限がないために、一部の知識人たちは、みずからの言語が周辺的な地位に追いやられるという一種の剝奪状態のなかで生きている。これから見るように、西洋諸国にもこうしたマイノリティが存在する。

### ◉カタルーニャ語、ガリシア語、サルデーニャ語——要求の拠点

カタルーニャ語はスペインの人口の一七パーセントにあたる六〇〇万人、フランスではルシヨン地方の二〇万人の住民、サルデーニャ島ではバレンシア入植地であるアルゲーロの約二万人、そしてアンドラ谷のおよそ六三〇〇人によって話されている。したがって、この言語はマイノリティとしては規模がかなり大きい。十三世紀初めまで威信ある文学言語であったオクシタン語からの影響はあるものの、語彙や統語の点でもっとも強い影響をあたえてきたのは、古くからの隣人であるカスティーリャ語である。カスティーリャ語は、アラゴン語を引きつぎながら、十六世紀前半から法務言語としてカタルーニャ語にとってかわっていき、しだいに唯一の書きことばとなった。

カタルーニャ語がよみがえったのは、ようやく十九世紀初めになってのことで、そのころ、民族感情の目覚めが文学作品の開花を引きおこし、カタルーニャ語に輝きを取りもどさせたのである。カタルーニャ自治憲章が承認された一九三二年から、あらゆる公的場面での使用を廃止された一九三九年

までの期間に、カタルーニャ語はその最盛期をむかえた。その後、一九五〇年代には、宗教、学校、経済などの領域で、カタルーニャ語はいくぶんか隆盛を取りもどすことになる。こんにち、二言語使用（カスティーリャ語も公用語である）がひろく普及しているために、カタルーニャ語はカタルーニャ州内部でもそれだけで独占的な地位を確保することができない。そこでカタルーニャの欲求不満は、カタルーニャ語をなんとか防衛しようという頑固な態度となってあらわれている。けれども、自治の復活（一九八〇年）と積極的な学校法が、カタルーニャ語の将来を約束するものとなるだろう〔具体的には、一九七八年に自治州制度を定めた新憲法制定、一九七九年のカタルーニャ自治憲章、一九八三年の言語正常化法という流れになる〕。

ポルトガル語の一方言とみなされているガリシア語は、古い特徴をとどめた言語で、ケルト系の語彙とともに、古フランス語や古オクシタン語からの借用語を多く含んでいる。オクシタン語からの影響は、十二世紀から十四世紀に最盛期を迎える宮廷詩人の叙情詩の伝統が生みだした。しかしそれから間もなく、ガリシア語は、カスティーリャ語によって書きことばとしての使用から駆逐された。ガリシア語の再生は、カタルーニャ語と同じように、ア・コルーニャ、ポンテヴェドラ、オウレンセなど、歴史的な都市での教養層の政治的覚醒と同時に起こった。ここでも、ほとんどすべてのヨーロッパの地域と同じように、愛国的な言語学の伝統が、数多くの文法書と辞書によって体現されている。これらは、少数言語であるせいで相対的に影が薄くなったぶんを埋め合わせるような権威を、ひとつの規範を通じた成文化によってガリシア語に確保したいとする欲望の生きいきとした反映である。

ガリシア語の場合と同じく、サルデーニャにおいても、みずからを他と分かつ独自性の要求の底には、自分たちの言語が古い特徴をとどめているという意識があり、まさにその意識が近代のサルデーニャ語詩人の作品をはぐくんだ。確立された書き言葉の規範をもたないため、詩人たちはこのロマンス語系のことばの方言をそれぞれ選んで使用していた。サルデーニャ語はラテン語に近いが、とくにポエニ語などのラテン語以前の要素ももち、その後、この島そのものと同じく荒々しい歴史の波のままに、カスティーリャ語とカタルーニャ語によって語彙が豊かにされていった。サルデーニャ島は、たしかに一八六一年以降はイタリアに編入されているが、それでもとくに言語の面でかなり独特の世界を構成しており、それゆえに一九四八年に〔イタリア共和国憲法において〕「特別自治州」の地位を付与する決定が下された〔現在特別自治州は五つある〕。西地中海の別の二つの島、シチリア島とコルシカ島と同様に――ただしこの二島のことばはイタリア語の方言とみなされている――、サルデーニャ島においても、二言語話者であることをやめない島の人々は、自分たちの母語に対して深い愛着をもっており、このことは、個性の源泉としての土着の言語に付された重要性がいかに大きいかを物語っている。

## ◉オクシタン語、バスク語、ブレイス語、ゲール語、カムリ語――余白と目覚め

これまで見てきたように、ことばがさまざまな方言に細かく分裂している状態は、公的地位が付与されたなら可能になるような、言語の規範化のための効果的な政策が欠けていることからくる結果であり、西ヨーロッパの多くの少数言語が不安定であるのはそのためである。フランスでは、ヴィレル・コトレの勅令によって〔本書138ページ参照〕、それ以後すべての裁判記録は「フランスの母のことばでなされ、それ以外であってはならない」とされ、その結果、ラテン語だけでなく、君主の言語とは異なるさまざまな地域のことばの使用も禁止された。しかしながら、オクシタン語地域の一部はこの

措置をまぬかれた。それがベアルン地方である。ナヴァラ王国が独立していたために、ベアルン語を公用語とすることができたのであるが、そこには宗教的所属の問題もからんでいた。というのも、ナヴァラ王エンリケ三世、後のフランス国王アンリ四世は、当時プロテスタントに肩入れしていたからである。

それ以外のオクシタン語地域では、十四世紀まで、方言どうしの違いを超えた統一的な形態が確立していた。そのことは、トゥールーズ伯領のオクシタン語を標準とする輝かしい抒情詩の「トロバ（trobar）」（詩行を「発見」し、作りあげる技法）が言語的に見てある程度統一していたことからもわかる（Lafont 1983 参照）。しかし、政治的なまとまりを作ろうとした試みがうまく行かなかったことや、北フランスの勢力が統一途上の言語（北フランスのオイル語）を押しつけたことで、オクシタン語は衰退する。一八五四年にはフェリブリージュ文学運動がひとつの規範を打ちたてようとするが、その試みはあまりにもおそすぎた。しかも、その規範はローヌ地方のプロヴァンス語の特徴にもとづいていたために、ラングドック地方では受け入れがたいものであったし、別の言語とみなされることさえあるほど特異なオクシタン語の形態が発達したガスコーニュ地方ではなおさらであった。とはいえ、現在では、いくつかの方言が教育で教えられたり大学での研究対象となったりしている。たとえば、オクシタン語地域の東部で話されるニース方言がそうである。

オクシタン語の地位向上の障害になる問題は、同じようにバスク語の場合にも見られる。つまり、国家が認める国民の枠組に対応しない言語ということである。それでも民族意識は強烈である。バスクの民族意識は、数多くの文学作品や最初のバスク語大辞典を生み出した十六世紀のような過去の輝かしい時代につちかわれた。バスク・アカデミーは一九一八年に設立され、現在は、バスク語による学校「イカシトラ」で教えられている「統一バスク語（euskara batua）」という単一の規範を確立するための努力を続けている。しかし住民の大多数はバスク語にくわえ、スペイン語かフランス語を話すバイリンガルであるが、彼らは自分たちの地域独自の方言に愛着をもちつづけている。ピレネー山脈のフランス側のスベロア、ナファロア＝ラプルディ方言や、スペイン側の高ナファロア、ギプスコア、ビスカヤ方言のあいだには、相互にかなり大きな音声的、形態的、語彙的相違がある。しかしだからといって、統一バスク語に未来がないことを意味するわけではない。少なくとも、現在それは多くのバスク語による作品で使用されているし、セルバンテス、シェイクスピア、カフカ、カミュなどの著名な作家もこの統一バスク語で翻訳されている（Rebuschi, 1983-1984 参照）。

アイルランド語はケルト諸語の衰退を示すただひとつの例ではない。他のケルト系言語で、アイルランド語のように公的地位を有しているものはひとつもない。五〇万のブレイス人の大部分は、愛着というより習慣からその先祖伝来の言語を話す二言語話者である。というのは、フランス語との共存はきわめて古い時代にさかのぼるからである。紀元前一世紀のローマによる征服以来、ラテン語は多くの分野からブレイス語を締めだしていった。しかし、古ブレイス語による注釈や詩の創作があることからもわかるように、このケルト語が表現していた文化は、中世初期まではまだ確実に存続していた。しかし十二世紀末には、フランス語の王朝が地元の王家にとってかわりはじめ、公国はフランス王の封土となり、ブルターニュ公国の権力はラテン語かフランス語しか使用しなくなる。政治的地位を奪われたブレイス語はこの時から衰退する。中世ブレイス語の時代である十六世紀終わりには、教養層、すなわち行政官、聖職者、司教などは、それまで凝った韻律によってブレイス語の詩作品を書いてきたが、しだいにブレイス語を放棄するようになる。同時に、ブレイス語の同化力と創造力は急速に衰えるようになった。

話しことばが自然に変化するにつれて、共通文章語は現実の慣用をもはや反映しなくなり、次第に効力を失っていった。そのなかで聖職者たちはことばを「豊かに」しようとして、フランス語から借用語を取り入れて、時とともにその数は増えていった。また、正書法の改革を次々に提案することもあった。彼らは、そのつもりはなくても、ブレイス語の衰退に大きな役割を果たしたことになる。かなり先のことではあるが、一九五〇年代にブレイス語が説教と教理問答書で使われなくなると、さらに衰退に拍車がかかった。とはいえ、十八世紀末には、当時、ブレイス語をあらゆる人間の言語のるつぼとみなした「ケルトマニア」と呼ばれる流行が盛んになったにもかかわらず、ブレイス語の衰退はかなり進んでいた。フランス語からの借用の氾濫とあらゆる場面におけるフランス語への切り替えが、近現代ブレイス語の特色である。

けれども、まだ弱々しく散発的であるとはいえ、ある種の再生のきざしが見られる。二十世紀半ばにブレイス語愛好者たちが展開した語彙学上の活動は、伝統的な基盤に属する基礎語彙の保存に向かうよりは、新語の創造に向けられていたので、ブレイス語の話し手たちには知られることがなく、ほとんど役に立たなかった（Fleuriot 1983 参照）。しかし現在、それとは異なる活動がおこなわれている。それは、多くの者がブレイス語を話せないが聞いてわかるのとは反対に、第二言語としてブレイス語を学習したにもかかわらず、それを使用し次世代に伝えることをみずから選んだ約二万人のグループである。この努力の結末がどうなるかは予想できないが、学校と行政の幅ひろい支持を得られなければ成功はむずかしいだろう。それでも、少なくともこの現象は、言語をなんとか存続させたいという本物の意志に動かされるなら、言語の衰退を阻止できると信じるひとびとの粘り強さを示している。

スコットランド・ゲール語の状況はブレイス語のそれよりさらに不安定である。この言語はケルト語派ゴイデリック系に属し、アイルランド語や、地理的に隣接し消滅したとされているマン島のことばとも近い。スコットランド・ゲール語はこんにち英語と共存しつつ、スコットランドの住民の二パーセントによってしか話されておらず、それにアウター・ヘブリディーズ諸島にわずかにこの言語だけを話す数百人のモノリンガルが加わる程度である。高地に住み着いたピクト人の子孫は平地の住民に比べて英語化が遅れたが、一七〇七年のスコットランドのイングランドへの併合はゲール語の衰退を加速させた。スコットランド・ゲール語は吟遊詩人の抒情詩のなかで生き残ってきたが、一八七八年以降は、この言語の使用が消滅していない地域でも、小学校の選択科目としてしか教えられていない。

ケルト諸語のなかで、カムリ（ウェールズ）語はその将来を危ぶまなくてもよいと思われる言語である。六世紀から文字に書かれてきたこの言語の地位向上を目指す努力は、比較的最近になって起きたものである。十九世紀の都市部でひろまっていた意見によれば、ウェールズが遅れていることのひとつの要因は、カムリ語を使っていることにあるとされた。このイデオロギーに対抗するために、一九二五年に設立されたウェールズ民族党、ついで一九六二年に生まれたカムリ語協会は、ウェールズ大学の支援を得て、カムリ語に地域公用語の地位をあたえることに成功した。こうした活動は、ウェールズ全体にわたって古くから定着してきた言語の安定性、教育の大きな努力、そして文学伝統の存在に支えられていた。

しかしこのような有利な状況にもかかわらず、カムリ語の使用は、やはり衰退している。実際に、十九世紀のイングランドの工業地帯の吸引力や第一次世界大戦の勃発、その一一年後におこった経済恐慌は、大量のカムリ語話者のウェールズの外への移住を引きおこした。その一方で、ウェールズ地方の産業化と観光業の発展は、カムリ語が花開く自然な土壌となってきた伝統的な社会構造を破壊する結果となっている。こんにち英語はほとんどの生活分野において不可欠になっており、二言語使用がそれをしっかりと後押ししている。したがってカムリ語は、郵便物や投票用紙、裁判記録、出生証明書や道路標識などで使用されているものの、見かけよりは不安定な状況にある（West 1983–1984 参照）。

最後に付けくわえるなら、複数のスタイルを混ぜ合わせた「生きたカムリ語（Cymraeg byw）」をひろめようとする努力はうまくいかなかった。このことは、ブレイス語の場合とおなじように、言語の守護者がその墓堀人にならぬともかぎらないという、矛盾に満ちた状況をあらためて示すケースでもある。

## ヨーロッパ東部と言語のモザイク

ヨーロッパ東部では、国家の公用語のほかに多くの少数言語が話されている。少数言語の数が西ヨーロッパよりはるかに多いだけでなく、話者数の点でも西ヨーロッパの規模をはるかに上まわっており、ロシアはその際立った例を示している。この巨大な国家が提供するさまざまな面を通して、少数言語が置かれている状況を学ぶことができるのだから、その詳細を検討するのは興味深いものがある。

### ◉イラン諸語、モンゴル諸語、ウラル諸語、テュルク諸語

ヨーロッパ・ロシアで話されていることばだけに話を限るなら、一つのイラン系言語、五つのウラル系言語、一つのモンゴル系言語、四つのテュルク系言語だけをとりあげよう。この一一の言語のうちの九つの言語が、一九九一年十二月までは自治共和国と呼ばれていた行政体〔連邦構成共和国よりは下位に、自治州もしくは自治管区よりは上位にあった〕のなかで話されている。現在姿を現わしつつある新しい地位が安定することを期待しつつ、ここではこれらを単に共和国と呼ぶことにする〔現在のロシア連邦では、旧自治共和国は「共和国」に昇格した〕。

この九言語のうち、ひとつは非常に古い民族によって話されている。オセチア人である。彼らが話すオセット語は、かつてスキタイ人やサルマティア人によって幅ひろい地域で話されていたイラン語派の北東語群のなかで、現代にまで生き残った唯一のことばである。スキタイ人とサルマティア人は、ローマ帝国に長いあいだ抵抗したのち、スラヴ人の進出によって追いやられるまで、現在の南ロシアを支配していた。オセット語はグルジア共和国のなかの自治州〔旧称〕でも話されている。

したがって、人為的に引かれた〔ロシアとグルジアの間の〕政治的国境がオセチア人の地域を横切っているわけで、そのために、周期的な軍事衝突に発展しかねない危険な緊張が生まれることになってし

まった。南オセチア人はグルジアの圧力から逃れようとして、一九九一年十二月に一方的に独立を宣言した。グルジア軍は彼らと現在戦争状態にある。南オセチア人は、ロシア連邦内のオセチア共和国〔現在は北オセチア・アラニア共和国〕、すなわち北オセチアともう一度合体するために戦っている〔現在は、南オセチア共和国として事実上独立している〕。オセチア語はすべてのオセチア人にとって帰属の不可欠なしるしであって、みずからの言語のおかげで、彼らはロシア化の圧力に直面しつつ民族のアイデンティティを保つことができるのである。

その他の四つの言語は、バルト＝フィン諸語と同様に、ウラル語族のなかのフィン語系下位グループを形成している。ヴォルガ＝フィン諸語下位グループのなかには、ヴォルガ川中流の谷で話されるチェレミス語（土着の呼び方ではマリ語）とモルドヴィン語があり、前者はカザン市の北西の左岸、後者はサランスク市周辺の右岸で話されている。ペルム諸語下位グループには、ジリエーン語（あるいはコミ語）とヴォチャーク語（あるいはウドムルト語）が属しており、前者はペチョラ川流域、後者はウラル山脈西側のヴィヤトカ川とカマ川の間、さらにペルミ市の周辺で話されている。

これらとはまったく異なる言語もある。それはカルムイク語である。カルムイク語はカルムイク共和国の住民の約半数によって話されており、その地域は北東がヴォルガ川下流によって区切られ、南東がヴォルガ川河口に近いカスピ海沿岸によって区切られている。カルムイク語は、ヨーロッパの言語の仲間入りをしてからもっとも時間がたっていないことばであると同時に、ヨーロッパでただひとつモンゴル諸語に属することばであることがわかっている。そしてそのことによって、十七世紀初めにカルムイク人たちを追い立てた西方への民族移動の生きた証人となっている。

そのころカルムイク人は、やはりモンゴル族に属するハルハ人によって、もともと住んでいた土地であるジュンガリア——それは現在の中国新疆ウイグル自治区の北部にあたるが、当時はいまより北東方向にひろがっていた——から追いやられ、その圧力から逃れるために西方に脱出した。カルムイク人はチベット仏教の信者であり、彼らの宗教をロシアにもちこんだ。チベット語やサンスクリットからの借用が多いことは、この半ば遊牧民である民族のことばに、ヨーロッパではあまり見られない独特な相貌をあたえている。しかしこのことばも、ロシア語の圧力を押しとどめることはできず、さまざまな抵抗の試みはどれも悲劇的な結果に終わった。少数民族が言語的にも文化的にも巨大な塊のなかに吸収されないために払ってきた努力がいかなるものかを示すために、ここではその試みのうち二つをあげておこう。

十八世紀終わり、一三万のカルムイク人がアジアの揺籃の地に戻ろうとしたが、飢餓にくわえて、彼らを追跡するために派遣されたロシア軍やカザフ軍によって多数が命を落とした。下って一九四三年、スターリングラードの戦いが最終局面にあったころ、カルムイクの土地をソヴィエトの支配から解放しようとして、ある部隊がドイツ側に協力した。ドイツ軍撤退後、この行為は国家反逆罪として厳しく糾弾され、その結果、自治共和国はアストラハン州、スタブロポリ州、スターリングラード州へとばらばらに解体された。さらに、カルムイク人はシベリアへ強制移住させられた。一九五八年の脱スターリン化の後の特赦によって帰還することができたのは、そのうちほんの一部だけであった。

ロシア内部の共和国で話されている九言語のうち最後の三つはテュルク諸語に属している。それはチュヴァシ語、タタール語、バシキール語である。チュヴァシ人は一九九〇年十二月に主権を宣言し、タタールスタンもそれに続こうとしている〔現在は両者とも共和国の地位にある〕。チュヴァシ人とタタール人は、ヴォルガ中流が（せきとめられて）湖になっているクイビシェフ市（現在の名はサマーラ）の北部にひろがる地域や、この地域の主要都市であるカザンやチェボクサルに住んでいる。カザンはタタール人の記憶の中心であり、ニジニ゠ノヴゴロドの東にあるチェボクサルはチュヴァシ共和国の首都である。バシキール人の居住地域は、ウラル山脈南部のふもとにある首都ウファ市周辺、さらにペルミ地方やオレンブルグ州にある。バシキール人の言語はタタール語ととてもよく似ており、しかもタタール語の影響をつよく受けてきたため、バシキール語をタタール語の方言とみなす向きもある。

自治共和国の地位を得ただけで、自動的に土着の言語が優位になるわけではなかった。現時点では、モルドヴィン語、ジリエーン語、タタール語、チュヴァシ語だけが、自分たちのそれぞれの共和国で地域公用語の地位を得ている。チェレミス（マリ）語、ヴォチャーク語、バシキール語はいまもなお公用語の地位をロシア語と分け合っており、そのため非常に不平等な状況が生まれている〔ただし、モルドウィン語、ジリエーン語、タタール語、チュヴァシ語の四言語も、それぞれの共和国でロシア語と地域公用語の地位をわけあっている〕。カルムイク語についていえば、それはカルムイク共和国での教育言語にすぎず、しかもカルムイク人は少数派（総人口の三二パーセント）にすぎない〔ただし、公式にはカルムイク語は、ロシア語とともにカルムイク共和国の公用語である〕。この点は、それぞれの民族の共和国におけるタタール人（四四パーセント）、ヴォチャーク（またはウドムルト）人（四一パーセント）、チェレミス（マリ）人（四一パーセント）、モルドヴィン人（三三パーセント）、ジリエーン人（三一パーセント）、バシキール人（二〇パーセント）も同様である（Haarmann 1975 の数字より）。

こうして、一方では複雑な歴史によって、他方では権力の戦略的関心が命じるさまざまな決定によって、きわめて多様な言語を話す集団が深く混じりあっただけでなく、当の民族と言語の名を冠した共和国の領域内で生活していない民族のメンバーが、隣接するいくつかの共和国に散らばることとなったのである。一方、ロシア系住民はどこでも優位にたっている。

この節でとりあげる十一の言語のうち、最後の二つの言語は、それを話す民族があまりに規模が小さいか、あまりに散らばっていたために、自治共和国の地位があてがわれなかったことばである。ひとつは、タタール語、バシキール語、チュヴァシュ語と同じくテュルク諸語北西語群、いわゆるキプチャク語群に属しており、ヨーロッパ北部のもっとも奥深くまで達したテュルク系言語である。それはカライム語である。一九六〇年ごろには、この言語はユダヤ教に属するペルシア起源の一宗派〔カライ派〕の一〇〇〇人ほどの子孫にしか話されなくなっていた。このひとびとは、タルムードとラビ的伝統を排除して、もっぱら旧約聖書しか認めていない〔ただし「旧約」「新約」という概念はキリスト教のものなので、この言い方は誤解を招くところがある〕。カライム語は、ペルシア語、セム語〔アラビア語、とくにヘブライ語〕からの借用語が豊富であるが、スラヴ語からの借用語も多い。典礼文書にはヘブライ文字だけが使用される。歴史をさかのぼればハザール人に結びつくカライム人は、チュヴァシ語に隣接した言語を話していたが、遍歴の果てに、ペルシアからトルコへ、さらにはクリミアからバルト海にまで達した。カライム語はいまやウクライナ、ロシア、リトアニア、ポーランドのいくつかの都市にしか存在せず、その話者はカライム語にくわえて、土着言語としばしばロシア語も話す二言語話者もしくは三言語話者である。

いかなる特別な地位ももたない最後の少数言語はユラク語、別名ネネツ語で、ウラル語族サモエード語派の中心をなすことばである。複雑な形態素をもつこの言語を話す二万人ほどのユラク・サモエード人は、行政地域としてはアルハンゲリスク州にあるネネツ自治管区に住んでいるが、その住民のうち半数以上がロシア人とジリエーン（コミ）人である。しかし、この人を寄せつけない巨大な地域のなかで、ユラク人の経済的役割は大きい。事実、トナカイの遊牧、狩猟、漁労などの活動によって生きる彼らの生活は、生態系のバランスと自然環境の保持におおいに貢献している。

◉民族意識とロシアの痕跡

ロシアの諸民族の大部分は自分の文化と歴史に対する鋭い自覚をもっており、言語はその貴重な記念碑とみなされている。たとえば、キリスト教化されたテュルク人であるチュヴァシ人の話す言語は（遠く離れたシベリアの地のヤクート語のように）、テュルク諸語のなかにあって、きわめて特異な位置を占めている。チュヴァシ語はきわめて古い歴史をもち、アルタイ祖語の再構成の要になるとみなされているほどである。チュヴァシ人は、九世紀にヴォルガ川とカマ川（ヴォルガの支流）の合流地点にブルガール王国を打ちたてたテュルク系部族の子孫である。この王国は、十二世紀まで毛皮取引によって栄えた文明の中心であり、その言語はモルドウィン人からヴォチャーク（ウドムルト）人ととりわけチェレミス人を経てカライム人に至るまで、近隣の民族の大半に深い影響を残している。十八世紀には、チュヴァシ語は、いかなる系統的つながりもないにもかかわらず、フィン＝ウゴル語派の言語とみなされることさえあった。

これらの民族と言語はすべて、その後タタール人の影響を受けた。ヨーロッパの地で半ば遊牧生活を送る騎馬民族としては最大のものであるキプチャク・ハン国は、その創設者である豪族たちがモンゴル出身であったことから、モンゴル系といわれていたが、実際にはその人的構成もその後の指導者も、大部分はタタール系であった。十三世紀半ばに、キプチャク・ハン国がヴォルガ地域をはじめとして多くの土地を征服したとき、ここにいた民族はすべて二〇〇年以上の間、ハンの支配下に置かれることになった。キプチャク・ハン国はムスリムであったが、ヨーロッパの一大列強となり、ローマ教皇の勢力と並ぶまでになったほどである。事実、ローマ教皇はキプチャク・ハン国をキリスト教化しようとしたが、うまくいかなかった。十四世紀末のタメルラン〔ティムール〕による戦乱はキプチャク・ハン国を弱体化させた。十五世紀末になると、イワン三世がルーシの地をタタールの宗主権から解放したが、モスクワの国家はすべてのハン国をすぐさま支配下に置いたわけではなかった。イワン四世〔イワン雷帝〕がカザン・ハン国とアストラハン・ハン国を征服したのは十六世紀半ばであり、クリミア・ハン国が併合されたのは、下って一七八三年のことである。その後タタール人は、ウラル系住民やシベリア系住民との接触がしだいに緊密になるにつれて、仲介者の役割を果たしつづけた。それはロシア皇帝のためでもあれば、自分たちの商業的利益のためでもあった。モスクワ公国が発展するとともに、タタール人のロシア化も進んでいく。

数多くある事例のなかでひとつだけを挙げるならば、先に述べた〔ウラル語族フィン゠ウゴル語派のなかの〕ヴォルガ゠フィン諸語〔チェレミス語、モルドヴィン語〕とペルム諸語〔ウドムルト語、ジリエーン語〕を話す諸民族である。彼らのロシア人との接触は十四世紀にまでさかのぼる。ペルミの聖ステファンがジリエーン人にキリスト教を布教したのはこの時代である。たしかに、多くの宣教師とおなじように、ペルミの聖ステファンは諸民族の文化的自立を尊重するようつとめ、ジリエーン人たちは、ロシア語でも教会スラヴ語でもなく、自分たちの言語でキリスト教化された、その地域で唯一の民族である。しかし民族の独自性を維持するのはむずかしい。とくにモルドヴィン人は、その領域の西の境界線がモスクワから四〇〇キロメートルしか離れていないだけに、いっそうロシア世界の吸収力にさらされている。

さらに、民族のアイデンティティを守ろうとしても、別の障害がたちふさがることがある。それは、言語がさまざまな方言に分裂している場合である。これはチェレミス（マリ）語の特徴であり、モルドヴィン語ではそれがいっそう著しい。モルドヴィン語には、エルジャ語とモクシャ語という二つの規範があり、たがいにかなり異なっているため、二つの別々の書きことばが固定されることになったほどである。同じように、ソヴィエトの言語学者はジリエーン語の二つの形式を区別していた。コミ＝ジリエーン語は、コミ自治共和国で話されており、コミ＝ペルミヤク語は、コミ＝ペルミヤク民族管区〔現在はペルミ州と合併し、連邦構成主体ではない管区となっている〕で使用されている。そして、ここでとりあげた言語のうちのいくつかは、古い文字言語の伝統をもっているにもかかわらず、科学的研究によってこれらの言語の発展が促進されるのは、一九一七年以降のことであった。ただしそれは一定の政策にそったものであり、その意図と結果については、先に示したとおりである（本書270～280ページ参照）。

ソヴィエト連邦の言語政策には二つの重要な側面がある。ひとつは言語規範の確立であり、もうひとつは表記法の確立である。これらがほかの言語にどのように適用されたかを調べてみるのも面白いだろう。イスラームに関するアラビア語とペルシア語からの借用語を豊富にふくむタタール語の文章語は、中世以降、ロシアの地におけるテュルク・イスラームの威信の象徴であった。ロシアがもっともロシア的とみなす代表的な人物でさえ、タタールの名前をもっている。たとえば、言語と文学の著名な改革者として知られるカラムジン〔一七六六―一八二六〕がそうである。カラムジンはシンビルスク、現在のウリヤノフスク（もとの名称にまだ戻っていない限り）の近くで生まれた。ウリヤノフスクという名前は、この町がウラジーミル・イリイチ・ウリヤノフ、すなわちレーニンの生まれ故郷だからである。レーニンの父方の祖母はカルムイク人であった（ちなみに母方の祖母はドイツ人である）。一九一七年の革命につづく時期には、アラビア語やペルシア語の単語に代えて、社会主義文化の担い手であるロシア語の単語を導入することが目指され、それによってタタール語の語彙規範はアンカラのトルコ語から遠ざかることになった。アルファベットをめぐる紆余曲折のあと（本書274～275ページ）、最終的に〔一九三九年に〕キリル文字の使用が強制されることになった〔ただし、一九九九年にタタールスタン共和国は、ラテン文字アルファベットによる正書法の復活を決定した〕。

さらに、これと同一の政策の別の二つの例を挙げることができる。ひとつはカレリア自治共和国の例である〔現在はカレリア共和国〕。カレリア語に対しては、隣接するフィンランドのフィン語からできるかぎり区別された規範を確立することが目指された。なぜなら、カレリア語は、フィン語とはそれほど大きな違いのない地域変種だったからである。もうひとつの例はモルドヴァである。ルーマニア領モルダヴィア公国の東半分であり、現モルドヴァ共和国の大部分を占めるベッサラビアは、一八一二年にロシア帝国に併合された。このロシアの介入があったために、一八六八年にルーマニアでローマ字が採用されたときも、ベッサラビアにはなんの影響もあたえなかった。しかし一九一八年、帝国の崩壊によるロシアの弱体化につけこんだルーマニアがベッサラビアを取りもどすと、ラテン文字の使用がふたたび決定された。しかし、一九四〇年にベッサラビアがソ連に再び併合され、トランスニストリア〔ドニエストル川東岸のウクライナ国境に接する地域〕とともにモルダヴィア・ソヴィエト社会主義共和国が設立されると、以前の状況に舞いもどった。このようにして、この国は数十年のあいだに二度も文字を変えることになった〔一九八九年に再度ラテン文字が復活し、一九九一年には独立とともにモルドヴァ語が公用語となる〕。他方で、ルーマニア領であったはざまの期間が短かったため、ロシア領時代にベッサラビアの貴族やブルジョワ層が著しくロシア化することを食いとめることができなかった。ソヴィエトの公式見解によれば、モルドヴァ語は〔ルーマニア語とは異なる〕独立した言語ということになるが、実際にはルーマニアのダキア・ルーマニア語とほとんど違わない。ソ連邦内のモルドヴァ共和国の言語的自立を確かなものにするために、ブカレストのルーマニア語に対してできる限り違いを際だたせた規範を打ちたてる方針が決定されたのである。

モルドヴァ語をルーマニア語から遠ざけるために、ラテン語に起源をもつ語法は追放された。とはいえ、ラテン語に基づく言い回しを作りだそうとした純化主義を抑えることはできなかった。ただし、こうして作られた用語は、たしかに意味の透明性を増しはするものの、現実の使用にはまったくそぐわない。たとえば、ルーマニア語でよく使われている〔ギリシア語起源の〕termometru「温度計」のかわりに、〔ラテン語起源の〕căldaro-măsurator「暑さ測り」という単語を作りだすようなやり方である（Décsy 1973, p.113 参照）。もっとも、一九六〇年代にこのようなやりすぎのいくつかは放棄された。それでもなお、モルドヴァ語の例は典型的である。ここでは、愛国者が民族的象徴とみなす固有のことばを盛りたてるのではなく、国家を打ちたてた政治行動がまずあって、それを支えるための国家語を作りだすことが問題となっているからである。

モルドヴァ語のロシア化も同時に企てられたが、モルドヴァ人に歓迎されはしなかった。しかし、いかに一時的であるとはいえ、モルドヴァ人の不満をいやすための薬が、他の民族に対しては不満を押しつけることになった。独立国家となったモルドヴァ共和国では、モルドヴァ語に公用語の地位があたえられているが〔ただし二〇一三年の憲法改正により公用語はルーマニア語に変更された〕、現在それに対して激しい反発が生まれている。共和国政府に対して、ドニエストル川左岸の住民、すなわちウクライナ人とロシア人が武装闘争にふみきったのである。その地域では、総人口に対してウクライナ人が二八パーセント、ロシア人が二三パーセントを占める。しかし、これら全員がロシア語話者であり、民族への帰属よりもロシア語を話す集団として自己規定していることは注目すべきである。旧ソ連のほかのロシア語話者がそうであるように、彼らはモスクワからの多かれ少なかれ公然の支持を受けており、トランスニストリアでは多数派であることもあって、両者とも独立した沿ドニエストル共和国の樹立を望んでいる。

しかし、モルドヴァ人に対する抵抗は、モルドヴァ南部に住む小さな民族にも現われた。それがガガウズ人である。彼らはロシア正教徒のテュルク系民族で、その言語はトルコ語に近いが、かなりロシア化もされている。ガガウズ人はたいてい多言語を話し、自分たちの母語にくわえてロシア語、ルーマニア語、さらにブルガリア語の知識もある。ガガウズ語には書きことばの規範があるのだが、いかなる公的な地位も有していない。この例は、タタール語、カレリア語、モルドヴィン語や、ここでふれなかったあらゆる諸言語と同様に、共産主義政権の言語政策のさまざまな側面のあいだには、必然的な論理的つながりがあることを示している。すなわち、言語に対する人間の介入に特徴的な傾向にしたがって、ある書記法（ここではキリル文字）を採用するなら、その書記法で書かれる言語の単語が浸透することを促し、さらにつづいて、この新しい借用語をもとにした語彙の規範化が容易になるのである。

この政策は民族主義者たちの不満をかきたてるものだった。とくに、ソヴィエト連邦のなかで、長くつづく書きことばの伝統をもっており、さらにはロシア人専門家の著作によってだけでなく、その民族出身の知識人によって文法的伝統がつくられた数多くの言語の使用者にとってはなおさらである。とりわけ、テュルク諸語の擁護と顕揚は、正教徒とムスリムの諸民族が入り混じった地であるロシアに独特の様相をあたえた。それはヨーロッパの西部、とくにスペインの場合とは際だった対照をなしている（本書179ページ参照）。ヨーロッパ東部に典型的なことは、長く複雑な相互干渉の歴史の結果、スラヴ諸語がテュルク系、ウラル系、モンゴル系、イラン系諸語と混ざり合い、それらの数多くの痕跡が残っていることである。なかには、ロシア語でよく使われている単語のなかに、タタール語からの借用語があったりもする。たとえば、деньги「お金」утюг「アイロン」хозяин「主人、支配者」などである。

## 言語ナショナリズムの賭け

こんにちのナショナリズムの号令は、一八四八年のそれが現代によみがえったかのようである。その一方、この二つのナショナリズムとも、キリスト教発祥以来つきまとってきた問題、すなわち教会の伝道にもっともふさわしい布教の言語として何語を選ぶかという論争が形を変えて、民族性という世俗的な概念を経ることで宗教的意味が薄まったものとしてとらえることもできる。

しかし、すべての言語が同じ防衛手段を手にしているわけではない。とくに、話者数の多さや政治的権力、書きことばの伝統によって保護されていない言語は、大きな集団のなかに吸収されてしまう脅威にさらされている。しかし、過去の偉大な時代や自由の時代の思い出が、現状への不満に対する養分になっているような言語であっても、ある必要性の前に立たされている。すなわち、一方には、豊かな生を送るのに不可欠であるアイデンティティの供給源である過去への信仰があり、他方には、社会の生産や政治的権力という近代的な流れへの統合があるとすると、このふたつを何らかのかたちで調停することである。

この調停のための道はいくつかあるが、どれも危うさがつきまとう。たとえば、現在別々の行政単位に分割されているロシアのテュルク系民族が、数十年後には、自分たちをひとつにまとめるナショナリズムの訴えに耳を傾けるようになることもありえなくはない。その訴えは、アンカラから発せられたトルコ・ナショナリズムかもしれないし、あるいは、テヘランから発せられたさらにひろいイスラーム主義かもしれない。そしてそれに対して、中央アジアとカフカースの六つの共和国も呼応するかもしれない。

そうすると、二十世紀にいたるまで、モスクワとオスマンを対立させてきた紛争が再燃することもありえなくもない。いまのところ、トルコはこれらのテュルク系共和国と国境を接してはいないが、イランと激しい競合関係にある。イランはアゼルバイジャンやトルクメニスタンと国境を接しており、とくにトルクメニスタンではイラン人の活動が盛んである。この点は、テュルク系でない唯一の共和国であるタジキスタンも同様である。タジキスタンではペルシア語に近い言語が話されており、この地域でただひとつ、近いうちにアラビア＝ペルシア文字を採用することを決定した国である（ル・モンド紙、一九九二年六月十三日、S・シハブの記事、四ページ参照）〔ただし二〇一八年の時点ではまだ実現していない〕。しかし、ロシアの影響の低下は世間でいわれているほど大きくはない。キリル文字は各地であいかわらず使用されているし、中央アジアの各共和国の指導者は、大衆を扇動しようとする伝統回帰主義の危険に対して、共同防衛条約をモスクワと交わそうと必死である。

ロシアのテュルク系諸民族の例が示すように、ナショナリズムの形態は、ナショナリズムをどのようにとらえるかによって変わってくる。ナショナリズムには少なくとも二つの形態が存在し、それらはたがいに対立している。大国の指導者にとってナショナリズムとは自己の拡大を意味し、言語の分野においては普遍主義という形をとる。それに対して、マイノリティにとってのナショナリズムは異議申し立てであり、大国の圧力に抗するアイデンティティの確立のための戦いという形をとる。

共産圏の崩壊は〔第一次世界大戦後の〕ヴェルサイユ条約と〔第二世界大戦末期の〕ヤルタ協定の効力を無に帰し、ヨーロッパを十九世紀の分裂状態に押しもどした。それは古くさい部族的情熱やアイデンティティに憑りつかれた妄想にすぎないという声をよく耳にする。しかし、このような意見はある単純な真実をみくびっている。中欧そして東欧の多くの民族は、西欧の民族に授けられたような民族的運命を生きることが許されなかったのである。東欧諸国の民族が自分自身でありたいという欲望を十分満たさないうちは、国家を超えた存在へのあこがれが彼らにとって意味あるものにはならないだろう。

この前提条件なしには、満たされないナショナリズムへの飢えはますます激しくなるしかないだろうし、西欧的モデルはその時間差のせいで効き目がないままになるだろう。

付けくわえるなら、西欧においても、一八四八年の運動以前には、是が非でも欲しい承認を手に入れていなかったいくつかの民族は、みずからの言語を熱狂的に讃美していた。たとえば、一八三二年にP・ブロマールト〔ベルギーの文献学者、一八〇九―七二〕は、フランデレン語について以下のように述べている。

民族の基本原則に言語ほど緊密に結びついているものはない。あらゆる社会階層を通じて同じ思考法をひろめ、民族の違いを認めることを可能にし、その結果民族性を作りだすのは言語なのである。したがって、一国の政府は民族の言語に対して特別な配慮をして支えるべき義務がある。

（Brachin 1977, p. 51 より引用）

このことばには、以下のようなハンガリーの格言が響きあっている。「民族が生きるのはその言語のなかにおいてである」（この言葉は Fodor et Hagège 1983–1990 の銘文とした）。

しかしながら、言語すなわち民族とする見方は、普遍的に当てはまるわけではない。たしかに、少数言語に対して比較的寛容な政策がとられていたハプスブルク帝国においては、住民が国勢調査においてある言語を母語として申告すれば、その言語と同じ数の民族が存在するとみなしていた。しかしながら、ヨーロッパにはそれに反する例もある。ベルギーのフランデレン語の作家のまなざしはオランダに向いており、ワロン語の知識人のまなざしはフランスに向いている。それぞれが自分を受け入れてくれるかどうかを気にしているのは、オランダであり、フランスである。おなじようにスイスでは、チューリッヒのひとびとはドイツ文化に、ヴォー州のひとびとはフランス文化に、ティチーノ州のひとびとはイタリア文化に愛着をもっている。それでも、地域間の文化的差異やその間の衝突があるにもかかわらず、ベルギーは統一国家を作りだすにいたった。さらにまた、柔軟でありつつ堅固な特徴をもつスイスの連邦制のおかげで、すべてのスイス人にとって同一の国家イメージを打ちたてることができた。

同じように、アルザス人は〔ゲルマン語系の〕アレマン方言を使っているが、国民としてのフランスに結びつきを感じている。それに加えて、彼らはほぼ完璧なフランス語話者でもある。ただし、〔国民への帰属の意識にとって〕その言語を知っていることが、どこでも絶対に必要な前提であるわけではない。たとえば、エストニアのロシア人のうち、わずか一二パーセントしかエストニア語を話せないが、それでも大半がエストニア国籍の取得を望んでいる。一九九二年二月の法律以来、エストニアのロシア人は、〔エストニアの市民権が認められるためには〕エストニア語のテストを受けなくてはならなくなっているが、彼らはこのやり方に激しく抗議している。というのは、彼らは、ある国民に帰属するからといって、それに対応する言語の習得が必要になるとは考えていないからである。

ドイツとデンマークの国境近くでは、北シュレスヴィヒ地方〔デンマーク〕のドイツ人の大半の母語はデンマーク語だし、南シュレスヴィヒ地方〔ドイツ〕のデンマーク人の母語はドイツ語か低地ドイツ語の方言である。これは、北シュレスヴィヒでのデンマーク語化政策、南シュレスヴィヒでのドイツ語化政策の結果だが、前者はドイツへの、後者はデンマークへの結びつきが完全に失われているわけではない。このように、ひとがある言語を話しているからといって、その言語が体現する国家に結びつきを感じるわけではないのである。

しかしもっといえば、ヨーロッパの西でも東でも、自分たちの言語に愛着をもちつつも、アイデンティティを表わすほかのシンボルに、さらに大きな執着を感じる場合もある。たとえば、宗教や習慣、食べ物のタブーなどである。民族への帰属は、物質的な基盤の上に築きあげられるのと同じくらい、集合的な意志とアイデンティティの感情によって支えられるものである。ある集団が自分の言語よりも、〔言語以外の〕民族的アイデンティティに執着する理由はさまざまである。言語的ナショナリズムがあてはまらない例として、カフカース地方北東部のアンディ人とバツ人を挙げることができよう。彼らのうちの多くの者が、前者はアヴァール語、後者はグルジア語を用いるようになっており、しかもアンディ人はアヴァール人、バツ人はグルジア人という民族名で自称するようにさえなっている。それは、この地域でアヴァール語とグルジア語が威信の点で優っているからであり、少数言語の使用が招きよせる孤立状態を打破したいと願っているからである。

また、多くのフィン人が暮らしているスウェーデンのノールボッテン州とヴェステルボッテン州の小学校に、教授言語としてフィンランド語を導入しようとしたとき、住民の半数以上が反対した。その主張によれば、自分たちの子どもたちはいま住んでいるスウェーデンで働くだろうが、そのときフィンランド語は子どもたちの将来の就職になんの利益ももたらさないだろう。したがって、スウェーデン語だけを使った教育を続けなければならない、というのである（Haarmann 1975, p. 124 参照）。

他方で、言語の違いは、それが唯一の弁別要素である場合には、いっそうはっきりと強調される。

かつてのオスマン帝国において、ギリシア人、トルコ人、アルメニア人、ユダヤ人がはっきり区別されていたのは、言語と同時に宗教や習俗も対立していたからである〔宗教はそれぞれギリシア正教、イスラーム、キリスト教アルメニア教会、ユダヤ教〕。それと反対に、中央ヨーロッパや西ヨーロッパでは、慣習や宗教の違いはそれほど際だったものではないので、言語が民族の定義において圧倒的な役割をはたすこととなった。

そして最後に、言語の共通性は、ときとしてひとびとをまとめるのに無力である。クロアチア人とセルビア人は、数世紀にわたってほとんど同じ言語を話していたにもかかわらず、非常に長期にわたる分離のあいだに異なる歴史の運命と出会った。にもかかわらず、クロアチア人もセルビア人もたがいの連合を望んでいたのだが、実際に連合が実現してみると、それぞれの民族が存分に羽根をのばせるような民族生活の条件を見出すことができなかった。そして残念なことに、一九九一年から一九九二年にかけての出来事は、彼らの連合が虚構にすぎなかったことを示している。

チェコスロヴァキアという〔チェコ人とスロヴァキア人の合体を示す〕名称と同じように、ユーゴスラヴィアという名称それ自体〔本書173ページ参照〕が、多くの民族が混交する現実を反映している〔ユーゴスラヴィアという名称は特定の民族名ではなく「南スラヴ人の土地」を指す〕。それこそ一九一八年〔当時のアメリカ大統領ウィルソンが「民族自決」の概念を提唱した年〕にはみなが無視したがっていたものだ。ボスニア＝ヘルツェコビナの四四パーセントのムスリム人〔イスラム化したスラヴ人〕〔「ムスリム人」とはユーゴスラヴィアが公式に定めた民族名、ボスニア＝ヘルツェゴビナ独立後は「ボスニア人」あるいは「ボシュニャク人」と呼ばれる〕、三二パーセントのセルビア人、一八・三パーセントのクロアチア人〔ル・モンド紙一九九二年六月二十日、A・フォンテーヌの記事、四頁、さらにGarde 1992参照〕

は、実は全員セルボ゠クロアチア語を話していたのだが、いまや各民族のナショナリズムが荒れ狂い、血みどろの対決が起きてしまった。ついこのあいだまでソヴィエト連邦やユーゴスラヴィアと呼ばれていたこの二つの国家のいずれにおいても、当初の希望とはうらはらに、共産主義のちからをもってしても、民族の過去を栄養分とした個別主義を乗り越えて、ひとびとを理想的な連合に向かわせることができなかった。しかしそれでも、ロシア語はロシア人だけに、セルボ゠クロアチア語はセルビア人とクロアチア人だけに知られているわけではなく、彼らと長期にわたって隣人であった諸民族にも、母語としてではなくても知られているので、こうした言語の共通性が、あらたな連合の自由な探究を促進するかもしれない。

おそらく、ヨーロッパの東部に創設されたばかりの諸国家の未来は、そこにあるのではないだろうか。これらの国家に対する国際的な承認がいくらひろがったとしても、長寿が約束されているかどうかは保証の限りではない。もちろん、それらの国家が長続きしないというのではない。しかし、たとえば、ウクライナも、ベラルーシも、スロヴェニアも、クロアチアも、マケドニアも、アゼルバイジャン共和国も、すべてそのもととなる民族と対応しているが、いままでそうした形で独立国家として存在したことはなかった。これらの民族はすべて自分より大きな政治的集合に参加していたからである。言語はしばしばひとびとを分けへだてもするが、この本の前半で見たように、その連合的役割によってひとびとを結びつける言語もあるのである。しかし、その場合でも、言語的ヨーロッパの深い本質をなす多様性が排除されることはないだろう。

# おわりに

将来のヨーロッパにおいて、共通語は国家よりも上位にある機関の言語となるであろうが、国境横断的な役目をもった組織が作られたなら、共通語はそうした組織でも使われることになるであろう。たとえば、次のようなものが考えられる。警察、貿易管理、税関、国際輸送、出版・音声・映像によるヨーロッパ・レベルのマスメディア、そしておそらくヨーロッパの大学、そしてとくに軍隊などである。もちろん、複数言語使用は軍事的指令の目的と合致しないと関係当局が判断するかもしれないし、欧州共同防衛政策が強化されねばならないなら、複数言語使用が放棄されることもありえないことではない。しかしながら、連合的使命をもつ言語のなかでたったひとつの言語がこれらすべての機能を独占することにはならない。本書の前半で述べたように、三つの主要な言語〔英語、ドイツ語、フランス語〕の対照的な運命は、それらの担う任務がたがいに異なることをはっきりと示している。

そしてまた、ひとつのヨーロッパの共通語を使用するからといって、多様性が摩滅することにはならないし、さらにまた、他の諸言語が消滅に追いやられるわけでもない。その逆に、経験が示すところによれば、英語のような共通語は、イギリスは別として、あらゆるヨーロッパの国で必然的に第二言語であるので、他の言語からの影響をこうむるものである。日常的使用や私的生活のなかでは第一言語が優位にある。しかし、その言語が境界を超えて知られるようになることも重要である。自分に固有の言語を自分の国で使用したいという、だれもがもっている正当な欲望を認めるための唯一の解決法は、その地に赴くよそものが現地の言語を知ることである。言い換えれば、できる限り多くのヨーロッパ人が、できる限り多くのヨーロッパの言語を習得しなくてはならない。もちろん、ことばを十分に習得するのはむずかしく、そのためには多大の時間を確保しなければならない。そのことを考えると、この要請は純然たる空想としか思えないかもしれない。しかし、マスコミの手段、とくにテレビによる教育を利用すれば、ひとびとのモチベーションも大いに高まるだろう。このやり方は日本でひろく用いられている。日本人は外国語に対する好奇心が強いので、少なくともいまのところは、自国語と外国語の優位性を争ったりしない。ともあれ、適切な時期に必要な選択をすることができるなら、明日のヨーロッパは、実際に多言語を使用する者の数を増大させるような言語教育を打ちたてることができるだろう。

未来についてのパースペクティヴを得るには、多くの場合、過去の痕跡に目を向けたほうがよい。ヨーロッパは、アメリカ合衆国とは異なり、新天地にやって来た移民たちが自分たちの出自の多様さを乗り越えるために、ただひとつの言語を結束の柱にしたような場所ではない。ヨーロッパの諸国家は長いあいだ、言語に深く根ざした文化的特徴をもとに自分たちのアイデンティティを形成してきた。近年のナショナリズムの再来から生まれた新しい国家は、ヨーロッパの公用語の数をさらに増やしている。公用語の増殖に賛同するにせよ反対するにせよ、そこにこそヨーロッパのもっとも顕著な特徴がある。この大陸は、商品の自由交換や通貨統一とは別に、文化というものの価値を世のひとびとに提示しなければならないはずである。

この点で、欧州評議会は豊かな道を切り開いてくれている。一九四九年に創設された欧州評議会は、国家間機構（そのひとつが欧州経済共同体［ＥＥＣ］である）のうちでもっとも古いもののひとつであるが、他機関に対して一種の建設的な競合関係にある。欧州評議会は、東欧のすべての旧共産主義国を受け入れることを望んでいる〔一九九六年までにロシアを含む東欧諸国はほとんど加盟した〕。そうなれば欧州評議会は、国家連合の巨大なるつぼになるかもしれないが、それは欧州共同体に比べれば困難が少ない試みである。というのは、欧州評議会は諮問機関としての役割しかもたず、行政的執行権はもっていないからである。しかし、ある点が特に注意を引く。ある国が欧州評議会に加盟する際には、欧州人権規約を受け入れることが前提条件となっているが、欧州人権規約には、とりわけ言語的マイノリティに対する尊重が含まれているのである。たとえば、欧州評議会がバルト諸国の加盟の延期を選択したのは、これらの国のロシア語話者（エストニアで総人口の三八パーセント、リトアニアで一〇パーセントを占める。ラトヴィアについては本書282～283ページ参照）の権利が尊重されていないように思われたからであった。

この例は、欧州共同体とは異なる機関の話ではあるが、しばしば想像されているのとは異なり、ヨーロッパの統一性はマイノリティ文化の墓場ではないことを示している。むしろその逆に、マイノリティは国家よりも上位にあるシステムのなかに利点を見出すことができる。それというのも、個々の国家はそれぞれの特権の一部を超国家的システムに移譲することになるからである。ヨーロッパはどこでもルクセンブルクやドイツ語圏スイスのような理想的な状況にあるわけではない。これらの国々では、自由選択によって、住民の母語（後者では「スイス・ドイツ語（schwytzertütsch）」と呼ばれている）は公的な地位をもっていないけれども、日常的な使用を通して、住民にとって深いアイデンティティの源となっている。しかも、ルクセンブルク語もスイス・ドイツ語も、メディアでよく使われている。〔しかしこれらは例外であり〕もっともよくある事例は、国家の中央集権化された権力が多数派民族の言語を優遇するというものであった。したがって、国家権力が行使する支配力を削減することで、地方のコミュニティの自律性を増大させることができるし、ひいては、その地方の言語がまだ十分に活力があるなら、それをさらに支援することもできる。ヨーロッパには、長いあいだ民族をめぐる問題がのしかかってきたし、いまやそれがまたしても現われている。ヨーロッパの統一は、この恐るべき問題を解決するための手段のひとつとなりうるのだ。現在のさまざまな紛争は、ヨーロッパが独自の道を選ぶためには、受けて立たねばならない挑戦のようなものである。一方では、マイノリティの希求に対応せねばならず、他方では、マジョリティの選択にもとづく国家の安定を図らねばならない。しかし、このヨーロッパの道は、連邦的な制度を通じて国家権力の構造を柔軟にすることによって、この二つの必要性を調停することができるようになるだろう。

話者集団がある国家のなかに暮らしていても、その言語に公的地位があたえられていない場合がある。こうした民族語を保護することは、歴史の歩みに逆らうものとみなされがちである。しかし、このヨーロッパのやり方にしたがうなら、けっしてそうではないことがわかる。少数言語と支配言語の間の機会不平等によって平和が脅かされるときに何が起こるかは、最近のモルダヴィアを見ればわかるし、先に述べたバルト諸国だけでなく、ロシア語話者のマイノリティが住むほかの旧ソ連地域でも、似たことが起こらないとはいえない。民族語の保護は、こうした危険を回避するための思慮深さの表われなのである。たしかに、これらの国々や地域は、欧州共同体にまだ属していないので、適切な例ではないと反論されるかもしれない〔二〇〇四年にバルト三国は欧州連合に加盟〕。しかしそこで起きていることは警告として利用されなければならない。

とはいえ、言語という規準しか認めないひとつのヨーロッパ、言語に違いがないときは文化の規準だけを認めるひとつのヨーロッパは、いったいどこに行くのだろうか。ヨーロッパの多くの民族は分散して住んでいるが、その分散した場所で他の民族と密接に混じりあって暮らしている。ルーマニア、ハンガリー、ウクライナ、ロシア、ベラルーシ、モルドヴァは、この種の場所を数多く抱えている。すべての民族がそれを望んでいることを承知のうえで、民族として緊密なまとまりのある政治体を作ることを望んだとしたら、地図の再分割をおこなうしかないだろう。この目的を実現しようとした一部のセルビア人は、ボスニア＝ヘルツェコビナにおいて、暴力以外の道を見出していない。そしていつの日か、ヴォイヴォディナとコソヴォにおいてもおなじことが起きるかもしれない。

事実、人生が苦難に満ち自由を得るのがむずかしくなればなるほど、民族文化への執着は熱狂的なものになる。ナショナリズムそれ自体は自然な出来事であり、歴史によって説明可能なものなのだ。だからこそ、ナショナリズムをより無害なものにするためには、いかなる障害もなく、財、人間、思想が循環できるようなひとつのヨーロッパを実現しなければならないのである。中欧諸国の政治家が、欧州共同体に加盟することに大きな熱意を示しているのは、まずは経済的理由であろうが、おそらくはこの真実に気がついているからでもある。西欧人のなかには、民族的情熱のなかに排外的な錯乱しか見ないようなひともいる。しかし、自由な空間をしつらえようとする努力は、そうした頑迷さよりもずっと価値があるものなのだ。

ヨーロッパはその言語によって多様であるので、そこに住むヨーロッパ人には、世界の多様性を抱擁する使命が授けられている。こんにちアメリカ合衆国では、他者の欲求に耳を貸さない閉鎖性が一因となって、英語への排他的な執着が引きおこす単一言語主義が深刻な脅威になっている。ヨーロッパ人はこうした単一言語主義の危険から逃れなければならない。ヨーロッパ人は、多言語の地の市民として、人間言語の多声的な叫びに耳を傾けることしかできない。空疎な政治演説よりも具体的な中身のある連帯を建設したいのであれば、みずからの言語を話す他者に対して関心をもつことが、その前提条件となる。他者の言葉に耳を傾けることは、他者性に対する自然な配慮のしるしにはとどまらない。現在の世界には、不平等に倦み疲れ、安らぎある生活から追放されたひとびとが、思ったよりも数多く生きている。自分の声を聞いてもらいたいと願う彼らの欲求は、長いあいだ満たされないままなので、彼らは強力に武装して、その欲望に暴力的なかたちをあたえかねない。ヨーロッパの多言語への傾聴は、いつの日か、このような世界に救いをもたらすかもしれない。

# 訳者あとがき

本書は、フランスの言語学者クロード・アジェージュ Claude Hagège による *Le Souffle de la langue. Voies et destins des parlers d'Europe*, Odile Jacob, 1992, 2000, 2008 の翻訳である。

この本は初版の後、二〇〇〇年にポケット版が出され、二〇〇八年には再度単行本のかたちで刊行された。したがって本書には三つの版があり、そのあいだで状況の変化にともなう加筆や修正がなされているのだが、不思議なことに、最初の版にあった誤りが二〇〇〇年版では正しく直されているのに、二〇〇八年版では元に戻っていることがあった。そうした場合には、本訳書では二〇〇〇年版の記述を採用した。とはいえ、本書は厳密な学術書というよりは、啓蒙書ないし教養書に近い性格をもっているので、細かい版のあいだの異同は記していない。この点をご了解いただければ幸いである。

なお、本書の題名を直訳するなら、『言語の息吹き――ヨーロッパのことばの道程と運命』となるだろうが、それではいかにもわかりにくいので、白水社編集部との相談の結果、現在の題名に落ちついた。原書の題名とはかけ離れているが、できるかぎり日本の読者に親しみやすい響きにしたいとの願いを汲みとっていただければ幸いである。

アジェージュは一九三六年に当時フランスの植民地であったチュニジアのカルタゴでユダヤ系の家族のもとに生まれた。幼いころから多言語環境で育ち、言語に対する強い関心を抱いていたアジェージュは、高等師範学校とパリ大学で言語学を学び、古典語とアラビア語の分野で学士号を得た。その後さらに一般言語学、ロシア語、ヘブライ語、中国語の研究を進め、一九七一年にパリ第五大学から博士学位を取得した。指導教授はアンドレ・マルティネであった。一九七〇年からポワチエ大学、一九七七年から高等学術研究院で教えたのち、一九八八年から二〇〇六年までフランス最高峰の学術機関であるコレージュ・ド・フランスの言語理論講座を担当していた。現在は退職して名誉教授の地位にある。

近年の著書には以下のものがある。

*Dictionnaire amoureux des langues*, Plon, 2009.（『言語を愛するための辞典』）
*Contre la pensée unique*, Odile Jacob, 2013.（『単一的思考に抗して』）
*Parler, c'est tricoter*, Éditions de l'Aube, 2013.（『話すこととは編むこと』）
*C'est quoi le langage ?*, Paris, Éditions de l'Aube, 2015.（『ことばとは何か』）
*Les Religions*, la Parole et la Violence, Odile Jacob, 2017.（『宗教、ことば、暴力』）

なお、コレージュ・ド・フランス退官後には、アジェージュに捧げられた以下の論文集が刊行された。

M. M. Jocelyne Fernandez-Vest (ed.), *Combat pour les langues du monde : hommage à Claude Hagège*, L'Harmattan, 2007.（『世界の諸言語のための闘い、クロード・アジェージュ賛』）

本書はひとことでいえばヨーロッパ言語の総覧であるのだが、カタログ風の無味乾燥なところがまったくないのは、「ヨーロッパ」なるものに対するアジェージュの自己省察のまなざしが全体を貫通しているからである。

こうした伝統は、アントワーヌ・メイエの『ヨーロッパの言語』(西山教行訳、岩波文庫、二〇一七年)にさかのぼる。メイエの問題意識の背景には、第一次世界大戦とロシア革命を経験したヨーロッパが、過去の衣を脱ぎ捨てる必要に迫られたという事態がある。メイエの原書タイトルが「新しいヨーロッパの諸言語」となっているのは、そういうわけである。この点ではアジェージュも似たようなところがあり、欧州連合の成立とソ連崩壊という出来事に直面して、「新しいヨーロッパ」の構築に積極的にコミットしていこうという姿勢があらわである。

メイエとアジェージュが異なるのは言語の多様性への態度である。つぎつぎと民族語が自立していく状況に恐れおののいたメイエと異なり、アジェージュには言語の多様性への無条件の肯定の姿勢が見られる。しかしその一方で、民族と民族をつなぐ役割を果たす「連合言語」の重要性を認識している点では、メイエの「文明語」への執着と通じるものがある。このようにアジェージュの場合、民族語と共通語、多様性と共通性は二者択一の関係にはなく、たがいがたがいを支えあうという認識がある。ここにこそ本書の最大の特色がある。

したがって、すでに邦訳のある『絶滅していく言語を救うために』(白水社、二〇〇四)に本書を接続させて読むこともできるだろう。アジェージュが敵対するのは、なによりも英語による一元的支配である。

共訳者の佐野直子氏がつづく「訳者あとがき」で指摘しているように、一九九〇年代は「ヨーロッパ」に対する反省が一世を風靡した時代であり、「ヨーロッパの言語」を主題にした著作が多く出版された。そのなかでアジェージュの姿勢が際立つのは、アジェージュが「ヨーロッパ」の広がりをウラル山脈から西側の空間として設定している点である。もっともこれ自体は単純な地理的区分であって、さして強調するにはおよばないかもしれない。しかし、その帰結は重大である。というのは、この視点を取るかぎり、ロシアが包含するインド＝ヨーロッパ語族に属さない数多くのエキゾチックともいえる少数言語も、留保なく「ヨーロッパの言語」として認定されるからである（つまり、バシキール語やカルムイク語もれっきとした「ヨーロッパの言語」となる）。

そしてこれと連動するように、ヨーロッパにおける「ロシア」の重要性が格段に上昇する。ロシアを「ヨーロッパの周辺部」としてとらえるバッジオーニ（『ヨーロッパの言語と国民』）と異なり、アジェージュにとってロシア語は、フランス語、ドイツ語、英語とならんで、ヨーロッパを支える主要な「連合言語」のひとつであり、その重要性は時とともに増していくとさえ予想されている。

こうしたアジェージュの把握には、どうしても西に引きずられがちなわたしたちの視線を少しばかり東に傾けてくれる効能がある。

ちなみに、似たような見取図をとっている本に、田中克彦&H・ハールマン『現代ヨーロッパの言語』（岩波新書、一九八五年）がある。この本の後半では、話者数の大小に従ってヨーロッパにおける「諸言語の勢力順位」が示されているが、首位に来るのはドイツ語でも英語でもなく、ロシア語である。しかもアジェージュは、ハールマンの初期の業績であるH. Haarmann, *Soziologie und Politik der Sprachen Europas*, München, Deutscher Taschenbuch-Verlag, 1975を本書の随所で情報源として利用しているので、田中&ハールマンの本と読み比べてみるのも一興だろう。

アジェージュの特異性はほかにもある。ドイツ統一を眼前に見たとき、ハンザ同盟とドイツ騎士団を思い浮かべる論者はどれほどいるだろうか。それほどアジェージュの歴史認識のタイムスパンは長く、場合によっては数百年の時間を飛びこえて過去と現在が結びつくことさえある（ただし、ドイツ騎士団の横暴が詳しく描かれるのに比べて、オクシタン語を衰退におとしいれたアルビジョワ十字軍の暴虐があまり触れられていないのには、少々首をかしげるが）。その代わりに、アジェージュは国民国家の成立以前と以後の区別をそれほど重んじない傾向がある。

この点でアジェージュは、「第一次エコ言語革命」と「第二エコ言語革命」とを明確に区別したバッジオーニとは異なる立場にある。このような見方が生まれるのは、アジェージュが言語と民族を一体のものとみなし、その起源を国民国家成立以前にさかのぼらせて考えているからである。アジェージュの見方によれば、言語に「息吹き」をこめるのは、それを話す民族をおいてほかにない。言語をひとつの有機体とみなす生命論的な発想は、後に刊行される『絶滅していく言語を救うために』のなかではっきり提出されるが、本書でもそうした発想の根は随所で感じられる。

ついでに、この本がどのように読まれているかの一例を紹介しておこう。二〇一七年に亡くなったイタリアの言語学者トゥリオ・デ＝マウロの最後の著書は『ヨーロッパにはすでに一〇三。民主主義には多すぎる言語か?』（Tullio De Mauro, *In Europa son già 103. Troppe lingue per una democrazia?*, Laterza, 2014）と題されており、やはりヨーロッパの多言語性を強調している。この本の最後の部分でデ＝マウロは、著者名は出さずに「数年前にフランスの言語学者が書いた啓蒙書」と述べて本書（のイタリア語訳）を紹介し、こういっている（以下はデ＝マウロの記述の要約）――この著者によると、ヨーロッパの共通語にはスペイン語もイタリア語もドイツ語も英語も役不足のようだ。こうしてつぎつぎとダメ出しをしてから、著者はこういう。「他になかったっけ?　ああそうだフランス語を忘れるところだった。これこそ全ヨーロッパにふさわしい言語だ」と。そしてデ＝マウロは、これは言語の話になると、どんな専門的言語学者でもショーヴィニズムにおちいるいい例であると手厳しい評価をくだすのである。

このデ＝マウロの読み方があたっているかどうかは、本書をお読みになる方々が判断していただきたい。

これだけ多くの言語をあつかっていながらも、昨今はやりの専門分野ごとの分担執筆ではなく、単独の著者の視点と問題意識のもとで一冊の本をまとめあげたところに、アジェージュの真骨頂がある。しかし、いかに博覧強記をほこるアジェージュといえども、その作業は難題であったらしく、記述に多少のミスや誤りがまぎれこむのは避けられなかったようだ。そうした箇所が見出されたときは訳文で訂正しておいたが、とくにそのことを記してはいない。ちなみに本書の訳文において、（　）は原註であり、〔　〕は訳註もしくは訳者による補足である。

むろん、本書のあつかうテーマのむずかしさは訳者にとっても同様であり、原文を前に頭をかかえることの多かったこともたしかである。半可通の理解から思わぬ間違いが生じていることも多々あるにちがいない。読者諸氏の忌憚のない叱正をお願いしたい次第である。

本書の翻訳を依頼されたのは、訳者が『絶滅した言語を救うために』を訳し終えてから間もない頃だったと記憶しているから、かなり長い月日が過ぎてしまった。その間に勤務先での職務に忙殺された時期があることはたしかだが、もっとも大きな遅れの理由はわたし自身の怠惰以外のなにものでもない。

本書はアジェージュの著書のなかでも版を重ねて読みつづけられているものであり、その点では息の長い本であるといえるので、翻訳作業の遅れがさしたる影響をあたえていないことを祈るばかりである。

翻訳の分担については、序文と第一章から第四章までを糟谷が、第五章から第八章と結論を佐野が担当し、全体の訳文を糟谷が整えた。翻訳の過程では何人もの方のお世話になった。とくに、第三章の訳稿は、上智大学外国語学部教授木村護郎クリストフ氏に一読していただき、数々の有益な助言をいただいた。忙しいなか訳文に目を通していただいた木村氏に感謝したい。もちろん訳文の責任はすべて訳者にあることはいうまでもない。

そしてなによりも、辛抱づよく作業を待っていただき、訳稿ができあがるやいなや、こうした形で刊行する手はずをすばやく整えてくださった白水社編集部、とりわけ和久田頼男氏のご尽力に心からの感謝を申し上げたい。和久田氏の長年の熱意がなければ、この訳書が産声を上げることはなかったにちがいない。

［糟谷啓介］

＊

本書の初版刊行の日付は一九九二年九月である。私事であるが、訳者が「小さき言語」であるオクシタン語を学ぶために渡仏したのが同じく一九九二年九月であり、本書はフランス留学生活で最初に購入した本の一冊であった。まさかこの本を四半世紀後になって訳すことになるとは思いもよらなかった。著者のあまりの博覧強記と文章の難解さに、当時全く歯が立たなかったからである。

一九九二年のヨーロッパは、ベルリンの壁の崩壊とその後の東西ドイツ統一、ソ連の解体、ＥＣからＥＵへの統合の深化と拡大など、大転換期を迎えたところであった。当時は、「ヨーロッパ」という理念に大きな希望が託されていた時代であったと同時に、「ヨーロッパとは何か」が問い直されていた時代であったように思う。「東西」という対立軸が崩壊し、「西側」が勝利したという高揚感はあるものの、壁の向こうにあった「東ヨーロッパ」とは何が共通なのか、そして、「西側」としてひとくくりにされていた大西洋の向こうの「アメリカ」と「ヨーロッパ」とは、何が異なるのかといった問いが立てられていた。一方、旧ユーゴスラビアの紛争は激しさを増していた。来るべきヨーロッパ統合と拡大において、

「ヨーロッパ」の一員としての資格に何を求めるか、という議論のなかで、文化、そして何よりも言語的多様性の称揚が、「ヨーロッパ」を定義づける重要な価値となっていく。ベルリンの壁崩壊後、真っ先に東ヨーロッパ諸国に加盟の門戸を開いたヨーロッパの国際機関である欧州評議会が、「欧州少数・地域言語憲章」を採択したのも、一九九二年六月のことであった。本書でも冒頭と結論でアジェージュが強く意識しているのは、その時代性と、「単一の言語を採用するアメリカ合衆国」と「諸言語の多様性」を称揚するヨーロッパとの対比である。

フランスでは、一九一八年のアントワーヌ・メイエの『新しいヨーロッパの諸言語』刊行以来、大きな社会変動が起きると「ヨーロッパの諸言語」についての著作が刊行される伝統があるようだ。一九九〇年代に刊行された著作として、本書以外に、アンリ・ジオルダン監修の『ヨーロッパのマイノリティ――言語権と人権』（一九九二）、ルイ＝ジャン・カルヴェの『ヨーロッパとその諸言語』（一九九三）、アンリエット・ヴァルテールの『西洋の諸言語の冒険――その起源、歴史、地理』（一九九四）〔『西欧言語の歴史』平野和彦訳、藤原書店、二〇〇六年〕、ダニエル・バッジオーニの『ヨーロッパの諸言語と諸国民』（一九九七）〔『ヨーロッパの言語と国民』今野勉訳、筑摩書房、二〇〇六年〕などが挙げられる。カタルーニャ語で最初に刊行されたロベール・ラフォンの『われらヨーロッパ市民』（一九九一）や、ミゲル・シグアン『諸言語のヨーロッパ』（一九九五）も、すぐにフランス語に翻訳されて刊行されている。フランスとカタルーニャ以外のヨーロッパ諸国で、この時期にどれだけ「ヨーロッパの諸言語」をテーマとした著作が書かれたのかは把握できていないが、自身の視点が「ヨーロッパ」を語る資格があることを全く疑わないのが、フランス系の著者の特徴の一つであるようにも思われる。

フランス系の著者が描く「ヨーロッパの諸言語」の様相には、ほかにも一定の傾向があるように感じられる。一つは、言語を一つ一つ独立・自立した現象としてとらえるのではなく、メイエが述べるように「言語的状況は社会的状況によって決定づけられる」ことを非常に強く意識した描き方となっており、したがって大抵はローマ時代までさかのぼるような長いスパンでの、諸言語の交流や対立の関係史を描くことが多い点である。フランス的言語観においては、言語とは徹底して社会史であり、政治史であることがうかがえる。

もう一つは、「ヨーロッパの諸言語」をカタログ的に並べるのではなく、その社会的地位や配置、すなわち、言語間の階層差、威信の差を提示するのをためらわない点がある。本書も、前半の「連合言語」と後半の錯綜する「小さき言語」たちで、その使命に大きな違いがあることをはっきりと示している。そして、多くのフランス系の著者たちと同様に、アジェージュも、ヨーロッパにおけるフランス語の使命を強調する。ラテン語の「西ヨーロッパの支柱」としての役割を十七世紀以降に引き継いだフランス語、という位置づけと、現在の英語の覇権に対抗して言語の多様性を称揚する旗手としてのフランス語、という位置づけを同時に行うことに、彼はほとんど疑いを持っていない。フランス国内で、アメリカ合衆国どころではない苛烈な単一言語主義の政策を何世紀にもわたってとり続けてきたフランス語の「政治史」に照らしあわせれば、呆れるのを通りこして微笑ましくすらなる。諸言語について語ることは、その諸言語の錯綜した関係史をどのようにとらえるのか、という立場の表明であり、中立ではいられるはずもないということであろう。

初版の刊行から四半世紀以上が経過した現在、「ヨーロッパ」という単語から、もはやかつての輝きは感じられない。一九九〇年代から二〇〇〇年代初頭までの言語的多様性の保護政策は、ヨーロッパを発信地としつつ、ヨーロッパを超えて、ユネスコなどの国際機関を中心とした世界的な「少数言語・危機言語」保護の潮流を生み出した。しかし特に二〇〇八年以降の経済危機、失業率の上昇、そして排外主義の隆盛と各国での極右勢力の台頭、さらには各地で相つぐ死者を伴う無差別攻撃や争乱などにより、現在のヨーロッパのイメージは、どこか薄暗いものになってしまっている。実際にヨーロッパを訪ねた際に感じられるどこか内向きな志向と、何か事件があるたびに「テロ」なのかどうかを急いで判断しようとするような「敵味方」の二分法的思考の浸透に、かつての「ヨーロッパ」であることの自信や自負心、多様性を称揚する余裕はみられない。一九九〇年代から二〇〇〇年代初頭に、地方自治体からヨーロッパに至る、多様な予算で組まれたヨーロッパの少数言語保護政策への補助金は、財政難が深刻化した結果、現在は大幅に削減され、各地の少数言語を教える教師のポストも削減の憂き目にあっているという。

本書のタイトル『共通語の世界史』は、そのようなヨーロッパの現状からの巻き返しをはかろうとするものではなく、「「ヨーロッパ」という語を前面に押し出すことは、今は有効ではない」という編集部のご判断によるものであった。本書から初版が刊行された当時の高揚感が感じられるとき、読者の皆様は、現在のヨーロッパのイメージに比して、少々違和感を覚えるかもしれない。また、本書における多様性の称揚は、あくまでも「歴史」「文化」の一部としての「言語」に対してのみであり、現在の圧倒的な人間の移動にともなう、ヨーロッパという場における言語の多様性と混淆とは、かなり様相が異なるものに映るかもしれない。

そして、一九九二年当時と現在で大きく異なるのは、英語の覇権である。本書刊行の後に『フランス語、闘いの歴史』（一九九六）を著したフランス語愛護派の著者にとって、当時はまだ「危機感」でしかなかった英語のプレゼンスは、現在はヨーロッパ域内でも圧倒的なものになっている。アジェージュをはじめとするフランスの知識人が望んだ、複数の大言語（特に英・独・仏）を中心としたヨーロッパの連合の見取り図は、「ノスタルジー」でしかなくなっているようにも思われる。ただし、訳出が大幅に遅れたことによって、現在、世界の言語の見取り図は、新たな展開を迎えるに至った。すなわち、「道具としての英語」がもはや比喩ではないような、テクノロジーの発達である。多くの人が持っているスマホの無料アプリが、最低限のコミュニケーションを保障するところまでいきついた現在、私たちはもはや多様な言語から学ぶことなどないのだろうか。むしろここに至って初めて、私たちは「言語的多様性」を本当に称揚することができるようになるのか、それとも、もはや「多様性」を恐れ、背を向けるようになるのだろうか。後半の息もつかせぬような諸言語の錯綜の様相を、読者の方々がどのように受けとめるのか、ご意見やご感想をいただければ幸甚である。

本書の翻訳に携われたことは、前述した通り、訳者にとって思い出深い本であっただけにとてもうれしいことであったが、四半世紀前に比べればましになったとはいえ、やはり著者の知識の該博さについていくのは困難を極めた。共訳者であり、大学院時代の指導教員である糟谷啓介先生の最終チェックがなければ、とても完成にこぎつけることはできなかっただろう。共訳者として名を連ねることに恐縮しつつ、この場を借りてお礼申し上げたい。

特に担当した後半部分については、本書を訳すまで存在も知らなかったような多数の言語について、そもそもその名称をどのように日本語の中で転記するのか、という問題があった。本書の中でも指摘されているように、土地の名前が一つとは限らないように、言語の名称も一つとは限らない。というよりも、そもそもことばの錯綜状態に視点をさだめ、そこに「言語」を見いだし、名前をつけることそれ自体が、一つの政治的といってもよい立場の表明にほかならないし、同じことばの錯綜状態に対して、全く別の立場から別の名前がつけられることは、「小言語」にとってむしろ常態である。「小言語」とは、そもそもその名称も定まらない、名称を定めるような権力を社会・政治的に持たない言語のことを意味するからである。本書で取り上げられた一つ一つの言語について考えていけば、さらに言語の輪舞する諸相を観察することができるであろうが、それはそれぞれの言語の専門書に任せるとして、本書は、基本的には教養書の位置づけとして、言語名や都市名などの表記については、比較的通例に従っている。この点については、読者の方のなかには付された言語名に異論のある方もあろうかと思うし、単純なミスや誤記もあろうかと思う。忌憚のないご指摘をお待ちしたい。

最後に、訳出に大変長い時間をかけてしまい、大変なご迷惑をおかけしてしまった白水社編集部のみなさまには、お詫びとともに、この仕事に携わる機会を与えてくださったお礼を申し上げたい。

［佐野直子］

## 著者略歴

クロード・アジェージュ［Claude Hagège 1936– ］　一九三六年に当時フランスの植民地であったチュニジアのカルタゴでユダヤ系の家族のもとに生まれる。幼いころから多言語環境で育ち、言語に対する強い関心を抱いていたアジェージュは、高等師範学校とパリ大学で言語学を学び、古典語とアラビア語の分野で学士号を取得。その後さらに一般言語学、ロシア語、ヘブライ語、中国語の研究を進め、一九七一年にパリ第五大学から博士学位を取得（指導教授はアンドレ・マルティネ）。一九七〇年からポワチエ大学、一九七七年から高等学術研究院で教えたのち、一九八八年から二〇〇六年までフランス最高峰の学術機関であるコレージュ・ド・フランスの言語理論講座を担当（現在は退職して名誉教授）。

## 訳者略歴

糟谷啓介〔かすや・けいすけ〕　一九五五年生まれ。一九八七年、一橋大学大学院社会学研究科博士課程単位取得退学。社会言語学・言語思想史専攻。一橋大学大学院言語社会研究科教授。主要著書に、『言語帝国主義とは何か』（藤原書店、共編）。主要訳書に、W・オング『声の文化と文字の文化』（藤原書店、共訳）、R・ショダンソン『クレオール語』（白水社文庫クセジュ、共訳）、C・アジェージュ『絶滅していく言語を救うために――ことばの死とその再生』（白水社）、B・アンダーソン『比較の亡霊――ナショナリズム・東南アジア・世界』（作品社、共訳）、U・ペルクゼン『プラスチック・ワード――歴史を喪失したことばの蔓延』（藤原書店）。

佐野直子〔さの・なおこ〕　一九七〇年生まれ。二〇〇〇年、一橋大学大学院社会学研究科博士課程単位取得退学。社会言語学、ヨーロッパの少数言語・オクシタン語研究。名古屋市立大学大学院人間文化研究科准教授。主要著書に、『社会言語学のまなざし』（三元社）、『Una lenga en chamin / Una lingua in cammino / A language on the way　途上の言語 イタリア・オクシタン谷への旅』（Chambra d'Òc, Itàlia）、『オック語分類単語集』（大学書林）、『グローバル社会を歩く――かかわりの人間文化学』（新泉社、共著）、『多言語主義再考』（三元社、共著）、『海士伝3　海士に根ざす――聞き書き　仕事でつながる島』（新泉社、共編）。主要訳書に、L＝J・カルヴェ『言語戦争と言語政策』（三元社、共訳）。

| | | | | | |
|---|---|---|---|---|---|
| 17 アントワープ | 25 マインツ | 33 フェラーラ | 41 コルフ島 | 49 ペテルブルク | 57 ビャリストク |
| 18 ブリュッセル | 26 ライプツィヒ | 34 リヴォルノ | 42 テッサロニキ | 50 ノヴゴロド | 58 クラコフ |
| 19 ストラスブール | 27 ドレスデン | 35 ローマ | 43 エディルネ | 51 モスクワ | 59 リヴィウ |
| 20 ハンブルク | 28 ケムニッツ | 36 ナポリ | 44 イスタンブル | 52 タリン | 60 キエフ |
| 21 ブレーメン | 29 ジェノヴァ | 37 ヴロツワフ | 45 イズミル | 53 リガ | 61 オデッサ |
| 22 ドルトムント | 30 ウーディネ | 38 ブラティスラヴァ | 46 ロドス島 | 54 ケーニヒスブルク | 62 ビロビジャン |
| 23 ケルン | 31 トリエステ | 39 サラエヴォ | 47 トゥルク | 55 ヴィリニュス | 63 ハバロフスク |
| 24 コブレンツ | 32 ヴェネツィア | 40 ドゥブロヴニク | 48 ヴィボルグ | 56 ミンスク | 64 ウラジオストク |

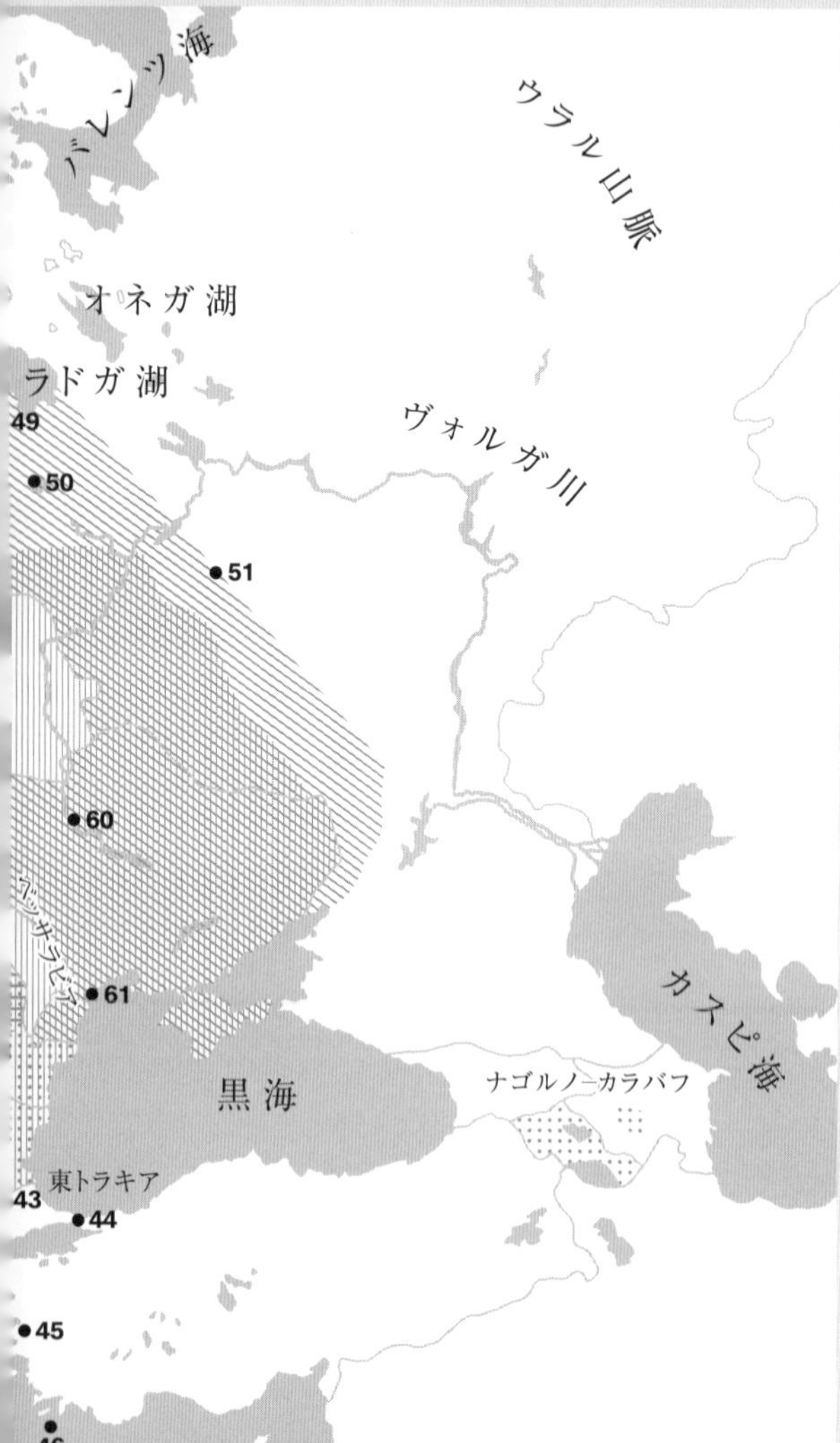


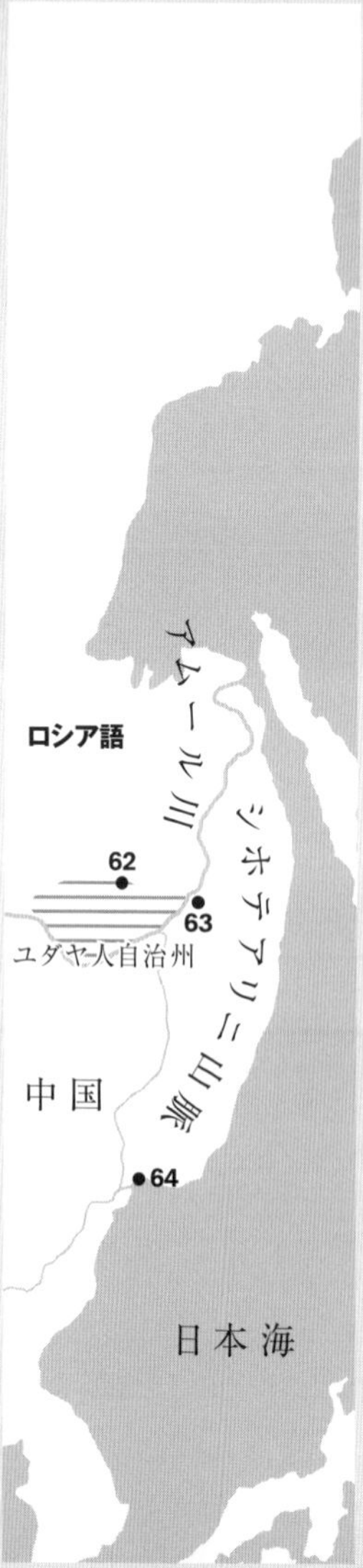

# ヨーロッパ全体に散らばる諸言語

**Langues dispersées dans l'espace européen / Villes et provinces aux destins particuliers**

| | |
|---|---|
| **01** ロンドン | **09** マラケシュ |
| **02** ラ・ロシュル | **10** フェズ |
| **03** ボルドー | **11** トレムセン |
| **04** バイヨンヌ | **12** オラン |
| **05** モンペリエ | **13** アルジェ |
| **06** マルセイユ | **14** チュニス |
| **07** バルセロナ | **15** アムステルダム |
| **08** トレド | **16** ブリュージュ |

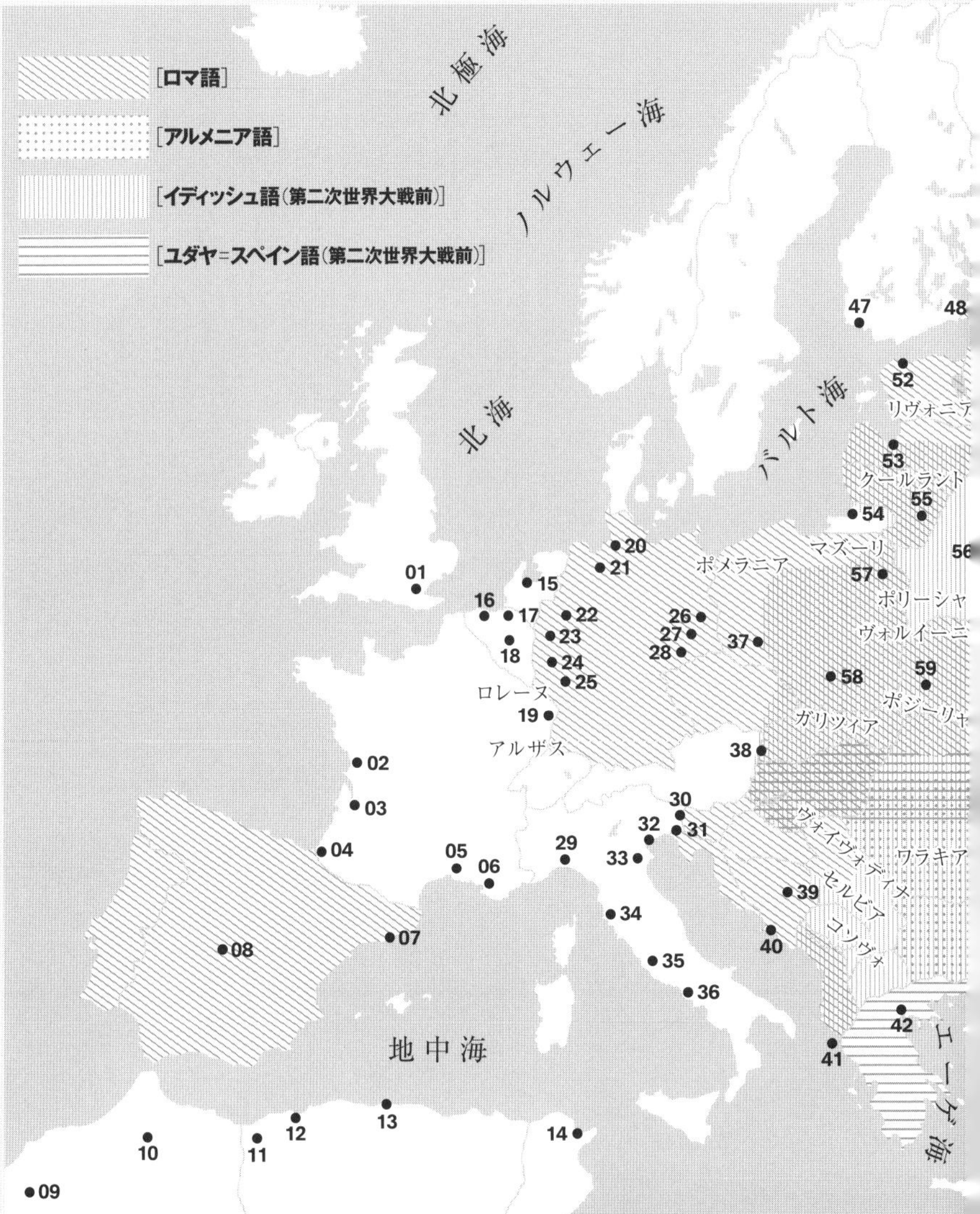

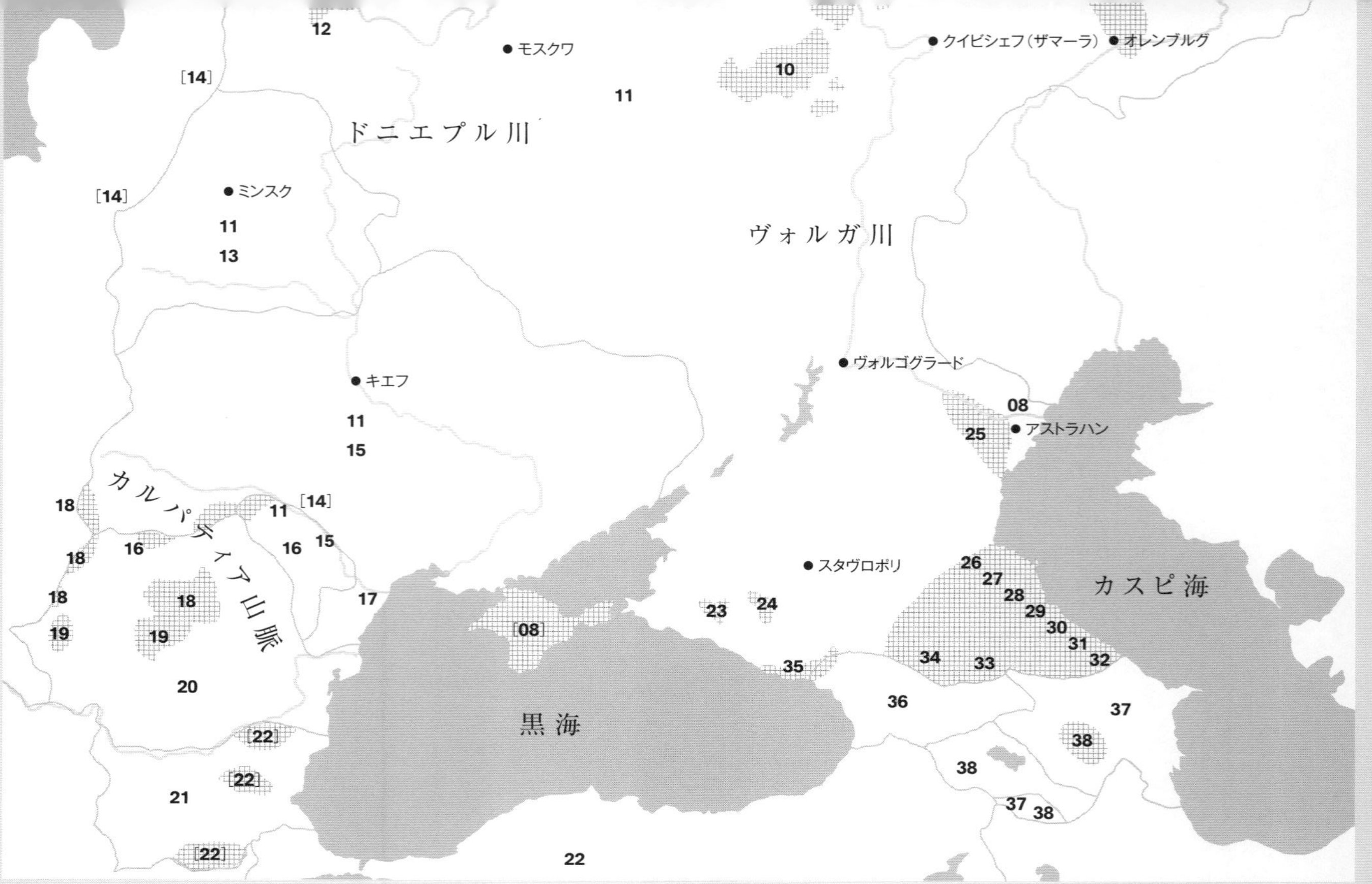
モスクワ
クイビシェフ（ザマーラ）
オレンブルグ
ドニエプル川
ヴォルガ川
ミンスク
キエフ
ヴォルゴグラード
アストラハン
スタヴロポリ
カルパティア山脈
黒海
カスピ海
12
[14]
[14]
10
11
11
13
11
15
08
25
18
11
[14]
16
15
16
18
18
19
18
19
17
[08]
23
24
26
27
28
29
30
31
32
34
33
35
36
37
20
[22]
[22]
21
[22]
22
38
38
37
38

# 東ヨーロッパの諸言語
Langues d'Europe orientale

01 サモエード語
02 コミ=ジリエーン語
03 カレリア語
04 ヴェプス語
05 ヴォチャーク語
06 バシキール語
07 チェレミス語
08 タタール語
09 チュヴァシ語
10 モルドヴィン語
11 ロシア語
12 カレリア語
13 ベラルーシ語
14 カライム語
15 ウクライナ語
16 モルドヴァ語
17 ガガウズ語
18 ハンガリー語
19 ドイツ語
20 ルーマニア語
21 ブルガリア語
22 トルコ語
23 アディゲ語
24 チェルケス語
25 カルムイク語
26 バツ語
27 チェチェン語
28 ダルギン語
29 ヒナルク語
30 ラク語
31 ルトゥル語
32 タバサラン語
33 アヴァール語
34 オセット語
35 アブハズ語
36 グルジア語
37 アゼーリ語
38 アルメニア語

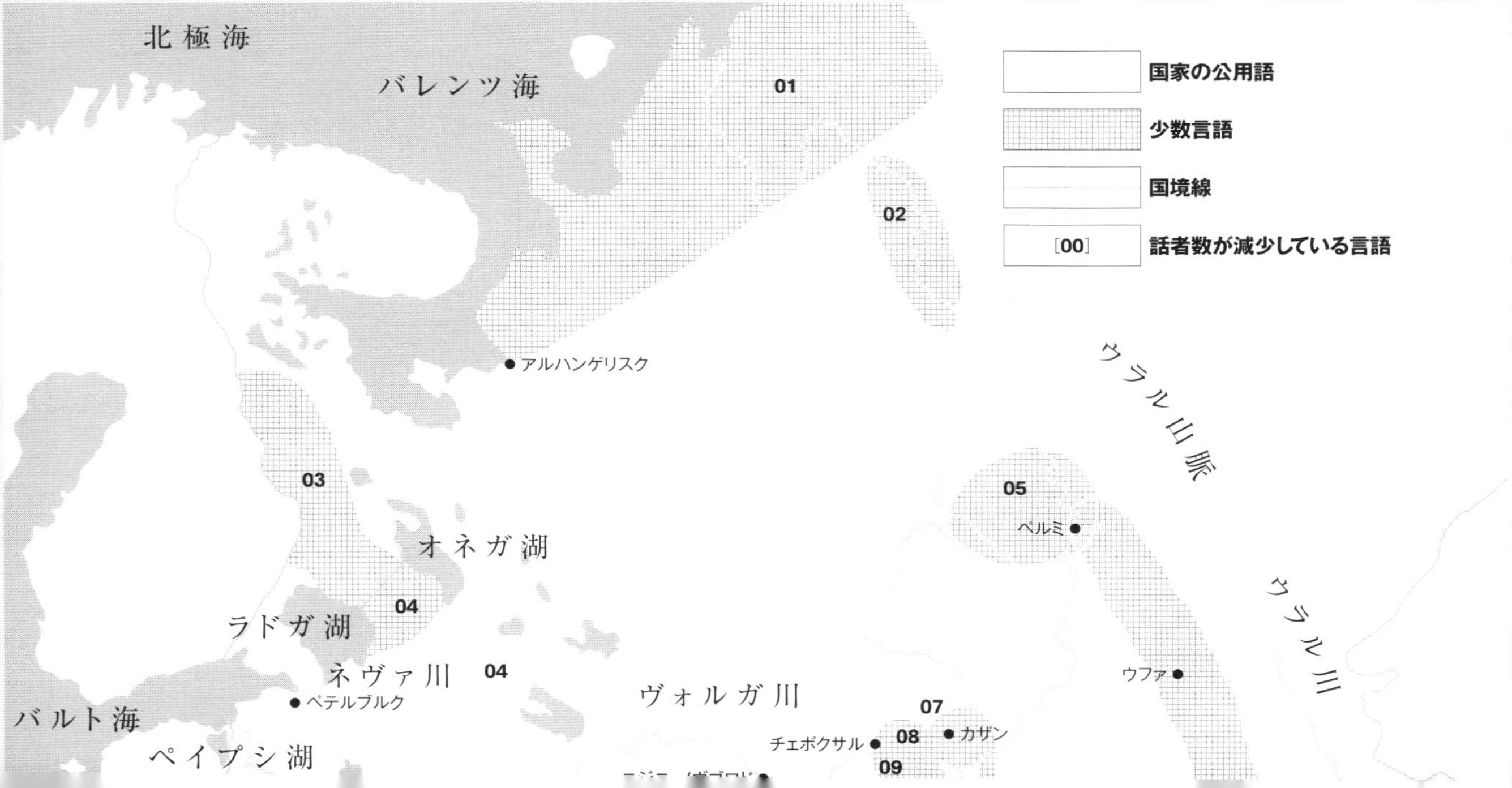

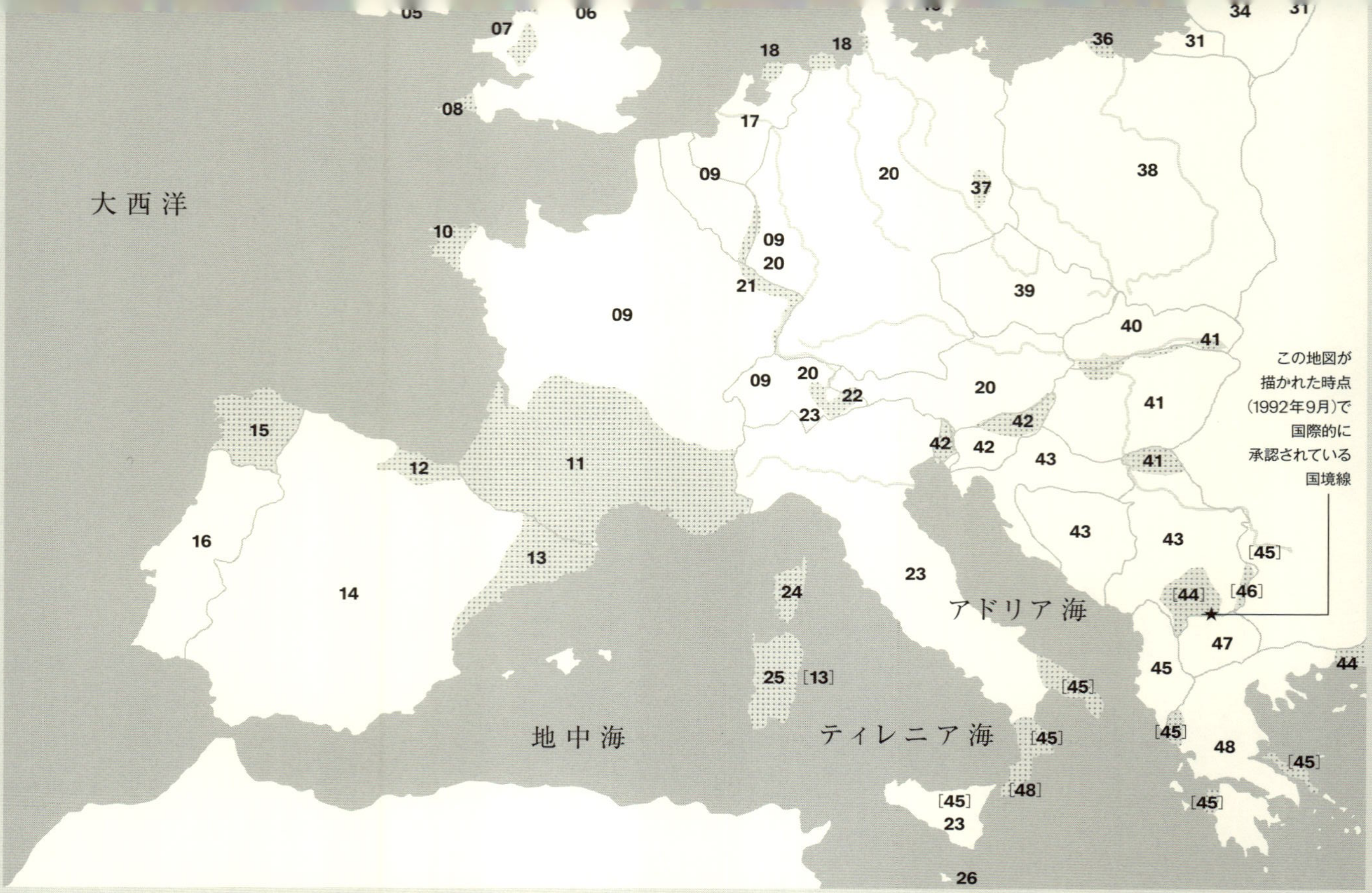
大西洋
地中海
ティレニア海
アドリア海
この地図が
描かれた時点
(1992年9月)で
国際的に
承認されている
国境線
05
06
07
08
10
17
18
18
09
09
20
21
09
20
37
38
36
31
34
31
39
40
41
41
41
20
42
42
42
43
43
43
[45]
[46]
[44]
47
44
45
48
[45]
[45]
[45]
09
20
22
23
11
12
15
16
14
13
24
25
[13]
23
[45]
[45]
[48]
[45]
23
26

# 西ヨーロッパの諸言語

Langues d'Europe occidentale

01 アイスランド語
02 フェロー語
03 スコットランド・ゲール語
04 アイルランド語
05 アイルランド英語
06 英語
07 ウェールズ語
08 コーンウォール語
09 フランス語
10 ブレイス語
11 オクシタン語
12 バスク語
13 カタルーニャ語
14 スペイン語
15 ガリシア語
16 ポルトガル語
17 オランダ語
18 フリジア語
19 デンマーク語
20 ドイツ語
21 アルザス語 ロレーヌ語
22 ロマンシュ語
23 イタリア語
24 コルシカ語
25 サルデーニャ語
26 マルタ語/英語
27 サーミ語
28 ノルウェー語
29 スウェーデン語
30 フィンランド語
31 ロシア語
32 エストニア語
33 ラトヴィア語
34 リトアニア語
35 リヴォニア語
36 カシューブ語
37 ソルブ語
38 ポーランド語
39 チェコ語
40 スロヴァキア語
41 ハンガリー語
42 スロヴェニア語
43 セルボ=クロアチア語
44 トルコ語
45 アルバニア語
46 ブルガリア語
47 マケドニア語
48 ギリシア語

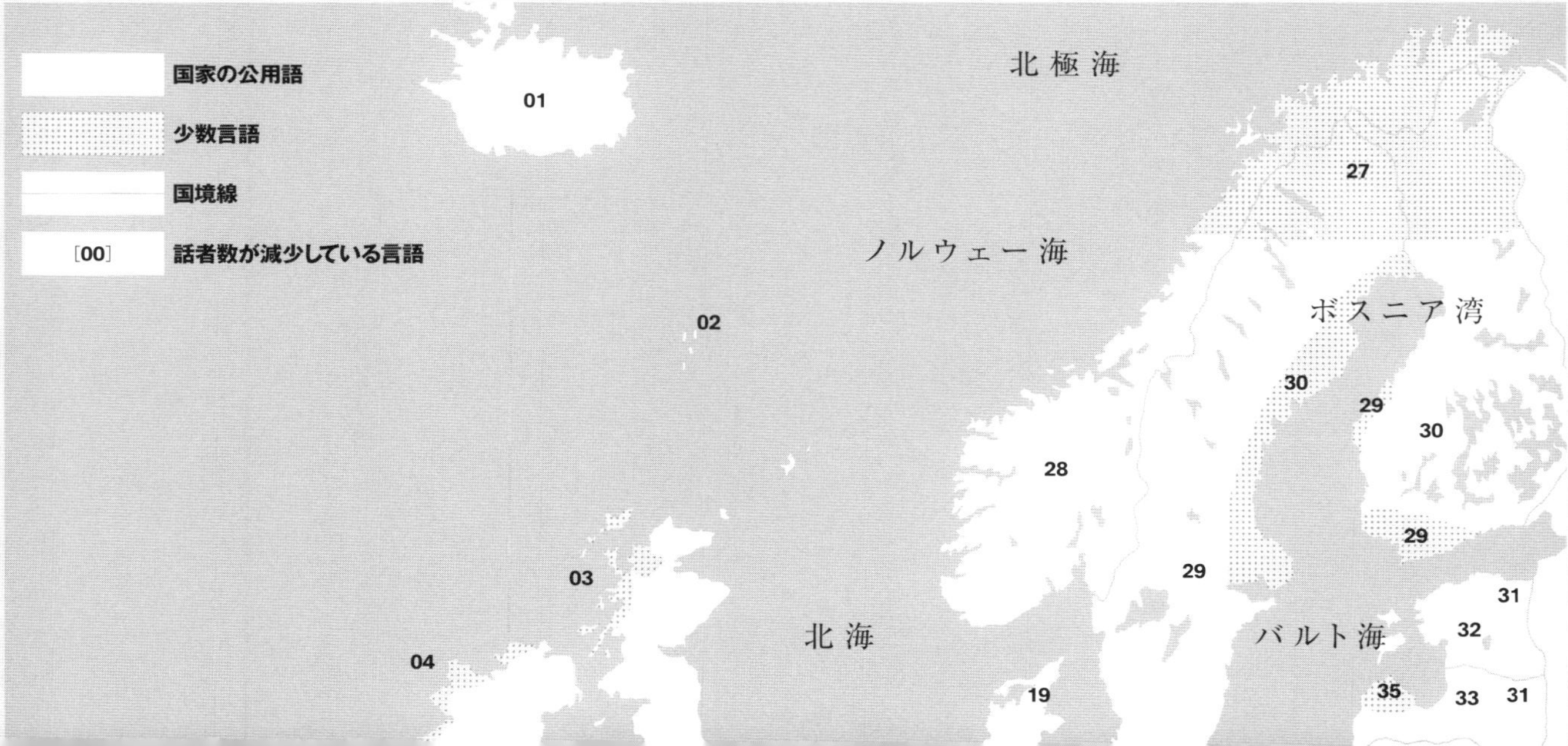

| | | | | | |
|---|---|---|---|---|---|
| 23 ギリシア | 29 エストニア | 35 トルコ | 41 イスラエル | 46 イラン | 52 アフガニスタン |
| 24 ルーマニア | 30 ラトヴィア | 36 ジョージア | （パレスチナ） | 47 カザフスタン | 53 インド |
| 25 ブルガリア | 31 リトアニア | 37 アルメニア | 42 ヨルダン | 48 ウズベキスタン | 54 モンゴル |
| 26 ノルウェー | 32 ベラルーシ | 38 アゼルバイジャン | 43 エジプト | 49 トルクメニスタン | 55 中国 |
| 27 スウェーデン | 33 ウクライナ | 39 シリア | 44 サウジアラビア | 50 キルギスタン | 56 韓国 |
| 28 フィンランド | 34 ロシア連邦 | 40 レバノン | 45 イラク | 51 タジキスタン | 57 日本 |

# ユーラシア語族

**Eurasie: familles des langues**

01 アイルランド
02 連合王国
03 ポルトガル
04 スペイン
05 フランス
06 ベルギー
07 オランダ
08 デンマーク
09 スイス
10 ドイツ
11 イタリア
12 オーストリア
13 チェコ
14 スロヴァキア
15 ポーランド
16 スロヴェニア
17 クロアチア
18 ボスニア=ヘルツェゴビナ
19 ハンガリー
20 セルビア=モンテネグロ
21 アルバニア
22 マケドニア

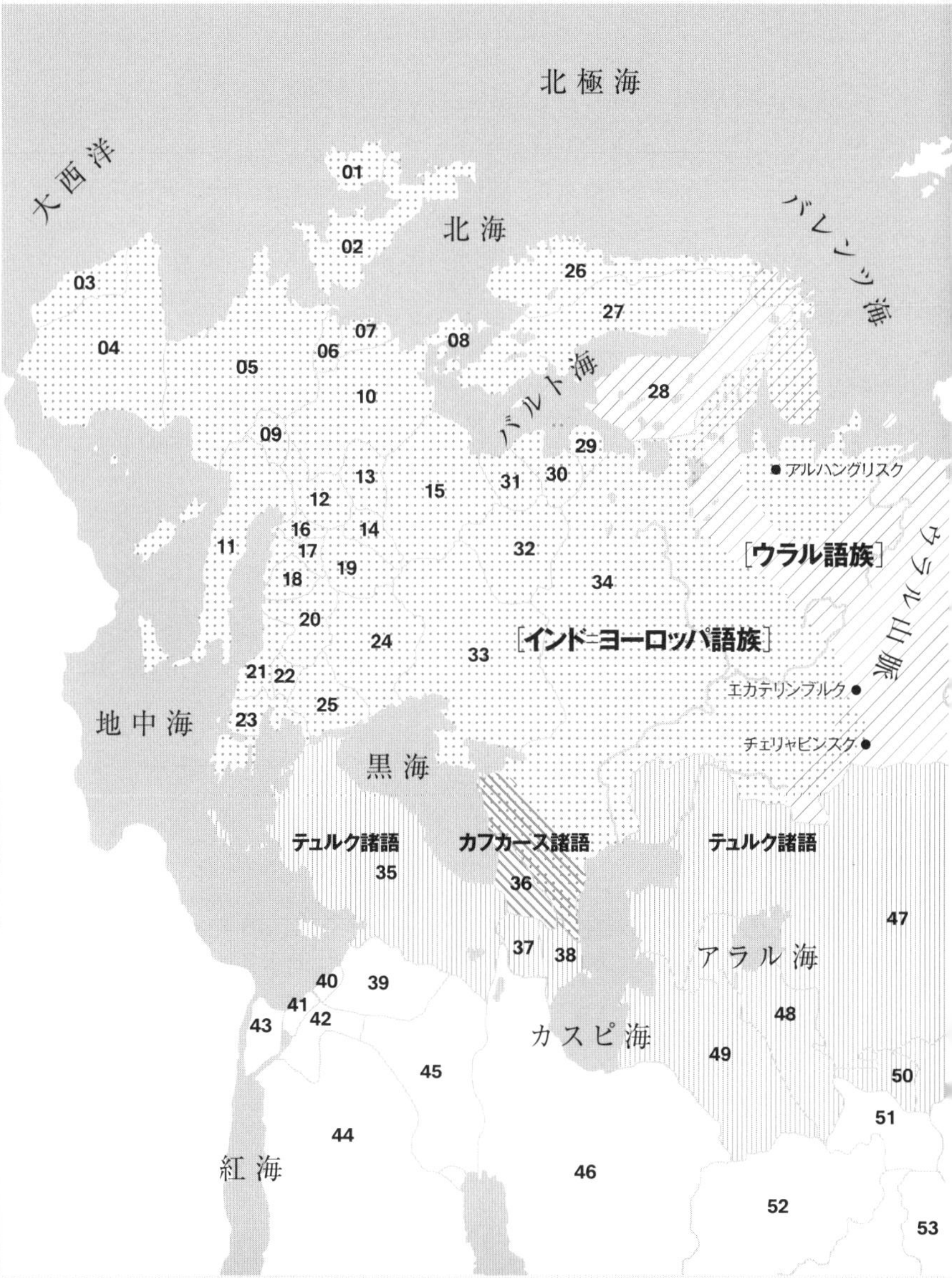

## ［言語名索引］

# [参考文献]

AYTO J., 1983, « English : failures of language reforms », *in* Fodor et Hagège, vol. l, pp. 85-100.

BJÖRN H., 1989, « Language reforms in the Faroe Islands », *in* Fodor et Hagège, vol. IV, pp. 431-457.

BORN J. et Dickgiesser S., 1989, *Deutschsprachige Minderheiten* (Minorités germanophones) Mannheim, Institut für deutsche Sprache im Auftrag des Auswärtigen Amtes.

BRACHIN P., 1977, *La langue néerlandaise*, Bruxelles, Didier.

BRACHIN P., 1983, « Évolution naturelle et codification : l'exemple du néerlandais », *in* Fodor et Hagège, vol. I, pp. 257-280.

BRUNOT F., *Histoire de la langue française des origines à nos jours* : t. 1,1966, De l'époque latine à la Renaissance ; t. V, 1966, Le français en France et hors de France au XVII siècle; t. VIII, 1967, Le français hors de France au XVIII^e siècle, Première Partie : Le français dans les divers pays d'Europe; t. Xl, 1968, Le français au-dehors sous la Révolution, le Consulat et l'Empire, Première Partie : Le français au-dehors sous la Révolution ; Deuxième Partie : Le français au-dehors sous le Consulat et l'Empire.

CALINESCU G., 1985, *Istoria literaturii române de la origini pînă în prezent*, Bucarest, Editura Minerva.

CARRÈRE d'Encausse H., 1978, *L'Empire éclaté*, Paris, Flammarion.〔H・カレール=ダンコース『崩壊した帝国――ソ連における諸民族の反乱』高橋武智訳、新評論、1981 年〕

CASTRO A., 1954, *La realidad histórica de España*, Mexico.

CERQUIGLINI B., 1991, *La naissance du français*, Paris, PUF, coll. « Que sais-je? », n° 2576.〔B・セルキリーニ『フランス語の誕生』瀬戸直彦・三宅徳嘉訳、白水社、1994 年〕

CHEVILLET F., 1991, *Les variétés de l'anglais*, Paris, Nathan-Université, coll. « Langues étrangères».

CONDEESCU N.N., 1973, *Traité d'histoire de la langue française*, texte établi et augmenté par E. Cleynen-Serghiev, Bucarest, Editura didactică şi pedagogică.

COURTHIADE M., 1989, « La langue romani (tsigane): évolution, standardisation, unification, réforme », *in* Fodor et Hagège, vol. IV, pp. 87-110.

DÉCSY G., 1973, *Die linguistische Struktur Europas*, Wiesbaden, Otto Harrassowitz.

DINGLEY J., 1989, « The Byelorussian language - creation and reform », *in* Fodor et Hagège, vol. IV, pp. 141-161.

DRETTAS G., 1989, « L'albanais national : du choix politique au choix linguistique » *in* Fodor et Hagège, vol. IV, pp. 163-188.

DUMONT P., 1990, *Le français langue africaine*, Paris, L'Harmattan.

DUROSELLE J.-B., 1989, « Histoire de l'idée européenne » in *Encyclopaedia Universalis*, 3[e] édition, Paris, Corpus 9, pp. 36-43.

DUVAL-VALENTIN M., 1983, « La situation linguistique en Suisse », *in* Fodor et Hagège, vol. 1, pp. 463-544.

FEITSMA A., 1989, « The history of the Frisian linguistic norm», *in* Fodor et Hagège, vol. IV, pp. 247-272.

FEUILLET J., 1983, *Linguistique diachronique de l'allemand*, Berne, Points Lang, « Études et documents » , 6.

FLEURIOT L., 1983, « Les réformes du breton », *in* Fodor et Hagège, vol. II, pp. 27-47.

FODOR I., 1983, « Hungarian : evolution - stagnation - reform - further development » *in* Fodor et Hagège, vol. II, pp. 49-84.

FODOR I. et HAGÈGE C. (dir.), *La réforme des langues. Histoire et avenir* : vol. 1-11, 1983; vol. III, 1983-1984; vol. IV, 1989; vol. V, 1990, Hambourg, Buske.

FRANÇOIS A., 1959, *Histoire de la langue française cultivée*, Genève, Alexandre Jullien, 2 tomes.

FRANOLIĆ B., 1972, *La langue littéraire croate*, Paris, Editions Latines.

GARDE P., 1992, *Vie et mort de la Yougoslavie*, Paris, Fayard.

GEORGE K.J., 1989, « The reforms of Cornish- Revival of a Celtic language, *in* Fodor et Hagège, vol. IV, pp. 355-376.

GLUNK R., 1971 « Erfolg und Misserfolg der Nazionalsozialistischen Sprachlenkung » ( « Succès et insuccès du dirigisme linguistique national-socialiste » ), *Zeitschrift für deutsche Sprache*, Band 27, Heft 1/2, Berlin/New York, Walter de Gruyter, pp. 85-97 et 178-185.

GRIOLET P., 1990, *Les Japonais face à leur écriture*, thèse de doctorat, Paris, Institut National des Langues et Civilisations Orientales.

HAARMANN H., 1975, *Soziologie und Politik der Sprachen Europas*, Munich, Deutscher Taschenbuch Verlag.

HAGÈGE C., 1975, *Le problème linguistique des prépositions et la solution chinoise*, Louvain/Paris, Éd. Peeters.

HAGÈGE C., 1982, *La structure des langues*, Paris, PUF, coll. « Que sais-je? » n° 2006. Rééd. en 1986.

HAGÈGE C., 1983, « Voies et destins de l'action humaine sur les langues » *in* Fodor et Hagège, vol. 1, pp. 11-68.

HAGÈGE C., 1985, *L'homme de paroles*, Paris, Fayard, coll. « Le temps des sciences ».

HAGÈGE C., 1987, *Le français et les siècles*, Paris, Éd. Odile Jacob.
HAGÈGE C., 1988, Leçon inaugurale de la Chaire de Théorie Linguistique, Paris, Collège de France.
HAGÈGE C., 1992, *The Language Builder, An Essay on the Human Signature in Linguistic Morphogenesis*, Amsterdam/Philadelphie, John Benjamins Publishing Company.
HAUGEN E., 1966, *Language conflict and language planning*, Cambridge, Mass.
IMART G., 1983, « Développement et planification des vernaculaires : l'expérience soviétique et le Tiers Monde » , *in* Fodor et Hagège, vol. II, pp. 211-240.
JANTON P., 1973, *L'espéranto*, Paris, PUF, coll. « Que sais-je? », n° 1511.
KARKER A., 1983, « Language reforming efforts in Denmark and Sweden », *in* Fodor et Hagège, vol. Il, pp. 285-299.
LABRIE N., 1992, « La place du français dans l'Europe de 1992 », in *Présence francophone*, n° 40, Québec, Université de Sherbrooke, pp. 55-78.
LAFONT R., 1983, « Problèmes de normalisation dans l'espace occitan », *in* Fodor et Hagège, vol. Il, pp. 357-370.
LOEWE H., 1911, *Die Sprachen der Juden*, Cologne.
LORENTZ F., 1903, *Slovinzische Grammatik*, Saint-Pétersbourg.
LOUDER D.R. et WADDELL E. (dir.), 1971, *Du continent perdu à l'archipel retrouvé. Le Québec et l'Amérique française*, Québec, Presses de l'Université Laval.
MARCEL J., 1973, *Le Joual de Troie*, Montréal, Éditions du Jour.
MAURAIS J., 1991, « Les lois linguistiques soviétiques de 1989 et 1990 » *Revista de llengua i dret*, Barcelone, 15 juin 1991, pp. 75-90.
MEILLET A., 1928, *Les langues dans l'Europe nouvelle*, avec un appendice de L. Tesnière sur la Statistique des langues de l'Europe, 2e édition, revue, d'un ouvrage paru en 1918, Paris, Payot.〔A・メイエ『ヨーロッパの言語』西山教行訳、岩波文庫、2017 年〕
MILLET Y., 1983, « Continuité et discontinuité : cas du tchèque » *in* Fodor et Hagège, vol. Il, pp. 479-504.
MONTAUT A., 1989, « Le Rêve du philologue au xix^e siècle : flexions et origines » *Corps écrit* (Paris, PUF), n° 34 : «Rêver l'Inde», pp. 45-55.
NESKE F. et I., 1972, *Wörterbuch englischer und amerikanischer Ausdrücke in der deutschen Sprache*, Munich.
Ó BAOILL D. et Ó RIAGÁIN P., 1990, « Reform of the orthography, grammar and vocabulary of Irish », *in* Fodor et Hagège, vol. V, pp. 173-195.
OLENDER M., 1989, *Les langues du paradis*, Paris, Gallimard-Le Seuil, Hautes Études.〔M・オランデール『エデンの園の言語』浜崎設夫訳、法政大学出版局、1995 年〕
PÉREZ J., 1988, *Isabelle et Ferdinand, Rois Catholiques d'Espagne*, Paris, Fayard.
PICOCHE J. et MARCHELLO-NIZIA C., 1991, *Histoire de la langue française*, Paris, Nathan-Université.
POLIAKOV L., *Histoire de l'antisémitisme* : t. 1, 1955, Du Christ aux Juifs de cour; t. Il, 1961, De Mahomet aux Marranes, Paris, Calmann-Lévy.〔L・ポリアコフ『反ユダヤ主義』合田正人・菅野賢治監訳、筑摩書房、2005-2007 年〕

REBUSCHI G., 1983-1984, « Réforme et planification en basque :une expérience en cours », *in* Fodor et Hagège, vol. III, pp. 119-138.

RENFREW C., 1987, *Archeology and Language : the Puzzle of Indo-European Origins*, New York, Cambridge University Press.

RINHOLM H.D., 1990, « Continuity and change in the Lithuanian standard language » *in* Fodor et Hagège, vol. V, pp. 269-300.

ROTH A., 1975, *Le verbe dans le parler arabe de Kormatiki (Chypre)*, dans *Lefkosia*, VII, pp. 21-117.

RŪĶE-DRAVIŅA V., 1990, « Entstehung und Normierung der Lettischen Nationalsprache » *in* Fodor et Hagège, vol. V, pp. 301-327.

SAUVAGEOT A., 1973, *L'élaboration de la langue finnoise*, Paris, Klincksieck.

SCHLOSSER H.D., 1989, « Die Sprachentwicklung in der DDR im Vergleich zur Bundesrepublik Deutschland » ( « Le développement linguistique en République Démocratique Allemande comparé à celui de la République Fédérale d'Allemagne »), in *Nationalsprachen und die Europäische Gemeinschaft (Langues nationales et Communauté européenne)*, éd. par M. HÄTTICH et P. D. PFITZNER, Munich, Olzog Verlag, pp. 36-52.

SÉPHIHA V., 1973, *Le ladino, judéo-espagnol-calque*, Paris, Centre de Recherches Hispaniques.

SÉPHIHA v., 1977, « *Le judéo-espagnol* »,in *Ethno-psychologie*, n° 2-3, pp. 239-249.

SÉPHIHA v., 1991 (1ère éd. 1977), *L'agonie des Judéo-Espagnols*, Paris, Éd. Entente.

TAULI V., 1983-1984, « The Estonian language reform », *in* Fodor et Hagège, vol. III, pp. 309-330.

Vie française, Hors série, 1984, Revue trimestrielle, Québec, Conseil de la vie française en Amérique.

VINOKUR G., 1947, *La langue russe*, Paris, Institut d'Études Slaves. 〔G・ヴィノクール『ロシア語の歴史』石田修一訳、吾妻書房、1996 年〕

WEST J., 1983-1984, « A historical survey or the language planning movement in Wales » *in* Fodor et Hagège, vol. III, pp. 383-398

## 巻末目次

# 索引・文献・地図

# 共通語の世界史
## ヨーロッパ諸言語をめぐる地政学

二〇一八年一一月一五日　印刷
二〇一八年一二月　五日　発行

著　者　クロード・アジェージュ
訳　者 ©　糟谷啓介
　　　　　佐野直子
発行者　及川直志
印刷・製本所　図書印刷株式会社
発行所　株式会社白水社
東京都千代田区神田小川町三の二四
電話　営業部〇三（三二九一）七八一一
　　　編集部〇三（三二九一）七八二一
振替　〇〇一九〇-五-三三二二八
郵便番号　一〇一-〇〇五二
www.hakusuisha.co.jp


乱丁・落丁本は、送料小社負担にてお取り替えいたします。


ISBN978-4-560-09659-8
Printed in Japan

# 「消えゆくことば」の地を訪ねて

世界中の少数民族・少数文化の人びとと触れあいながら、消滅の危機に瀕する各地の「消えゆくことば」の現状に警鐘を鳴らす。グローバル化と多様なことばのあり方を探る渾身のルポ！

マーク・エイブリー 著／木下哲夫 訳

**文庫クセジュ**

Que sais-je?

## 超民族語

ルイ＝ジャン・カルヴェ 著　林 正寛 訳

地域や民族の壁を越えて広まる「超民族語」に着目する本書は、具体的な事例研究をふまえて従来の言語学の思想基盤に挑戦し、言語社会や国語に対する新たな視点を提起する。さらに言語・民族・国家の根本問題に迫る議論が、民族対立の時代に近代の国民・国家観を見直すうえでも、多大の示唆を与えている。

【文庫クセジュ776】

## 言語政策とは何か

ルイ＝ジャン・カルヴェ著　西山教行 訳

「国語」や「標準語」は、どのようなメカニズムでつくられるのか？　本書は、言語政策とその科学的方法を詳しく紹介し、言語と社会の関係を考察するための明快な視座を提供する。

【文庫クセジュ829】